中央编译局比较政治与经济研究中心　清华大学凯风发展研究院　主办

China **Governance Review** | 中国治理评论 第**4**辑
● 俞可平／主编　2013年　第2期

中央编译出版社
Central Compilation & Translation Press

主办单位

中央编译局比较政治与经济研究中心
清华大学凯风发展研究院

编辑委员会
（以姓氏拼音排序）

陈国权	浙江大学	王绍光	香港中文大学
丁元竹	国家行政学院	王正绪	英国诺丁汉大学
龚维斌	国家行政学院	吴建南	西安交通大学
何增科	中央编译局	徐　勇	华中师范大学
黄卫平	深圳大学	薛　澜	清华大学
姜晓萍(女)	四川大学	燕继荣	北京大学
景跃进	清华大学	杨大利	芝加哥大学
蓝志勇	美国亚利桑纳州立大学	杨光斌	中国人民大学
	中国人民大学	杨雪冬	中央编译局
马　骏	中山大学	余逊达	浙江大学
米加宁	哈尔滨工业大学	赵树凯	中国发展研究基金会
浦兴祖	复旦大学	周光辉	吉林大学
王长江	中央党校	朱光磊	南开大学

编委会主任、主编
俞可平

编委会副主任
何增科　张小劲

副主编
景跃进　杨雪冬

编辑部主任
闻　沫

编辑部成员
龙宁丽　闫　健　徐　焕

执行单位
清华大学政治发展研究所
清华大学政治学系

赞助支持
联合国开发计划署

出版单位
中央编译出版社

目录

001 什么是治理/弗朗西斯·福山

023 主题探讨：城市社区治理

024 价值意义与工具意义上的社区
　　——关于社区建设和社区治理的探索/丁元竹

042 业主社区的兴起及其自主治理/肖林

065 城市社区分类治理的逻辑框架和政策选择/陈建国

087 中国城市社区治理改革研究：以深圳"盐田模式"为例/马卫红　李芝兰　游腾飞

105 政治发展

106 谁代表与代表谁？十一届全国人大代表的构成分析/刘乐明　何俊志

137 "德先生"和"赛先生"：中国政治精英公开选拔的研究框架和理论谱系/薛立强

155 海外来稿
156 多节点世界秩序中的中国未来/布兰德利·沃马克

179 案例研究
180 关于"乌坎事件"的调研报告
——中国地方政府创新的特殊案例/黄卫平　冯秀成　陈文
216 技术反腐的创新实践：经验及其局限
——N市"e路阳光"建设工程网上招投标平台报告/肖唐镖　王艳军　肖龙

231 学术动态
232 重要会议回顾

239 书刊信息：环境治理
240 中文论文
242 中文书目
243 英文论文
247 英文书目

249 《中国治理评论》约稿函

Contents

001 What Is Governance? / *Francis Fukuyama*

023 **Thematic Articles: Urban Community Governance**

024 Communities in Value and Instrumental Dimensions: A Theoretical Examination of Community Building and Community Governance / *Ding Yuanzhu*

042 The Rise and Self – Governance of Property – Owner Communities / *Xiao Lin*

065 The Logical Framework of Categorized Urban Community and Corresponding Policy Options / *Chen Jianguo*

087 Community Governance Reform in Urban China: A Case Study of Yantian Model in Shenzhen / *Ma Weihong, Linda Chelan Li and You Tengfei*

105 **Political Development**

106 Who Are the Representatives and Whom They Represent? An Examination of the Deputies of 11th National People's Congress / *Liu Leming and He Junzhi*

137   Mr. Democracy and Mr. Science: Research Framework and Theoretical Spectrum of Open Selections of Chinese Political Elites / *Xue Liqiang*

155   Overseas Articles
156   China's Future in a Multinodal World Order / *Brantly Womack*

179   Case Studies
180   A Field Report on "Wukan Event": A Special Case in the Field of China's Local Government Innovation / *Huang Weiping, Feng Xiucheng and Chen Wen*

216   Anti-corruption through Technologies: Experiences and Limitation / *Xiao Tangbiao, Wang Yanjun and Xiao Long*

231   Academic Events
232   Chronology of Important Conferences

239   Latest Books and Papers: Environmental Governance
240   Chinese Articles
242   Chinese Books
243   English Articles
247   English Books

249   **Invitation of Articles to *China Governance Review***

什么是治理*

弗朗西斯·福山 著 刘燕 闫健 译**

摘要：本篇评论直接针对国家质量的实证测量的薄弱现状。在这里，"国家"指的是行政部门及其官僚机构。这一问题很大程度上还停留在概念层面，因为人们对于何为高质量政府很少有一致意见。本文认为，测量国家质量有四种途径：（1）程序测量（procedural measures），例如韦伯提出的官僚体系现代性的标准；（2）能力测量，包括资源和专业程度；（3）产出测量（output measures）；（4）对官僚体系自主性的测量。笔者不采取"产出测量"的方式，而是建议将"能力"和"自主性"作为测量行政部门质量的两个维度，并进而提出了一个双维的（two-dimensional）测量框架。这一测量框架解释了我们为何建议低收入国家降低官僚机构的自主性，而建议高收入国家提升官僚机构的自主性。

关键词：国家质量 官僚体系 能力 自主性

对于更好的测量治理而言，本篇评论仅仅是个开始。在现阶段，这一尝试（即"测量治理"）只不过是彰显了就这一问题的当前讨论所包含的

---

* 本文曾经发给中国同行征求意见和评论。
** 弗朗西斯·福山，美国斯坦福大学"弗里曼-斯波格利国际研究所"（FSI）高级研究员，《历史的终结》、《政治秩序诸起源》等书的作者。刘燕，中央财经大学政府管理学院讲师。闫健，中央编译局世界发展战略部副研究员。

复杂状况和含糊不清。尽管如此，在我们对善治进行测量之前，最好先明确地下个概念。

在现今政治学领域中，对于国家——即实际运转的行政部门及其官僚机构——的关注相对较小。自30多年前的第三波民主浪潮开始，比较政治学的绝对重心都放在了民主、民主转型、人权、过渡时期的公正（transitional justice）以及类似的问题上。对非民主国家的研究也主要围绕威权统治的持久性而展开，这就意味着研究者的关注点仍旧是长远的民主问题或民主转型问题。换句话说，每个人都热衷于研究那些限制或制约权力的政治制度（无论是民主责任制还是法治），但是很少有人关注集中权力和使用权力的机构，即国家。

相对强调制约权力的制度而非实施权力的制度，这种倾向在近年来的治理测量研究中十分明显。现在已经出现了众多对民主质量的测量，比如民主之家和政体测量（Polity Measures）。同时，我们也有对民主质量的更新的、更为成熟的测量，比如由迈克尔·科皮奇（Michael Coppedge）和约翰·杰瑞（John Gerring）等人领导的"民主类型"项目。我们很少有对韦伯意义上的官僚体系的测量，比如官僚体系内部的招录和提拔工作是否基于"能力"标准、是否"职能分明"以及是否基于技术水准（technical qualification）等等。唯一的例外是彼得·埃文斯（Peter Evans）和詹姆斯·劳赫（James Rauch）2000年的一项研究，但是他们的样本仅限于30多个国家，并且没有任何时间序列数据。"民主类型"项目中有关官僚体系质量的数据源于专家调查。其他的政府质量测量包括贝塔斯曼转型指标（Bertelsmann Transformation Index）——它"聚焦于决策者如何有效推动和掌控发展和转型过程"——以及政治风险服务集团（Political Risk Service's Group）的世界各国风险指南。世界银行研究所的"世界治理指标"由六项指标构成，其中的四项试图对政府能力进行测量（政府效能、管制质量、政治稳定性和无暴力，以及控制腐败），但是这些是其他已存在测评指标的集合，并且（我们）尚不明确如何将它们纳入到韦伯对官僚体系的分类之中。例如，在"没有暴力"这一指标上得分较高难道就意味着警察的工作卓有成效吗？比如，笔者怀疑朝鲜的警察工作并非很有效，尽管朝鲜并没有什么街头犯罪或军事政变企图等现象（这些问题在世界银行的"国家政策和制度评估"中同样存在）。最后，哥德堡治理质量研究所的罗斯坦（Bo Rothstein）测量了世界上136个国家的治理质量，还对欧盟的172个地区的治理质量进行了更为详尽的测量。同样，这也以围绕国家公正性程度问题的专家意见为基础，在罗斯坦看来，"国家的公正性"就代表了国家的综合质量。

理性选择制度主义者尤其拥有一种偏见，即他们反对考虑国家能力问题。他们当中的大多数人都以曼柯·奥尔森（Mancur Olson）的假定为出发点，即国家是具有掠夺性的，因而政治发展的主要目标是创立制度（比如法治和责任制）以限制政府的自由裁量权。这些学者假定，所有享有权力的国家都是掠夺性的，很少提出这样的问题，即国家能力首先源自何方或者国家能力如何随着时间的推移增长或减损。坦率地讲，很难发展出一种国家能力的理性选择理论，因为任何组织的能力都受到规范、组织文化、领导力和其他因素的深刻影响，而这些因素无法轻易地被整合到一个基于经济动机的模型之中。

此外，还有大量有关公共部门改革的文献，它们源于制度经济学、公共行政学以及实务界——后者主要由那些寻求改善治理状况的发展机构（development agencies）所构成。经济学家则青睐试图在委托—代理框架内将治理概念化，试图通过调整激励机制来控制腐败和低效行政。这一框架内的很多新方法试图将类似市场的激励机制带到公共部门中来，主要通过创立退出选择、竞争和控制工资规模、缩减责任链条（accountability routes）以及更好的监督和惩戒工具来实现。在某种意义上，新公共管理运动的许多方法不过是上述方式的自然衍生而已，尽管它们对于发展中国家的实用性已经遭到质疑。

现有的对国家质量或能力的测量存在许多局限性。专家调查有着内在的弱点，特别是当研究者试图创立时间序列数据的时候。由于对善治的概念尚没有定论，当面对相同的调查问题时，不同的专家或许回答的是完全不同的问题。例如，庇护主义和直接的腐败之间存在着重要差异；在庇护情况下，庇护者和被庇护者之间存在互惠的关系，而在腐败的情况下，腐败官员一方没有任何义务要作出回报。腐败带来的经济影响变化万千，这要取决于腐败的"税入"（corruption tax）是10%还是50%，以及客户从腐败中得到的服务质量和性质。例如，在中国，腐败看起来非常普遍，但是腐败的"税率"却很低，并且服务供给率据说要比撒哈拉以南之非洲地区要高得多。据笔者所知，现有的所有腐败调查都没能对这种状况进行区分。

罗斯坦进行了很有说服力的论证，以说明"公正"应当是政府质量测量的核心要素。然而，仍有可能存在这样一种状况，即政府高度公正，却仍然缺乏有效提供服务的能力或者自主性。罗斯坦认为，"公正"就意味着（政府）有足够的能力。事实或许如此，但是这需要实证检验而非简单声明即可。

此外，还有许多对"法治"的测量也是与政府质量相关的，例如美国律师协会的"法治倡议"项目（ABA Rule of Law Initiative）和世界正义项目推出的法治指标（the World Justice Project's Rule of Law Index）。一些中国学者尝试通过统计起诉政府机关的案件数量以及该类案件中原告的胜诉率来衡量基于规则之上的决策的扩散程度。

不同的学者对"法治"有着不同的界定：它可以意味着法律和秩序，也可以指产权和确保契约的执行，以及对众多西方的人权规范的遵守和对行政权力的宪法约束（Kleinfeld，2006）。一些学者已将法制（rule by law）和法治（rule of law）区分开来，法制是行政部门将法律和官僚制作为权力工具，而法治指的是行政人员自身受到适用于任何人的同样法律的约束。在许多方面，法制与政府质量相互重叠，因为我们希望政府通过一般的、透明的、公正的和可预见的规则运转。另一方面，狭义地看，法治意味着对行政部门的宪政约束，这是与民主紧密联系在一起的。19世纪法治国时期的普鲁士/德国（Prussian/German Rechtsstaat）、明治时期的日本和当今的中国都是威权国家，它们都可以说是拥有法制却无法治的典型。这就意味着,"法治"的某些层面对于测量国家质量而言将会很有用。另一方面,许多法治测评测量的是可测评的内容,而不是根本性的法律质量,因此我们在选择它们时要谨慎。

定义

首先,笔者将治理界定为"政府制定和实施规则以及提供服务的能力,而不论这个政府民主与否"。笔者对迈克尔·曼(Michael Mann)所谓的"基础性权力"而不是"专制性"权力更感兴趣。笔者之所以将民主责任性(democratic accountability)排除在治理的定义之外,是因为我们随后想要能够将治理和民主之间的关系予以理论化。在发展领域,当下的一个正统观点就是,民主与善治之间存在着相互促进的关系。我将表明,这种观点更多停留在理论层面,并非得到实证检验的事实。如果我们认为A包含B的话,那么我们就无法从实证上验证它们之间的关系。

在这个初步的界定中,治理质量不同于治理想要实现的目标。也就是说,治理是代理人在实施委托人愿望时的表现,它并不涉及委托人设立了怎样的目标。政府是能将其职能发挥得更好或者更差的组织;因此治理是与执行有关的,或者说它涉及的是传统意义上的公共行政范围内的事,而不是政治或者公共政策。因此,一个威权政府可以治理得很好,正如一个民主政体有可能运转不善一样(正如我们如下所看到的,这种区分并非总是那么清晰。委托人有能够为他们的代理人设定具有自挫性的任务)。

正如罗斯坦(2011)所言,将"执行意义上的治理"(governance as implementation)从政府想要提供的规范目标分离出来并非易事。一个治理良好的国家究竟是否应当拥有无情、高效和集中的执行者而不是接受贿赂的执行者,这个问题并没有清晰的答案。另一方面,一旦一个人开始将实质目标作为好政府的标准,那就很难知道该在什么时候和什么地方停止。正如罗斯坦指出的那样,现有世界治理指标(Worldwide Governance Indicators)包含了许多规范性的政策偏好(例如,较少而不是更多的管制),

这令最后的结果"着色不少"。我们会因为美国做了一些我们不同意的事情——比如入侵伊拉克——而认为美国军队效率低下吗？

罗斯坦认为可以通过"公正性标准"来解决这一问题，因为它既规范，又体现了大多数人所理解的"好政府"的内容。然而出于下文即将论述的原因，笔者认为公正性本身并不是充分的衡量指标。现在，我想把规范性问题暂时放到一边，尤其是我很希望将来设计的测量指标能够同时适用于威权政体和民主政体。关注像集中营这样的极端案例不应该将我们的注意力从如下事实分散开来，即事实上所有的政府都面临着提供教育、医疗或者公共安全这样的问题，这样，我们对"治理质量"采取一种工具主义的视角便足够了。

如果我们接受对于治理的上述界定，那么，宽泛地讲，至少有四种方式来测量治理质量：程序测量、能力测量、产出测量和对官僚体系自主性测量。

程序测量

根据程序界定治理的最经典的例子便是马克斯·韦伯（Weber，1978：220-221）在《经济与社会》中对现代官僚制特征的归纳。我们仍旧将"韦伯式官僚制"（Weberian bureaucracy）视为一种理想类型，这也是那些高度腐败的、新家长主义的国家最终要努力的方向。在此重新审视韦伯为"官僚制"（所设定）的条件或许很有用：

（1）官员个人是自由的，他们只在限定的范围内服从于权力。

（2）他们被组织到一个界定清晰的职位等级之中。

（3）每个职位都有界定的能力范围。

（4）所有的职位都通过契约关系确定就任者。

（5）候选人的才能（technical qualifications）是选拔的基础。

（6）官员获得固定工资作为酬劳。

（7）任职者应当为专职。

（8）职位应成为任职者的事业。

（9）所有权和管理权之间要进行分离。

（10）官员要接受严格的纪律和控制。

条件1—5和9可能是人们谈及"现代官僚制"时触及的核心：它们清晰地将这样一个组织与欧洲旧制度之下的贪污受贿或世袭制组织区分开来，也与现今的发展中国家的新家长主义组织区分开来。然而，条件6、7、8和10更是充满了问题。"固定工资"（条件6）和新公共管理下提供给官员的各种激励并不相容。条件7和8对于当代美国公共和私营部门的中层官员并不适用。有人可能会说美国并没达到韦伯的理想官僚制类型，但是，如果不是来自私营部门或者学术团体的有天赋的个人能够在政府部门工作一段时间的话，美国的官僚体系的质量似乎不可能得到提升。条件10和保护公务员的原则不相容，后者在进步时代被视为是取代庇护制的现代官僚体制的里程碑。更重要的是，条件10暗示着官员只是呆板的代理人，其唯一目标就是按照委托人的盼咐做事。官僚自主性的理念——官员本身能够独立于委托人的意愿以外自我设定目标和任务——在韦伯的定义中是不可能的。

然而，一些程序测量仍将构成任何治理质量测量的核心。人们想知道招录和提拔官员是基于能力原则还是政治庇护的原则，他们需要得到何种程度的能力，以及与官僚体系程序的契合程度。

能力测量

所有对官僚制的程序界定所面临的一个问题就是，尽管对程序进行了界定，但是，程序或许与所期待的政府的正面结果并不相关。我们假定，韦伯的官僚制比高度专断的世袭制能提供更好的服务，然而在有些情况下，世袭制由于缺乏规则的束缚，反倒能更快速更好地作出回应。韦伯的定义中并不包含执行的权力（enforcement power）；有可能存在这样一种情况，即一个非个人化的、建立在能力基础上的官僚体系却什么事也干不成。在"能力"基础上选拔官员并不意味着对"能力是什么"进行了界定，它也没有解释官员的技能是否会因条件或技术的改变而得到更新。

最普遍使用的测量"能力"的指标是资源提取能力，后者通过征税情况进行衡量。征税从两个方面测量了"能力"：第一，为了征税，就要创造征税的能力；第二，成功的征税能为政府提供资源并使得后者能在其他领域活动。征税比率（tax extraction rates）可以通过税收占国内生产总值的比例来衡量，也可以通过税收的性质来衡量，即，是直接对收入或财富进行征税，还是征收间接税（因为收入税和财富税要比间接税难征得多）。

尽管征税可以成为"能力"测量的合理起点，但它也存在如下几个方面的重要局限：

（1）课税潜力和实际课税率之间存在区别。实际税率不是由课税潜力决定的，而是由有关最优税率和税收类型的政策选择决定的。历史证明，美国在两次世界大战期间能够征收很高的税，因为当时面临着压倒一切的国家利益。和平时期的（课税）水平反映了有关政府最优规模的规范性偏好，然而，在具有同等征税潜力的国家之间，这种规范性偏好可能会不同。

（2）既定的征税水平并不必然转化为对于税收收入的有效使用。低效的行政、零效转移支付或者彻底腐败可能会浪费税收收入。官僚体系的绩效不仅是资源投入的结果，而且还受组织文化之类因素的影响。朱蒂斯·腾德勒（Judith Tendler，1997）曾论述了这样一个例子：巴西东北部地区贫穷且缺乏资源的政府却取得了很好的治理绩效。

（3）对于许多国家而言，政府的收入来源于资源租金或者国际转移支付，而不是国内税收。在许多国家，这些租金和国家转移支付构成了政府收入的大部分。有人或许会说，如果税收是衡量国家能力的一项指标，那么，资源租金应该被排除在外。

课税率并不是测量国家能力的唯一可能的指标。国家执行着多种职能,其中的任何一种都可以被用来作为测量国家能力的指标。税收是测量国家能力的一个有用的指标,因为它是所有国家都必须履行的一项职能,并且它总是能够提供大量的数据。蒙莉沙·李(Melissa Lee)和张楠(Nan Zhang)指出,可以将获取准确的人口普查结果的能力作为衡量"能力"的指标,因为人口登记是一项非常基本的政府职能。

除了税收,另一个关键的能力测评指标是政府官员的教育水平和职业化程度。相比20世纪80年代拉丁美洲和撒哈拉以南非洲地区债务危机的酝酿时期,21世纪初发展中国家的中央银行经营得非常之好,部分至关重要的原因在于人员的高度专业化。在进步时代,美国国家构建的一个关键方面就是让接受大学训练的农学家、工程师和经济学家取代不称职的政治庇护下的委任者。

关注政府的职业化程度部分解决了如何衡量腐败水平的问题,后者并不取决于专家调查或主观调查。所有的职业化教育(可能商学院例外)都潜含着一个强大的规范因素,即为特定的领域服务以及为更为广泛的公共目标服务是至高无上的。例如,一位医生被假定,主要根据病人的利益行事而不是寻求个人利益最大化。当然,所有的专家也都是自利的个人,他有可能以腐败的方式行事。但是在现代组织中,我们赋予教育程度高的专家以更高程度的自由裁量权,因为我们假定或者希望他们受到内部规则的引导,即便他们的行为不能接受来自外部的监督。

由于政府能力在不同的领域、不同的政府层级和不同的地区都存在很大的差异,人们便希望测量所有重要的政府部门的能力。例如在巴西,人们广泛认同巴西国家内部存在"卓越之岛",但是它们可能在集合测量(aggregate measures)中被忽略。因此,凯瑟琳·伯奇(Katherine Bersch)、塞尔吉奥·普拉查(Sergio Praca)和马修·泰勒(Matthew Taylor)的一篇文章对300多个巴西联邦机构的能力进行了测量。显然,这种数据在许多国家并不存在,即使在巴西,上述几位作者也无法得到中央、地方和市级层面的、有关"能力"的相似的统计数据,而众多治理行为正是发生在这几个层面。评价像中国这样的国家,产生这类分散的数据就非常重要，因为显然治理质量会随着政府不同层级和职能而发生很大的变化。

一边是无法获得理想的、完全分解的能力数据，一边是有限的集合测量。作为对这种两难状况的一种妥协，或许可以确定一系列能够获得数据的政府职能领域。这可以是一系列（理论上）由所有政府履行的职能（例如，宏观经济政策管理，基本的法律和秩序，初级和中级教育，人口登记），或者它可以包含一些数据，以说明履行这些职能的成本有多高（例如，如果政府能够管制药品，就给予它额外的分数）。

产出测量

良好的程序和强大的能力本身并不是目的。我们想要政府做事，比如提供教育、公共卫生、公共安全和国防。这就意味着对于政府质量的另一种测量，即对最终产出的测量。人们可通过识字率和初级中级教育等指标上的分值，或是通过各种卫生方面的测量指标，来洞察政府在这些领域内的表现。

产出测量听起来很美，但是在笔者看来，它在应用中存在着若干重大且具决定性的缺陷。首先最重要的是，像健康或者教育并非仅仅是公共行为的结果。公共部门会与其周围的环境和社会互动。例如，20世纪60年代关于美国教育的科尔曼（Coleman，1966）报告表明，相比公共部门的教育投入，教育质量更加取决于学生的朋友和家庭这样的因素。米格达尔（Joel Migdal，1988）的"弱政府、强社会模型"指出了政府渗透或管制一个社会的能力取决于两个要素之间的比率，即政府能力与社会潜在的自组织能力。两个政府可能拥有相同的管制能力但是却产生了不同的管制结果，因为其中一个社会比另一个社会更具备自组织能力，因而能够抵制政府的渗透。

第二个问题是产出测量本身在方法论上存在纰漏。主要由公共部门提供的那些服务很难得到测量。例如，标准化测试是评价教育结果的一个常用的方式，但是，很长时间以来因为其低效的测评效果而受到批评，并且产生了"应试教育"的激励机制。如果判决时间、结案率等指标一样，法治测量（measures of rule of law）无法说明特定司法体系所实现的公正程度。

最后，结果测量无法轻易地与程序测量和规范测量相分离。一个警察国家或许通过大规模逮捕和使用酷刑而控制了街头犯罪，然而大多数信仰自由民主的人士或许为了获得个人权利的程序保护而宁愿接受高犯罪率。即使人们对于警察使用酷刑是否合理在道义上保持中立，在评价政府时，他还是想知道，酷刑是否被当作"正常"手段而被普遍使用。

我个人的感受是，由于产出测量容易受到外生因素的影响，因而，我们首先就不应当将其作为国家质量的测量指标。人们可能会使用许多计量经济学的技术来控制这些外生因素，但是这又会带来另一层面的复杂性和问题。实际上，最好是将"产出"视为由"政府质量"来解释的因变量，而不是将其视为测量"能力"的指标。如果"产出"不是政府质量的一个有效测量指标的话，那意味着我们也不可能对政府效率进行有意义的测量（"政府效率"作为国家质量的测量指标），因为"政府效率"代表了政府投入和产出的比率。

官僚体系自主性测量

政府质量的最后一种测量方式是衡量政府不同组成部分所拥有的自主性程度。塞缪尔·亨廷顿（2006）将自主性视为制度化的四个标准之一，高度制度化的政治体系拥有高度自主的官僚体系。在亨廷顿的用语中，与"自主性"相对的是"服从"。

可以这么讲，自主性指的是政治委托人对官僚发号施令的方式，其中官僚作为代理人而存在。没有一个官僚体系拥有权力，能够自行界定其所要服从的"命令"，无论它所在的政权是民主或专制。但是有很多发号施令的方式。从理论上讲，委托人应该给代理人设立一项宽泛的命令，例如，购买先进战斗机。但是，委托人也能就如何执行这项宽泛的命令发布许多其他的命令，例如通过合同商的方式购买战斗机，这能提高 X 选举区和 Y 选举区的就业，或者通过少数族群或妇女所有的企业（进行购买），或者获得另一竞争部门所期望的、Z 程度的绩效（Z degree of performance desired by a rival service）。在某些情况下，委托人能够发布官僚体系人员招录和提拔的指令，要求后者雇佣特定人员，或是为后者的人事管理制定详细的规则。

政治委托人经常发布重复的、有时甚至是截然相反的命令。实际上，在许多政治体系中可能存在多个委托人，它们都有权发布命令，尽管这些命令有可能会相互冲突。例如，国有设施常常被要求同时要收回成本，为穷人提供一般性的服务，以及为企业客户提供有效竞价（efficient pricing），其中的每一项命令都是由政治体系的不同部分发出的。这些不同的命令很显然不可能同时完成，而且有可能致使官僚体系不能有效发挥其职能。如果不是国会要求其为众多小规模的农村社区提供服务的话，国营铁路客运公司（Amtrak）可能会成为一个赢利的有效率的铁路公司。在中国，经常会有一些重复设置的管理部门，一些服从部委的领导，另一些则向市政府或省政府汇报工作。我们并不十分清楚它们如何解决彼此间的矛盾。

因此，自主性与委托人所发布的命令的数量和质量是负相关的。命令的数量越少并且越具有一般性，官僚体系所享有的自主性就越大。享有完全自主性的官僚体系根本不接受命令，它会自行设立独立于政治委托人的目标。相反，没有自主性或者处于隶属地位的官僚体系则要接受委托人事无巨细的管理，后者设置了代理人必须遵守的、纷繁复杂的规则。

官僚体系的适度自主性并不意味着官员要孤立于社会之外，或者作出违背公民要求的决策。实际上，如果一般的命令是提供高质量的卫生和教育服务的话，官僚体系就需要从公民那里获得相当程度的反馈和批评意见。也不能排除在提供服务方面它需要与私营部门或者公民社会组织进行广泛的合作。实际上，享有适度自主性的官僚体系应当能够决定何时何地要进行这样的合作。

看起来自主性和政府质量之间的关系就像一个倒 U 形（见图 1）。坐标的一极代表着完全的从属地位，即官僚体系没有自由裁量权或独立判断的空间，完全受制于政治委托人所设定的详尽规则。X 轴的另一极则代表着完全的自主性。在这种情况下，治理结果也有可能很糟糕，因为官僚体系已经摆脱了所有的政治控制，它不仅设定了自身的内部程序，还自行设定目标。这基本上就是彼得·埃文斯（Peter Evans，1995）提出的"嵌入式自主性"（embedded autonomy）概念：官员们需要免于社会行为体的特定影响，但是，在大的目标方面，他们要服从于社会。

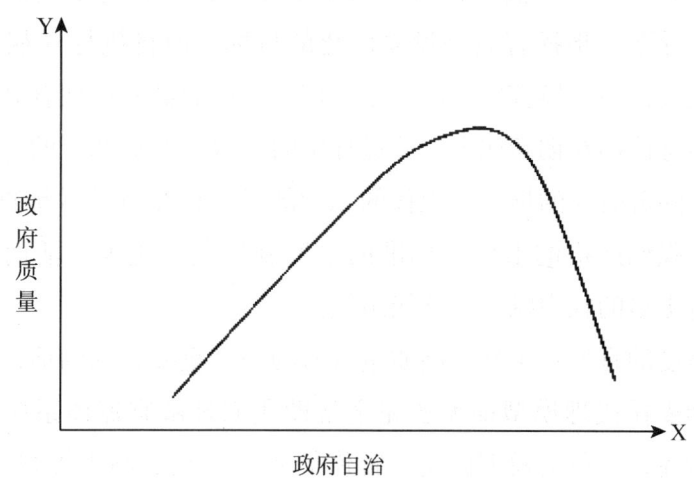

图 1　官僚体系自主性与政府质量

有很多官僚体系过分服从导致绩效低下的例子。最糟糕的情形之一就是，官僚体系失去了对内部人员招录和提拔的控制权，人事安排完全是政治任命式的。这正是庇护主义政治体系中所发生的事情。但是即便在不存在庇护主义的情况下，官员们也有可能反应极度缓慢和犹豫不决，因为他们受到了太多的规则约束。然而，图 1 的曲线在 X 轴的左侧向下倾斜，代表完全的自主性。第一次世界大战以前的德意志帝国和第二次世界大战以前的日本分别遭遇了这样的问题。两国当时都拥有高质量的、自主的官僚体系（尤其是军事部门），后者进而从政治当局手中取得了制定对外政策的权力。

然而，一种普遍的观点认为，过度微观管理的危险性大于过多自主性，因而，图1曲线的拐点转移到了右边。高度的自主性有助于官僚体系的创新、试验和冒险精神。丹尼尔·卡彭特（Daniel Carpenter, 2001）的《塑造政府自治》（*The Forging of Bureaucratic Autonomy*）将进步时代的美国邮政局和美国森林管理局描绘为高质量官僚体系的代表，因为它们自行设置日程，并不严格遵守国会给出的指示。在美国军队综合武装行动的战斗手册FM100-5中，我们看到了同样的情形。在反思越南战争综合武装行动的教条时，指南撰稿人将重点从集中命令控制转向更灵活的任务指令，在其指导下，指挥官只是设立广泛的目标，而将执行（权）转交给最低的等级去行使。换言之，后者是代理人，他们被允许拥有高度的自主性，包括容忍他们在创新或者试验过程中的失败。在更宽泛的意义上，我们可以说，随着时间的推移，现代的私营部门组织经历了不断的进化，即从僵化的、强调严格的韦伯式标准的泰罗制演化为更为灵活而扁平的组织，后者将更多的权力赋予给下级组织。

如果适度的官僚自主性是高质量政府的一个重要特征的话，那么，韦伯的模型和委托代理模型都无法完全帮助我们理解官僚体系应当如何运行。如前所述，韦伯的模型假定，官僚们实质上是受制于规则的执行者，他们仅仅执行政治当局的决策而已。他们或许有技术能力，但是他们没有自行设定日程的权力。委托代理模型也是不充分的，因为它也假定代理人仅仅是委托人的工具，然而，在一个良好的官僚体系下，权力常常是反向流动的，即从代理人流向委托人［这是公共行政学的一个基本观点，持这种观点的代表人物是赫伯特·西蒙（Herbert Simon）］。

我们如何来测量官僚体系的自主性？在我看来，这是进行有效的政府质量测量的最核心、也是最困难的问题之一。最普遍的方式是通过专家调查——在此方式下，专家被要求对特定官僚体系的自主性进行评估。在这种情况下，专家调查尤其是问题多多，因为"自主性"这个概念本身并没有得到清晰地界定，因而，专家们并不知道自己被要求去测量什么东西。专家们难道有充分的标准来评判哪些命令合适以及哪些命令不合适吗？他们会把多重的或相互冲突的命令看作是（官僚体系）从属地位的迹象吗？

因此，对自主性进行客观测量会更好些。由于"自主性"的反面是"从属性"，因此，或许可以将庇护主义的程度或对官僚体系运行的政治干预作为衡量指标。例如，人们可以观察一个官僚体系中，专门职位相对于政治职位的数量。但是，这仅仅是测量了与人事有关的一种从属类型而已。政治委托人可能会通过发布多元的、冲突性的、与人事问题无关的命令来削弱官僚体系，或者为官僚体系设置过于纷繁复杂的行为规则。

能力和自主性

似乎是，政府质量是能力和自主性之间互动的结果。亦即，自主性的多少究竟是好事还是坏事，要取决于官僚体系拥有多大的潜在能力。如果一个机构里充斥着不称职的、自行其是的政治任命者，人们可能就会想要限制他们的自由裁量权，并且使其受制于明确的规则。如图1所示，最优的自主性程度转移到了右边的情况只适用于高能力的国家。在那些能力低下的国家，相反的情况则会上演：人们想要用更多而不是更少的规则来限制政府官员的行为，因为人们不信任他们会作出正确的判断或者不从事腐败行为。这就是为什么罗伯特·克利特嘉德（Robert Klitgaard，1988）提出了腐败＝自由裁量权－责任的公式。这也是为什么近年来发展援助机构一直在建议贫困国家限制官员的自由裁量权。另一方面，如果同样的政府机构里全是持有名校研究生学历的专业人才，人们不仅可以放心地赋予他们相当程度的自主性，而且还希望能够降低规则的约束，以鼓励后者的创新行为。

图2表明，对于四个假定的、拥有不同能力水平的国家而言，最优的

自主性曲线也各不相同。对于其中每一个国家来说,曲线都向下靠近坐标轴的一端,这是因为每一个官僚体系拥有的自主性不是太大就是太小。但是,对于能力低下的国家而言,拐点会转向左边,而高能力的国家的拐点则会转向右边。

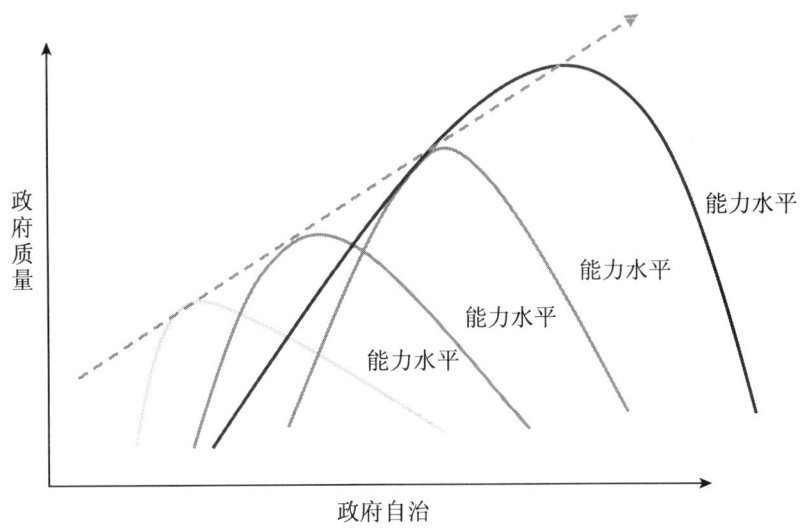

图2 不同能力水平国家的最优自主性

人们能够通过明确的正式规则和激励机制或是非正式的规范和习惯来控制代理人的行为。其中,后者实质上带来了更低的交易成本。许多专业人才基本上都是自制的(self-regulated),这是基于如下事实:(1)外行很难评价这些专业领域的工作质量;(2)如前所述,他们的教育包含了特定专业规范的社会化过程,这些规范能够预先组织特定类型的自利行为。因此,官僚体系的能力越强,人们希望赋予他们的自主性也就越多。因此,在判断政府质量的时候,我们既想要了解政府能力,也想要了解官僚体系的自主性程度。

换句话说,我们从实证上将官僚机构置于图3的矩阵之中。那条向左下方倾斜的直线代表了图2中沿着拐点画出的那条线,它意味着在特定能力水平下的最优自主性程度。处于这条线左边的官僚体系很可能要饱受过多规则的约束之苦；而位于这条线右边的官僚体系则享有太多的自由裁量权。过去的 10 年间，国际援助机构一直建议发展中国家要减少官僚体系运行中的自由裁量权。从图 3 可见，这并非总是一个好的建议。在高能力国家，人们想要赋予官僚体系更多的自由裁量权而不是相反。

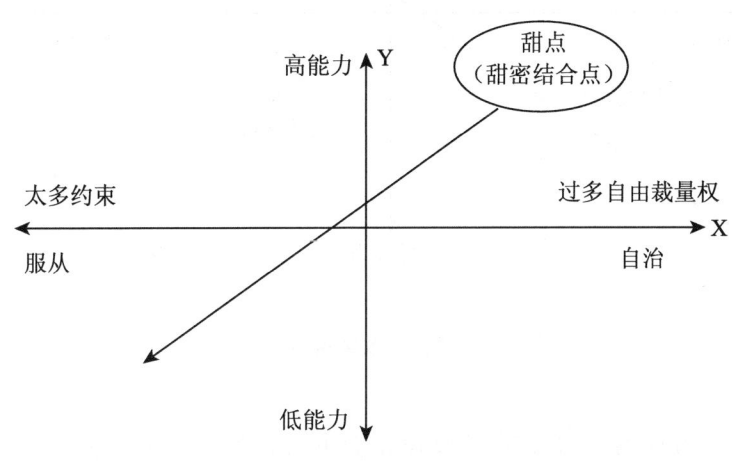

图 3　自治和能力

图 3 表明，公共部门改革存在两种截然不同的方式。人们总是希望官僚体系能够位于 Y 轴上更高的位置，以获得更高水平的能力——尤其是当涉及公共服务的专业化的时候。然而，这并不是那么容易办到的，而且也不是在短期内能够实现的目标。如果一国不能在短期内实现能力的重大提升，人们就会将官僚体系的自主性程度向倾斜线转移。这就意味着，向左移动就会使国家进入低能力国家，向右移动则会进入高能力国家。图 4 包含了一些国家在矩阵中假定的位置，在这里，我们对于特定国家的政府进行了集合化。图 4 表明，尼日利亚和中国需要向矩阵的左边移动，而美国则需要向右移动。然而，中国需要到达的位置应当能够赋予官僚体系更多的自主性，因为它拥有比尼日利亚更高的能力。

试图在这个矩阵中为印度找一个位置的努力彰显了上述分析的复杂

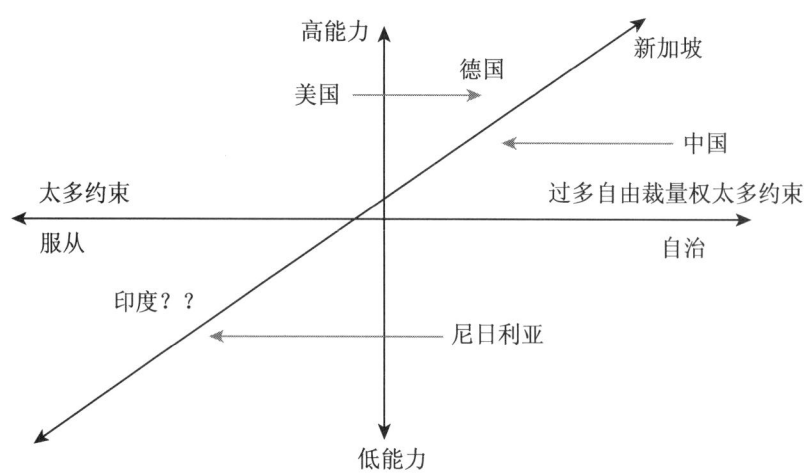

图4 改革路径

性。印度一方面有着高度的腐败和庇护主义，另一方面又同时面临着纷繁复杂的规则和官僚部门的繁文缛节。显然，印度比其他国家更需要更为强大的国家能力。但是，印度需要更多还是更少的自主性呢？对于这一问题的回答或许是"两者都需要"，这要取决于特定的情境。考虑到最近发生的丑闻，负责无线频谱拍卖（spectrum auctions）的官僚机构应当被置于更为严格的规则之下。另一方面，海得拉巴（Hyderabad）市自来水运营部门如果要更好地发挥其职能的话，就需要将其从所面临的多重且相互冲突的政治命令中解脱出来。这表明，为治理质量设计单一的集合指标可能是不充分甚至是具有误导性的。

结论

显然，如果要测量中国和美国这样大而复杂的国家的治理质量，现有的定量测量是远远不够的。如果要进行更好的测量，我们必须回答以下这些问题：

- 如果我们要对政府质量进行程序测量，我们要保留韦伯的"官僚制条件"清单上面的哪几个？
- 我们能搜集到多少个国家的能力的非集合数据？
- 如果我们不能收集全面的能力测量数据，哪个指标能够最好地代表综合能力（aggregate capacity）？除了征税水平以外，我们是否可以将官僚体系专业化程度作为一个测量指标？
- 关于征税这样的普遍使用的测量指标，我们如何能够辨别实际能力和潜在能力之间的差别？
- 我们将如何准确界定官僚体系的自主性？我们可以通过哪些指标来衡量它？
- 相比对过程的定性描述，或者对特定治理领域的案例研究，定量测量到底有多重要？

这篇评论并没有假装回答了这些问题，只是为讨论奠定了一个基础。我们无法测量那些我们不能界定的东西，因此我们不得不从概念开始。笔者提出了治理的两个不同的维度，分别是"能力"和"自主性"，并且指出了它们的一些构成内容。尤其是，"能力"是由资源和官僚体系中工作人员的专业化程度构成的。笔者进一步提出治理质量最终取决于能力与自主性之间的互动结果，其中任何一个都不足以单独实现对政府质量的测量。最后，笔者提出，我们需要根据功能、区域和政府层级对国家进行分解，进而需要对国家的这些不同部分的能力和自主性进行测量。显然，大多数国家或许是所有国家都没有这样规模的数据。那么，这样的数据究竟能产生多少呢？或许我们应当从像美国这样庞大、相对来说数据比较充分的国家开始尝试，看看我们到底能够走多远。

【注释】

Bersch, Katherine, Sergio Praça, and Matthey Taylor, "An Archipelago of Excellence? Autonomous State Capacity among Brazilian Federal Agencies", Unpublished paper, 2012.

Carpenter, Daniel, *The Forging of Bureaucratic Autonomy: Reputations, Networks, and Poli-*

cy Innovation in Executive Agencies, 1862 – 1928, Princeton, NJ: Princeton University Press, 2001.

Coleman, James S., *Equality of Educational Opportunity*, Washington, D. C.: U. S. Department of Health, Education and Welfare, 1966.

DiIulio, John J., "Principled Agents: The Cultural Bases of Behavior in a Federal Government Bureaucracy", *Journal of Public Administration Reseach and Theory*, 1994, 4 (3), pp. 277 – 320.

Evans, Peter, *Embedded Autonomy*, Princeton, NJ: Princeton University Press, 1995.

Fukuyama, Francis, *The Origins of Political Order: From Prehuman Times to the French Revolution*, New York: Farrar, Straus and Giroux, 2011.

Fukuyama, Francis, and Abram Shulsky, *The Virtual Corporation and Army Organization*, Santa Monica, CA: Rand Corporation, 1997.

Grindle, Merilee S., "Good Enough Governance: Poverty Reduction and Reform in Developing Countries", *Governance*, 2004, 17(4), pp. 525 – 548.

Heady, Ferrel, *Public Administration: A Comparative Perspective*, New York: Marcel Dekker, 1991.

Huntington, Samuel P., *Political Order in Changing Societies*, New Haven, CT: Yale University Press, 2006.

Kaufmann, Daniel, and Aart Kraay, *Governance Matters VIII: Aggregate and Individual Governance Indicators*, 1996 – 2008, Washington, D. C.: World Bank Institute, 2009.

Kleinfeld, Rachel, "Competing Definitions of the Rule of Law", In *Promoting the Rule of Law Abroad: In Search of Knowledge*, ed. T. Carothers, Washington, D. C.: Carnegie Endowment, 2006, pp. 31 – 74.

Klitgaard, Robert, *Controlling Corruption*, Berkeley, CA: University of California, 1988.

Kurtz, Marcus, *Latin American State Building in Comparative Perspective*, New York: Cambridge University Press, 2013.

Mann, Michael, "The Autonomous Power of the State: Its Origins, Mechanisms, and Results", *European Journal of Sociology*, 1984, 25 (2), pp. 185 – 213.

Migdal, Joel S., *Strong Societies and Weak States: State – Society Relations and State Capabilities in the Third World*, Princeton, NJ: Princeton University Press, 1988.

Olson, Mancur, "Dictatorship, Democracy, and Development", *American Political Science Review*, 1993, 87 (9), pp. 567 – 576.

Pollitt, Christopher, and Geert Bouckaert, *Public Management Reform: A Comparative Analysis*, 2nd ed, New York: Oxford University Press, 2004.

Rothstein, Bo, *The Quality of Government: Corruption, Social Trust, and Inequality in International Perspective*, Chicago: University of Chicago Press, 2011.

Schick, Allen, "Why Most Developing Countries Should Not Try New Zealand Reforms", *World Bank Research Observer*, 1998, 13 (8), pp. 123 – 131.

Simon, Herbert, *Administrative Behavior: A Study of Decision – Making Processes in Administrative Organization*, New York: Free Press, 1957.

Tendler, Judith, *Good Government in the Tropics*, Baltimore, MD: Johns Hopkins University Press, 1997.

Weber, Max, *From Max Weber: Essays in Sociology*, New York: Oxford University Press, 1946.

Weber, Max, *Economy and Society*, Berkeley, CA: University of California Press, 1978.

Wilson, James Q., *Bureaucracy: What Government Agencies Do and Why They Do It*, New York: Basic Books, 1989.

Wilson, Woodrow, "The Study of Administration", *Political Science Quarterly*, 1887, 2 (2), pp. 197 – 222.

World Bank, *World Development Report* 2004: *Making Services Work for Poor People*, Washington, D. C.: World Bank, 2004.

Abstract

This commentary points to the poor state of empirical measures of the quality of states, that is, executive branches and their bureaucracies. Much of the problem is conceptual, as there is very little agreement on what constitutes high-quality government. The commentary suggests four approaches: (1) procedural measures, such as the Weberian criteria of bureaucratic modernity; (2) capacity measures, which include both resources and degree of professionalization; (3) output measures; and (4) measures of bureaucratic autonomy. It rejects output measures and suggests a two-dimensional framework of using capacity and autonomy as a measure of executive branch quality. This framework explains the conundrum of why low-income countries are advised to reduce bureaucratic autonomy while high-income ones seek to increase it.

Keywords

State Quality; Bureaucracy; Capacity; Autonomy

■ 主题探讨：城市社区治理 | Thematic Articles:
Urban Community Governance

价值意义与工具意义上的社区
——关于社区建设和社区治理的探索

丁元竹*

摘要： 本文对于社区这个在日常生活和学术探索中使用十分频繁的概念的内涵进行了探索，认为在当前的社区研究、社区建设和社区治理中，人们往往忽视了社区的社会本质。社区的社会本质源于社区概念的创始人滕尼斯，即一种理想和价值意义上的生活共同体。后来的工业革命和城市化，破坏了这种生活共同体。作者从历史、理论等角度进行了分析，提出了价值意义与工具意义上的社区的概念，并提出了走向价值意义社区的基本路径。

关键词： 社区建设　社区治理　价值意义上的社区　工具意义上的社区

引论

无论在日常生活还是在学术探索中，社区都是一个使用频率极高却又十分模糊的概念。在当前的社区研究、社区建设和社区治理中，人们往往忽视了社区的社会本质。探索迈向人民的社区研究、迈向人民的社区建设和社区居民参与的社区治理是当前社区研究、社区建设和社区治理的中心

---

* 丁元竹，国家行政学院决策咨询部副主任、教授。

点。社区并没有什么高深之处，真正的社区建设和社区治理绝不会超出传统的秘诀，只是简单地回归人类的社会本性，从"看不见人"的社区走向"看得见人"的社区。

进一步说，在历史的发展过程中，实际上存在着价值意义上的社区与工具意义上的社区。价值意义上的社区是基于滕尼斯的共同体理论衍生出来的、理想意义上的社区，包含了舒适感、识别感、安全感、交流感、成就感等精神和生活的意义。工具意义上的社区是指政府、社会组织等各类主体依照自己的理解在一定历史阶段建设和治理社区，设计社区功能。如果社区建设的主体能够把握社区的社会本质属性来开展社区建设和社区治理，那就会贴近人类的本性和人民的生活，就会满足人们的需求，激发人们参与社区生活和社区治理的热情。"试图在城市街区中追寻成功的标准，如高标准的物质设施，或所谓的能力很强的'无问题'的街区人口，或记忆怀旧的城镇方式的生活等，都是白费工夫。这种做法都没有涉及问题的本质，即，城市的街区是干什么用的？"[1]不论滕尼斯当初如何去回忆他曾经经历的生活共同体，从人类本性上说，社区就是人们之间的亲密关系、共同生活与共同工作。

再进一步说，人们怎样理解社区，就会怎样去建设社区、治理社区。关键问题是，社区有自己独特的内涵，它是基于历史和人类自身的特点形成的理想追求。只有把握了社区的本质和社会的内在规律，才能把握社区的真正内涵，建设真正符合人类需要的社区，也只有在这个意义上，社区才能成为人类乐于栖息、获得享受的生活共同体。

一、作为生活共同体的社区：美国的启示

（一）满足个人与他人需求的一种组织形式

人的本质特征在于他（或她）是一切社会关系的总和。在这种社会关系总和中，个人和他人的需求得到满足，在这种个人与他人的关系中，

最核心的问题是权利与责任，即个人的权利与个人对群体的社会责任，这些通过一系列的社会规范得以规定，并通过一系列的社会互动得以实现。社区成为生活共同体，首先要有共同的社会规范，这些社会规范不是外部强加的，也不是少数人制定赋予大多数人的，而是社区成员共同参与制定的、真正意义上的乡规民约。美国素有遵循乡规民约的历史传统，从最早的移民开始，人们就意识到在使个人需要得到满足的同时，必须满足群体的需要，在享受权利的同时，必须承担义务，在建立和谐的邻里关系中实现个人安全、自我放松、家庭温馨、邻里和睦、共同认知。乡规民约是社区自治的基础。"当清教徒们在1620年抵达普斯茅斯时，'五月花'号上的乘客们已经在一份协议上签下了自己的名字。协议规定，他们在新大陆将遵守社区的法律和教会的训令。这样，他们形成了一个思想上高度统一的团体，尽管其中也有并不信奉清教主义的人，但他们仍然认为遵守这样一个能够确保大家安全的协议是最好的选择。清教徒们认为，城镇和集市是一致的。教徒们如果想要保持他们的信仰，就必须在相互监督下生活。"[2]这些规定、社区法律、教会训令、信仰以及相互监督机制构成了美国社会的最基本规范，也是社区治理的基础。19世纪初期，托克维尔在实地考察中发现，"在美国的乡镇，人们试图以巧妙的方法打碎权力，以便使多数人参与公共事务。结果，选民的任务是经常开会审议乡镇的管理措施，而形形色色的官职独立于选民之外，在自己的职权范围内代表权力很大的乡镇自治体"[3]。至今，在对美国乃至加拿大居民生活的观察和体验中，仍然可以感受到乡规民约的作用。社区机制的形成有一个过程，它需要平等的社会关系、个人坚守对集体的责任、完善的制度和健全的机构。每个人坚守社会规范，把日常的小事做好，才会逐渐把社会和国家的大事做好，当个人都能承担社会责任时，公民意识才能慢慢融入到整个社会。在任何社会，平等都是公民意识的基础。在一个等级森严的社会体系中不易建立起公民意识和公民责任。换句话说，公民意识和公民责任不是靠政府的号召就可以建立起来的。美国社会的形成不是一个自上而下的过程，而是一个自下而上的过程。这个自下而上的过程历数数百年，通过组织机构、制度规范、行为要求、心理约束，日复一日、年复一年，不断积淀，形成了现在这个样子。

共同工作和共同生活是社区的特征。美国第42届总统克林顿在谈到社区时说："人们很容易忽略这样一个事实：即共同工作以建立共同基础是我们这个民族最重要的价值观之一。"[4] 1996年在竞选第二届任期时，克林顿曾经把建立强大社区作为他国家战略的选择之一，也把社区建设视为美国基本的价值观念之一。这也是为什么在一些西方文献中，总有人把社区视为工作的一部分，出现所谓工作社区（working community）。把社区仅仅局限于生活区域是不够的。

美国的价值观中存在着追求社区生活的内涵。"根据1980年的人口统计数据，乡村地区的人口增长首次超过了城市人口的增长。在传统主义者看来，这一趋势或多或少与美国人的性格特点有关，尤其是对社会归属感和稳定生活的向往……一些人在寻找美国人一直在寻找的乌托邦式的社区……"[5]这个乌托邦式的社区就是滕尼斯所谓的生活共同体。生活共同体并不是无病呻吟，而是人类的本质属性。人类在与他人的相处和交往过程中得到满足，产生安全感，社区成员在其中亲密无间、无拘无束地交流。精神上的放松，以及内心的愉悦，是任何行政和市场力量所不能提供的。

（二）关心他人生活的共同体精神

社区精神是生活共同体不可缺少的要素。建国伊始，宗教渗透到了美国的基层社会。乘坐"五月花"号的人们在以教区为单位的社区生活。进入20世纪的美国社区依然不能与宗教的发展完全分离。大转型时期（1900年至1950年），"人们有一种基本感觉：国家及其公民必须关照所有人的利益，而不仅仅是少数特权者的利益，正是这样的感觉，鼓舞了平时很少关注立法的不同人群。也正是在这一时期，有越来越多的男人和女人，追寻'赫尔之家'的简·亚当斯和'亨利街社区中心'的莉莲·D.沃尔德的足迹，使社会服务成为一个受人尊敬的职业，牧师们把越来越多的制度化社会服务工作带入他们的教区"。[6] 鄙视特权、崇尚平等是社区精神的核心。这也为我们理解社工精神提供了重要历史依据。社会工作精神浸透了关爱、合作、奉献和职业化，以区别于社区建设过程中的公共服务，即由政府提供或政府主导的公共服务活动。把社会服务与公共服务区别开来，也就是区别政府与社区的各自职能，厘清政府与社会的边界。美国国家统计局一直进行的常规性社区调查（The American Community Survey，ACS）旨在获取有关社区年度数据，以便为美国联邦和州政府大约4000亿美元的社区投资提供必要的信息。这些信息包括年龄、性别、种族、家庭和社会关系、收入和福利、医疗保险、教育、退伍军人、残疾人、在哪工作及如何上班、在哪居住和基本生活支出等。所有这些信息与统计数据结合起来帮助政府决策，从学校午餐到医院建设，等等。政府通过公共政策和行动介入社区从来都是一种手段，而不是目的。

大转型时期，美国人还形成了一种观念，"界定清晰的经济等级和社会等级的存在，应当被视为对美国民主理想的违背，而予以抵制。当各种各样、各个阶层的人为了看上去对所有人都有利的事情而一起工作的时候，你就会得到更好的发展"。[7] 在公共生活中，社会等级是一种非常有害的东西，它破坏了人们一道工作的气氛，人为地造成隔离、歧视和敌对。在社会等级下，以志愿精神为基础的公共参与是难以形成的。平等是社会参与的基础，人们不可能在所有的方面平等，但是在社会生活中，放弃特权、差异、歧视而一道工作确实可能，而所有这些都是建立在平等的公共生活中和平等的气氛之中的。在公共价值和公民意识没有建立起来之前，奢谈公众参与是没有任何意义的。

（三）现代化对生活共同体的冲击

工业革命和城市化对社区的解体发挥了出乎意料的作用，而这一点往往为大多数关注社区的人们所忽视。随着经济的发展及其带来的成果，消费主义、享乐主义开始盛行，"在那些为自己的现代头脑而自豪的年轻男女当中出现了这样一种倾向：把教会的工作、或社会服务工作、或者当得起'促进社会进步'这个词的其他东西,统统都看作是'有害的',是毫无根据地侵扰别人的隐私;此外,一个人有享乐的权利,再者说,礼拜日早上驱车兜风总比上教堂要有趣得多"。[8]消费主义、享乐主义在经济繁荣的基础上得到了充分展示。利己主义替代了利他主义,物质生活挤占了精神生活,经济的满足替代了社会的需求,这是人类历史上长达数百年的精神迷失,是人类对于生活的意义和自我本质的迷失。

二、作为共同体的社区的逻辑演变:从共同体到社区

(一)"共同体"与"社会"

由德文的 Gemeinschaft,到英文的 Community,再到中文的"社区",这其中不免会发生意义的流失,当然,也会有意义的增加和发展。各类文献使用滕尼斯的"共同体"和"社会"概念数不胜数,几乎每一篇专门研究社区的硕士、博士论文都会提及滕尼斯或从滕尼斯说起,但是极少有人去阐述滕尼斯提出这两个概念的历史背景,而这个背景对于当前人们理解社会不可或缺,对于理解他提出的共同体十分重要。"裴迪南·滕尼斯是在风景如画、一望无际、仅仅受到地平线的限制的艾德施泰德的一个湿地的农家大院的菩提树下成长起来的,是一个农村地区快乐的孩子,备受宽宏大量的父母的呵护。"[9]人与人之间健康亲密的交往是人格形成的重要条件,单一的个人是没有这种成长机会的,有利的空间结构中的人与人之间的交流是市场所缺乏的,也是诸多社会问题的原因之一。一个人在孩童时代的生活经历往往会成为他(或她)日后理解生活的、潜在的理想类型和评价问题的标准,甚至是评判问题的出发点。在艾德施泰德,"财富,加上牧场经济的劳动强度明显微小,使得尤其是艾德施泰德的殷实的农民,有可能过着一种绅士式的生活:参加社交、参加政治,偶尔还有文人雅士的爱好,享受着绰绰有余的悠闲时光"[10]。"裴迪南·滕尼斯度过了

他生命的最初 9 年,与他的家庭和村庄共同体有着密切的关系,可能由于乡村生活还处在传统的约束中和安全里,他在这里感受了亲情的温暖,深受启迪。这些启迪远远地影响到他的基本理论的构思。"[11]事实上,这种启迪积淀成为他后来对生活共同体的理想类型的思考。1887 年,滕尼斯在他 32 岁生日的时候出版了《共同体与社会》,"这部书的基本理念几乎说是朴实无华的,而且几乎是采取童话方式开头:从前有一个时代,人们互相生活在'共同体'里。这些共同体是建立在这类共同体里面的这些个人相互熟悉亲密基础之上的。在这类共同体里,这些人共同生活的基础是感情、习惯、谅解和传统的习俗。共同生活这种形式的原型是家庭,包括所有不同亲疏程度的家庭、家族。在较近的时代,人的相互共同生活的形式以引人注目的方式在发生变化:不再是感情、习惯和熟悉程度首先决定着人们相互之间的举止行为,而是有计划的考虑、努力追求的目的,决定着人们之间的行为举止,努力追逐的目的有可能与其他的人协调一致,并把他们所有的人都变成为某种纲领的行动者,他们自己以理性的思考赞同这种纲领。人们共同生活的这种新的基本场域,滕尼斯称之为'社会'"。[12]从这里可以看出,滕尼斯对于童年经历过的诗一般的田园生活,存有无限眷恋之情。当然,由此推断他对于由于工业革命导致的人口流动及其所带来的陌生人社会心存无奈可能还是缺乏证据。滕尼斯是传统社区生活到现代都市生活的亲历者,他亲历了两种不同类型的生活,并以其社会学家的观察和哲学家的思考把这些写下来,留给后人思考研究和追求。滕尼斯这种生活经历和深刻思考给后人留下了无限探索的空间,不仅去探索社区本身,也去探索社会的本质。在滕尼斯看来,"'共同体'在历史的过程中被'社会'所取代,人们凭感情而为的和受自然约束的共同生活,被有计划的和精打细算的共同生活所排挤。共同体的特征是通过社群意志作为和睦、伦理习俗、宗教来表现的(即本质意志),而社会的社群意志则表明是惯例公约、政治、公共舆论(即选择意志)。紧随着共同体的生机勃勃的、真正的和持久的共同生活,是人为的、暂时的、表面的纯粹机械的社会,共同体随之瓦解。在昔日共同体和友谊占主导地位的地方，现在是利己的金钱交换，契约合同的无限威力四处蔓延。"[13]还有，在英文的翻译版本中，"Gesellshaft"往往被翻译成"公民社会"，而不是汉语的社会。显然，公民社会与社会含义相差甚大。公民社会是近代工业社会和城市化的产物，有其特定含义。几乎与马克思同时代，滕尼斯和马克思都认识到工业社会和城市化的问题之所在，但分析问题的角度却不尽相同。马克思更多关注工业社会和城市化中人与人之间的经济关系，而滕尼斯更多关注工业社会和城市化中的社会关系及在其基础上的社会生活。在几乎后来的一个多世纪中，思想家、政治家甚至社会大众也都更多关注经济生活的状况及其变化，对于被异化了的社会生活几乎熟视无睹。人们看到了商品的价值，忽视了邻里关系的意义，这是当今世界的主要问题之一。在滕尼斯看来，共同体可以自给自足，社会则是一种工具。这实质上反映了滕尼斯对其所经历的农业社会和工业社会的反思和认识，他看到了工业社会和城市化的问题，极力追求早年给他带来快乐的农村共同体的某些特质。正如我们在第一部分中已经指出的，工业革命和城市化、市场经济和消费主义、现代科学技术巨大发展和享乐主义的生活方式撕裂了传统的、理想中的社区，人们在得到感官的、物质的满足的同时，却因过于隔离而孤独、紧张、压抑等。现代人得到了大地，失去了天空。作为有灵性的人类，缺乏了精神生活就不可避免地产生心理问题。这就是为什么我们看到精神和心理问题正在成为当今社会的重大问题的原因之一。

（二）罗伯特·帕克对现代城市人际关系的批判

美国第一代社会学家罗伯特·帕克的思想深深打上了美国文化和历史的烙印。帕克对共同体作出了自己的阐释。"在芝加哥大学从教的罗伯特·帕克（Robert Park）发明了一种城市生活的理论，这个理论将非人际关系替代人际的现象联系归罪于城市。"[14]帕克认为，"城市绝非简单的物质现象，绝非简单的人工构筑物。城市已同其居民们的各种重要的活动密切地联系在一起，它是自然的产物，而尤其是人类属性的产物。"[15]"邻里没有正式的组织形式。地方的改良社会，其结构是建筑在自发的邻里组织基础之上的，其存在的意义是为了表达当地人们的情感，以维护他们的利益。[16]"帕克试图在城市中找回邻里关系和邻里生活，找回被社会分工、分散居住、人口流动、陌生面孔破坏了的邻里关系、亲情友爱。帕克奠定了现代人文主义的都市规划的基础。可悲的是，风靡一时的城市建设和城市大跃进中，这种人文主义情怀荡然无存。千篇一律的城市面孔到处可见，封闭隔膜的邻里生活比比皆是。更为可悲的是，一些人至今没有找到人类的自主性、能动性和创造性，始终把居民视为被动的管理对象、服务对象。在这个意义上，社区建设和社区治理是一项制度建设，一项旨在让居民自主性、能动性得以发挥的制度建设。我们没有看到帕克受滕尼斯影响的证据，但是，帕克在1899年赴德国留学期间，曾偶尔读到俄国社会学家基斯佳科夫斯基（B. Kistiakowski）的《社会与个人》（Gesellshaft und Einzelwesn, 1899），他对这本书产生了极大兴趣，这本书的许多观点与滕尼斯的《共同体与社会》的观点极其相似。"德洛尔则认为欧洲的社团主义介于美国和日本的传统价值观之间——与美国相比，欧洲人的社会观念更为强烈，他们总能在个人与社会之间找到一种平衡。"[17]帕克试图平衡个人与社会之间的关系或许是受到了欧洲传统的影响。但是，切不可轻视美国文化根基上的公共精神。

（三）从社会研究方法到基层社会建设

或者是由于帕克本人的学术兴趣，或者是由于社会学中中国学派的学术兴趣，在20世纪的大部分时间里，中国的社区研究主要还是朝着学术研究的方向发展。在1932年写的《社会学家派克论中国》一文中，费孝通认为，帕克"在社会学上最大的贡献只是一个观点和一个研究方法，他要求研究社会学的人能把社会看成一个活的机体"[18]。帕克和马林诺斯基一样，也将社会视为一个有机体，这个有机体包含了各类因素，物质的和精神的。帕克在燕京大学社会学系讲学期间曾经讲道，中国是一个"完成了的文明"（a finished civilization），"一切中国的东西，任何一项文化特质——器具、习俗、传习,以及制度无一不相互地极正确地适合,因之,它们结合起来,足以给人一种它们适合而一致的整体印象"。[19]帕克还认为,中国的各种事物,就像各种职业由于分工而专门化,由于悠久的历史而调和、适合,使中国的社会变动,必须在整体变动下进行,单一因素的变动是困难的。[20]这些思想促使社会学的中国学派,尤其是20世纪30年代兴起的以燕京大学社会学系为代表的社会学派,从一个有机整体研究社会,整体研究成为中国社会学长久不衰的传统之一,也成为他们认识社会的基本理论之一。直到眼下,尽管中国社会正在经历着翻天覆地的变化,这种方法依然在大学中流行,显示出其生命力。但如何结合当前的社会变革来创新这种研究方法,值得学界进一步反思。

在美国和欧洲,社区作为解决问题的手段在20世纪30年代之后有了长足的发展。50年后,即20世纪80年代中国开启了这个过程。20世纪80年代,当民政部门倡导社区服务时,还主要是从社会服务切入的,在这点上香港社会工作者功不可没。通过社区志愿者帮助孤寡老人、残疾人、失业下岗人员成为这个时期社区服务的基本内容。问题出在21世纪初期,尤其是社区服务体系建设和转变政府职能的改革,个别部门把政府职能和公共服务体系建设引入社区,在政府介入社区过程中没有及时划清政府与社会的边界,导致目前社区领域的政社不分愈演愈烈。

三、使社区建设和社区治理的目标聚焦在塑造生活共同体上

(一) 价值意义和工具意义上的社区

如前所述,价值意义上的社区主要是指以滕尼斯的共同体理念为核心的、理想中的生活共同体。它以人的本性为特质,在其中人的社会性得以体现,社会生活得到满足。社会生活发生在个人与家庭、与社会、与群体、与社区的交往以及各种各样的公共活动中。它以物质生活为基础,以

社会交往为核心,以精神满足为目的。人们在社会生活中展现出自己的社会性,展现出人的群体特征和社群属性。对于美好事物和美好未来的追求是人类的本质特征。自古以来就不乏各种美丽的传说,表现在诗歌、文学等艺术作品中,它们正是人类本质属性的体现。价值意义上的社区尽管历史悠久,但由于工业革命和城市化在很多地方已荡然无存,重新找回社区成为人类的不懈追求。

工具意义上的社区是我在几年前已经提出的。"我们把社区理解为政府、非政府组织和企业介入社区发展过程,通过制定有关法律和法规,进行社区建设投资,建立和完善社区组织,动员社会力量参与等来解决社会问题,完善社区体制与机制,提高社区的群体凝聚力,等等,这是社区建设的过程,或者叫社区建设(community building)。社区建设在目标上包括四个重要方面:社区居民生活质量的提高;社区凝聚力的建设和培养;社区组织和体制的建设与创新;社会问题的解决。这四个方面又是相互关联的,甚至在一定程度上有重合,与其他比较,居民生活质量较其他更具有概括性和目标特征,社区居民生活质量的提高包含了丰富的内容,如社区经济建设、社区环境保护、社区服务体系完善等等。"[21] 作为工具意义上的社区,主要是通过一系列的建设和治理活动来修复由于工业革命、城市化带来的一系列对人类本性的损害,实现人的全面发展。当前的问题是,人们在推进社区建设的过程中不能明了价值意义上的社区与工具意义上的社区之间的区别,尤其是把工具意义上的社区当作社区发展的目标,在社区发展中迷失了方向。社区建设工作者可以进行各种创新,但是要切记社区的最终目标。

(二)价值意义上的社区何以可能

只有按照人类的本性建设和治理社区,价值意义上的社区才是可能的。在现代社会,社区一方面是人类社会共同体的基本形式之一,另一方面,它又是解决社会问题的社区方案。社区建设和社区治理只有围绕着这两个方面展开才有意义。"美国哲学家和教育家约翰·杜威(John Dewey)

就明确指出：'虽然我们说尽家庭和邻里组织的所有不足之处，但是，它们永远是培养民众精神的首要组织'。"[22] 社会学家费孝通也指出，"生活上相互依赖的单位性质和范围却受着很多自然的历史的和社会的条件所决定。我们不能硬派一个人进入一个家庭凑足一定的数目。同样的地方团体有它的完整性。"[23]

当社区居民把公共利益当作自己生活的一部分，价值意义上的社区才是可能的。人们把公共利益定义为"共同福祉"（common well-beings）或"一般福利"（general welfare）。几乎每个人都认同共同福祉和一般福利，因为它们与大部分人息息相关。但是对什么是共同福祉和一般福利，人们尚有不同的认识。[24] 也有人把保护结社、社会公正和机会的社会组织诸如慈善组织、非营利组织叫作公共利益组织[25]，也有人把阻止全球变暖、可再生能源开发、全球低碳经济视为对人类长期福祉有重大影响的公共利益[26]。就社区而言，公共利益至少包括社区公园、生态环境、公共卫生、社区景观等。只有当社区居民不是出于压力，而是出于对社区环境的爱护而保护社区环境时，才可以认为社区已经成为他们生活的一部分。

当社区居民把自觉维护社区公共秩序当作自己生活的一部分，价值意义上的社区才是可能的。社会秩序基于人类的本性，是人类的基本需求。一方面，人类具有个体特征，另一方面，人类有需要他人的特征，即人们的社会性。如果每一个人单独生活在一个星球上，就不需要社会秩序，而问题恰恰是芸芸众生共同生活在同一个地球上，所以个体就不能完全独立，他（或她）需要与其他人一道工作和生活，这就需要集体行动的规范，于是就有了社会秩序。[27] 人们居住在一起，不仅要相互约束，也要相互之间有效互动——相互帮助，而不是相互伤害。一个有着高度秩序化的社会必须具有持续合作的能力。公共秩序意味着社区成员在公共生活中的行为必须有规定的边界，以使人们的行为在大多数社会成员的预期内行事，避免越轨行为和社会冲突，所以，公共秩序的基本标志就是避免在公共生活中发生敌对状态。人性中的同情、谦和、友善、正义、自觉等是维护公共生活的最基本的自然秩序。另外，意图、价值、规范、权力、权威、自发互动、关系网络以及群体等也是社会秩序的重要要素。但是，仅仅靠这些来维持公共秩序是不够的，法律、法规、规范的产生不可或缺。当然，这不是说一个社会越有秩序越好，而是要有适度的秩序，否则个体就会受到限制。好的社会秩序既要满足群体的需求，又要满足个体的需要。不论是法律，还是道德，还是其他行为规范，都不过是群体对个体行为的预期，在这个预期之内，就不会发生冲突，否则就有可能发生冲突。一个社区没有冲突固然很好，但在无冲突的基础上，建立和睦、融洽、密切的邻里关系才是最为重要的。

当社区居民构建起自己的分享体系，价值意义上的社区才是可能的。"'在分享体系下，保持合作的社会关系对交换过程至关重要，而短期物质的得失微不足道。于是，通过分享机制，社区能够平等地获得资源，从而维持社会经济的平衡。'相比之下，一些援助项目创办的营利性企业在灾难来临时却提倡减少分享，体现了其核心价值——竞争。"[28]分享需要平等理念和机制，没有平等、关怀他人甚至关怀"陌生人"的精神，社区是不可能实现的。人们之间日常交往和共同联系需要制度保障，这种制度以道德为基础，而不是以市场交换为基础。只有在平等的基础上，才能形成互相关怀的社区关系。

当社区居民自觉维护公共安全时，价值意义上的社区才是可能的。社会生活（social life）多是指人与人之间的关系，或两个人以上的联盟，这种联盟或者是暂时的，或者是永久的，很多情况下会由暂时转变为永久的联盟。这种联盟基于理性、爱情、共同一致、常规生意关系，或一些其他类型的社会承诺，受到社会、文化等因素，诸如家庭、亲属关系、朋友、婚姻、社团、工作、邻里、教会的影响。而家庭、亲属关系、朋友、婚姻、社团、工作、邻里、教会的活动是建立在一定的法律或习俗之上的。人们在这些社会关系和共同活动中，互相改变自己的思想和情感。社会生活在学科研究领域上就分布在社会学、人类学、心理学和社会工作之中。"耳濡目染，朝夕相处，这些形式大约可算作人类关系的最简单、最基本的联系形式了。母亲和孩子，丈夫和妻子，父与子，主与仆，亲戚、邻居、牧师、医生、教师——这些构成生活中的最亲密、最真实的关系；而且在小型社区中，这些关系几乎就代表全部关系了"[29]。"在这样构成的社区中，其成员之间的互动（interaction）是直接的、不假思索的。互相间的交往大多是在本能和情感的领域内进行的。社会控制大多是顺应着个人的影响和公众情感而产生进行的。它是个人生活习惯的产物，而不是抽象的原则和理性规章。"[30]在此基础上，社区能够积聚足够的社会资本和治理资源。

结论与讨论

从乡村共同体到公民社会，再到城镇基础上的共同体再造，是现阶段的人性回归。这种复归也是对当代社会体制进行升级的一部分。在对当代社会体制和市场经济进行反思的过程中反思社区建设和社区治理，就是从更加具体的层面上来认识整个社会发展的道路。人类以往几百年对自然的征服及由此获得的巨大的物质满足是以牺牲自然和社会为代价的，而在当代，面对自然界遭到巨大破坏带来的生存危机，财富巨大增长过程中由于分配体制异化带来的社会不平等，以及由于不平等和不公平带来的社会冲突，地区性战争也同样在危及人类的生存。人类曾以征服自然来实现自己的幸福，并在此基础上形成了近代西方的社会体制。在这样的社会体制下，人类似乎失去了理想意义上的生活共同体，这已经不仅仅是学界需要思考的问题，更是各国政治家需要认真思考的问题。社区建设和社区治理只有从这个问题出发才会实现其真正的价值，而不会落入行政化的俗套之中。我们要跳出工具意义社区的怪圈，探索价值意义社区的建设与治理的内涵与外延，并使工具意义上的社区建设和社区治理与之密切联系，围绕价值意义社区来改善人们的社会生活和公共生活，这是当今社区建设和社区治理必须面对的新课题。

【注释】

〔1〕[加拿大] 简·雅各布斯:《美国大城市的死与生》,金衡山译,译林出版社2006年版,第114页。

〔2〕[美] 卢瑟·S. 路德克:《构建美国》,王波、王一多等译,江苏人民出版社2006年版,第91页。

〔3〕[法] 托克维尔:《论美国的民主》,高牧缩译,南海出版公司2007年版,第63页。

〔4〕[美] 比尔·克林顿:《希望与历史之间:迎接21世纪对美国的挑战》,金灿荣等译,海南出版社1997年版,第80页。

〔5〕[美] 卢瑟·S. 路德克:《构建美国》,王波、王一多等译,江苏人民出版社2006年版,第100页。

〔6〕[美] 弗雷德里克·刘易斯:《大转型时代》,秦传安译,新世界出版社2009年版,第110页。

〔7〕同上,第118页。

〔8〕同上,第152页。

〔9〕[德] 乌韦·卡斯腾斯:《滕尼斯传——佛里斯兰人与世界公民》,林荣远译,北京大学出版社2010年版,第1页。

〔10〕同上,第7页。

〔11〕同上,第6页。

〔12〕同上,第115页。

〔13〕同上,第115—116页。

〔14〕[美] 卢瑟·S. 路德克:《构建美国》,王波、王一多等译,江苏人民出版社2006年版,第110页。

〔15〕[美] R. E. 帕克等:《城市社会学》,宋俊岭、吴建华、王登斌译,华夏出版社1987年版,第1页。

〔16〕[美] R. E. 帕克等:《城市社会学》,宋俊岭、吴建华、王登斌译,华夏出版社1987年版,第7页。

〔17〕[英] 吉迪恩·拉赫曼:《世界30年——全球政治、权力和繁荣的演变》,曹槟等译,中信出版社2012年版,第41页。

〔18〕费孝通:《社会学家派克论中国》,载《再生》,1933年卷二第一期。

〔19〕 引自帕克的社会学论文集。

〔20〕 费孝通:《蛮野人之性生活》,载《天津益世报》,1933 年 8 月 7 日。

〔21〕 丁元竹:《导言·理解社区,社区的基本理论与方法》,北京师范大学出版社 2009 年版,第 2 页。

〔22〕 [美] 理查德·C. 博克斯:《公民治理》,孙柏瑛等译,中国人民大学出版社 2005 年版,第 6 页。

〔23〕《费孝通文集》第 5 卷,群言出版社 1999 年版,第 341 页。

〔24〕 http://en.wikipedia.org/wiki/Public_interest。

〔25〕 http://www.publicinterestprojects.org/。

〔26〕 http://www.pirc.info/。

〔27〕 Michael Hechter and Christin Horne, "Theories of Social Order", *Stanford Social Science*, 2003, p. 27.

〔28〕 [英] 戴维·博伊尔:《新经济学》,贾冬妮、胡晓亮译,中信出版社 2012 年版,第 46 页。

〔29〕 [美] R. E. 帕克等:《城市社会学》,宋俊岭、吴建华、王登斌译,华夏出版社 1987 年版,第 25 页。

〔30〕 [美] R. E. 帕克等:《城市社会学》,宋俊岭、吴建华、王登斌译,华夏出版社 1987 年版,第 24 页。

【参考文献】

[1] Ted C. Fishman, *Shock of Gray*, Scribner, 2010.

[2] Gar, Alperovitz, etc., *Rebuilding America's Communities*, The Democracy Collaborative of University of Maryland, 2010.

[3] Rita Axelroth and Steve Dubb, "The Road Half Traveled: University Engagement at a Crossroads", http://www.community-wealth.org/articles/road-half-traveled.html, 2010.

[4] Thad Williamson, Steve Dubb and Gar Alperovitz, "Climate Change, Community Stability, and the Next 150 Million Americans", http://www.community-wealth.org/articles/grist.html.

[5] Ellen Brown, "Public-Sector Banks: From Black Sheep to Global Leaders", Philadelphia, *PA: Truthout*, Mar. 9, 2012, http://www.community-wealth.org/news/re-

cent-articles/index. html.

〔6〕 Jennifer Brooks and Kasey Wiedrich, *Assets & Opportunity Scorecard*: *A Portrait of Financial Insecurity and Policies to Rebuild Prosperity in America*, Washington, DC: CFED, Jan. 2012, http://www. community-wealth. org/news/recent-articles/index. html.

〔7〕 Janelle A. Kerlin, ed., "Social Enterprise, A Global Comparison", *Civil Society*: *Historical and Contemporary Perspectives*, Tufts University Press, 2009.

〔8〕 [美] 刘易斯·A. 科塞:《社会思想名家》,石人译,上海世纪出版集团2007年版。

〔9〕 [英] 齐格蒙特·鲍曼:《共同体》,欧阳景根译,江苏人民出版社2007年版。

〔10〕 [加拿大] 简·雅各布斯:《美国大城市的死与生》,金衡山译,译林出版社2006年版。

〔11〕 [法] 托克维尔:《论美国的民主》,高牧缩译,南海出版公司2007年版。

〔12〕 [英] 戴维·博伊尔:《新经济学》,贾冬妮、胡晓亮译,中信出版社2012年版。

〔13〕 [美] 理查德·C. 博克斯:《公民治理》,孙柏瑛等译,中国人民大学出版社2005年版。

〔14〕 [日] 西村幸夫:《再造魅力故乡》,王惠君译,清华大学出版社2007年版。

〔15〕 [美] 杰弗里·亚历山大:《社会生活的意义》,周怡等译,北京大学出版社2011年版。

〔16〕 [美] 罗伯特·H. 威布:《自治:美国民主的文化史》,李振广译,商务印书馆2006年版。

Abstract

The word "community" has frequent occurrence in both daily life and academic publication. In this article, the author revisited the word "community", retraced its connotations and argued that people tended to neglect the societal aspect of "community" in community research, community building and community governance. According to the author, Ferdinand Tönnies first explored the societal aspect of "community" by defining "community" as an ideal living community. Industrial revolution and urbanization later eroded this living community. From both historical and theoretical perspectives, the author distinguished two kinds of community respectively in value and instrumental dimensions and laid out the basic approach towards the community in value dimension.

Keywords

Community Building; Community Governance; Community in Value Dimension; Community in Instrumental Dimension

业主社区的兴起及其自主治理

肖林*

摘要： 业主社区是以住房私有产权为基础、以共有产权为纽带的契约性社区。它具有滕尼斯意义上"共同体"与"社会"的二元性，这构成其治理的基础。业主社区的治理主体是全体业主及其代理组织，以物业公共事务的共同决策为治理的核心内容。业主社区自主治理的关键在于培育其内部的直接民主、间接民主以及协商民主等多种形态的基层民主。只有业主自治能力的不断提高才能真正推动公民社会的扎根，否则后者只会止步不前，从而成为一种幻象。

关键词： 业主社区　自主治理　基层民主

一、引言

上世纪30年代，社会学家费孝通等人将英文"community"一词翻译成"社区"，以区别于"社会"，由此诞生了一个新的中文概念。直到2000年民政部在全国范围推动社区建设运动，"社区"一词才真正普及开来，扎根于行政管理、学术研究和日常生活之中。虽然学术界对社区的定义五花八门，但对其构成要素却有着基本共识，包括一定的地域范围[1]、

---

* 肖林，中国社会科学院社会学所助理研究员。

共同的利益和规范、直接的交往互动、密切的情感联系和认同感等。

官方对于社区的定义很简单——"社区是指聚居在一定地域范围内的人们所组成的社会生活共同体"[2]。在实际操作中,"社区"被等同于社区居民委员会的管辖范围[3]。然而,行政划分的"社区"在住房产权上非常复杂[4],一个社区内可能同时有多种产权性质的住房。这导致社区内部异质性很高,社区因居民缺乏利益一致性而很难成为真正的"共同体"。此外,行政社区与居住小区并非一一对应关系。一般来说,一个社区居委会的辖区范围内会有多个小区。

学者们往往也默认和接受了官方对社区的边界划定,把它作为研究对象,普遍期待从"街居制"向"社区制"的转型过程中,社区居民委员会能够真正落实其作为"基层群众性自治组织"的法律地位,在社区自治中发挥主导作用,进而成为公民社会的微观基础。然而,社区建设和社区研究从一开始在实践上就存在着是培育民主自治还是加强行政管理的争议,在理论上存在着究竟是公民社会崭露头角还是国家威权得以维续再造的争议。[5]在政府主导的社区建设中,社区居委会的"行政化"倾向不仅没有减弱反而被强化。有研究指出,中国城市社区"是为了解决单位制解体后城市社会整合与社会控制问题的自上而下建构起来的国家治理单元,而不是一个可以促进市民社会发育的地域社会生活共同体"[6]。城市基层治理存在着高度的国家主导与控制的特点,主要的制度创新均由国家部门发起或承认,"到头来不免强化现有的威权体制并抑制民主转型的可能"[7]。这使得学者们开始反思过于理想化的"社区自治"理念,并从这一立场上适当后退。20世纪90年代后期,"治理"理论被引入中国,该理论强调在公共事务的管理中依赖于多元化权威而不是单纯的强制性权力;不是靠自上而下的发号施令,而是靠上下反复互动,以及公共部门、私人部门和第三部门之间的协商合作。社区研究学者也越来越多地采用这一理论视角来分析社区中的不同权力主体(街道办、社区居委会、社区工作站、业主委员会、物业公司)之间既竞争又合作的关系,并提倡社区的多元治理或共治模式。

从实践来看，住房私有化给社区治理带来根本性变化。新型物业小区汇聚了各种社会矛盾和利益冲突，成为城市基层治理的难点所在。全国各地此起彼伏的业主维权运动，凸显出业主群体的权利意识和主体意识以及国家与社会之间的新型关系。学者也把原先对社区居委会的期待转移到更具草根和自治性质的业主委员会身上，视之为"中国公民社会的先声"[8]。一些研究着重探讨业主委员会的法律地位与功能、选举过程、运行机制、现实困境以及与其他社区组织的关系[9]，然而对新型社区本身的内在属性以及置身业委会之外的广大业主如何参与的问题却不够重视。有些研究从公民权理论入手，认为业主对产权的维护和抗争是一个走向公民权的过程[10]。对于城市商品房小区而言，"公民的形成"和"中产阶级的形成"最终将培育和造就出一个"中产阶级的公民社会"[11]。实际上，在轰轰烈烈的业主维权背后却隐藏着各种治理危机，学者期待的公民社会自身的基础并不牢靠。

维权初期阶段的矛盾主要集中在业主与开发商、物业公司之间。由于地方政府部门的种种失职或不公正，业主逐步扩大了"斗争"的对象，与政府之间的博弈明显增多。这两类维权分别可以看作"社会与市场"和"社会与国家"之间的矛盾。随着时间的推移，维权开始从对外转向对内，业主内部的矛盾冲突也愈发明显地暴露出来。有些早期带领维权的业主领袖开始受到普通业主的质疑和批评；对外成功维权的一些小区在自身治理过程中却陷入混乱；维权时业主的参与热情和维权之后的普遍冷漠形成鲜明对比。在成立和改选业主委员会、选聘物业公司、使用公共维修基金进行小区改造等一系列公共事务上，物业小区面临着重重的治理困境。业主之间如何克服内部分歧并达成一致成为关系到小区长治久安的核心问题。

面对业主"从维权到治理"的这一必然转变趋势，有必要将研究视角从"国家—社会"关系适当地转移到"社会"自身及其内部上来。为此，我们采取一种"剥洋葱"的分析策略，首先把业主社区与行政型社区区别开来，先从规范的角度来考察其内部权利结构和基本属性，再结合经验现象分析其治理中存在的障碍和解决之道。具体而言，本文试图回答以下基本问题：什么是业主社区？它有着怎样的内在属性并如何影响社区治理？业主社区治理的主体是谁？其治理的基本组织架构如何？它与基层民主有着怎样的关系？

二、业主社区的兴起及其权利结构

（一）住房商品化与业主社区的兴起

1998年国务院颁布了《关于进一步深化城镇住房制度改革加快住房建设的通知》，停止住房实物分配，实施住房货币化和市场化改革。这极大地推动了房地产业的发展和城市化的速度，同时也造就了数量庞大的业主群体。

从2002年到2005年，全国城镇私有住宅建筑面积从56.83亿平方米上升到87.9亿平方米，住宅私有（自有）率从72.82%上升到81.62%。[12] 可以说，中国的城市住宅已经基本实现了私有化。私有住宅小区普遍实行市场化和专业化的物业管理方式。以北京为例，截至2009年年底，全市共有住宅类物业管理项目3557个。[13] 据估计，北京市商品房住宅小区的居民人数在700万至1200万之间。[14] 商品房小区的重要意义并不仅仅体现在它的面积或人口比重上，更重要的是基于产权的社区治理逻辑必然不断向其他类型的私有住房小区扩散。

随着房产成为个人和家庭最重要的财产，一种新的社会身份和社会群体——业主群体也随即产生，其法治意识、权利意识和参与意识都显著提高。从2000年到2010年，全国"购买商品房"（不含经济适用房和二手房）家庭户数的比例从9.21%急剧上升到26.02%，在各种住房来源中所占比例最高，而同期"购买原公有住房"家庭户数的比例则从29.44%下降到17.3%。[15] 业主群体在某些政府官员的眼中似乎是"麻烦制造者"，而在学者看来，他们身上却初步体现出了"公民"意识，并推动着公民社会的发展。

本文聚焦于以商品房住宅小区为原型的"业主社区",以探讨其基本特点和治理机制。相比于行政社区,业主社区不仅内部利益一致性更高,而且也更独立于行政管理力量。所谓"业主社区",是指以住房私人产权为核心,以共有产权和公共事务为纽带发展而成的地域性利益共同体与生活共同体。它区别于传统城市邻里街区或单位型社区的特征包括:(1)建筑物和空间区分为私有部分和共有部分;(2)有清晰的物理边界和空间范围;(3)有明确的成员资格和排他性享用的配套设施,且成员之间有比较接近的经济社会地位;(4)业主通过集体消费的方式获得市场化的物业服务,并对物业公共事务进行集体决策和管理;(5)业主从彼此陌生的原子化初始状态开始相互交往,在此基础上逐渐形成一定的认同感和归属感。

不少学者在研究商品房小区时往往笼统称之为"新型社区"。本文明确提出"业主社区"这一概念的原因在于:(1)"业主社区"虽然以商品房小区为原型,其内在逻辑却也扩展到经济适用房小区、两限房小区、售后公房小区乃至动迁安置房小区。它们的房屋产权均为私人所有并采取物业管理方式,符合物权法和物业管理条例的范畴。(2)"业主社区"以住房私有产权为基础,在西方也被称为"所有权社区"(proprietary community)或"私人社区"(private community),它本身就是社区的一种重要类型。由于它在空间、设施和服务上的排他性,因此也被称为"门禁社区"(gated community)[16];(3)从社会学意义上讲,"业主社区"是业主"创造"的社区。房地产市场只是造就了物质意义上的"小区",从"小区"到"社区"[17]必须经过业主和居民的共同创造。"社区并不是碰巧居住在某一边界之内的原子化成员的集合,而是一个由各种关系组成的网。"[19]业主通过集体维权运动和邻里日常交往分别从"利益共同体"和"生活共同体"两个方面推动着小区向社区转变,进而从"自在社区"走向"自为社区"。

(二)业主社区的权利结构及其公共性

《物权法》对"物权"的定义是:"指权利人依法对特定的物享有直

接支配和排他的权利,包括所有权、用益物权和担保物权",如占有、使用、处分和收益等权利。物权的这种"排他"不仅针对其他自然人,也针对其他组织和法人,即便是国家也不能随意侵犯。业主对社区的自主管理权派生于住房的私有产权和共有产权,对外界力量的干预有着强烈排斥。这种矛盾自始至终贯穿于业主维权运动和业主社区的治理过程中。基于不动产的物业小区治理是一种在"政府与市场之外的自主治理"[19]。

城市高密度的居住方式造成了业主社区内建筑物的所有权区分为专有和共有(按份共有或共同所有)两部分。前者表现为个体业主的私有住宅或经营性用房,后者表现为小区内全体业主或本院落、楼栋业主的共有部位和共有设施设备等。这种产权结构从根本上决定了业主对共同财产的自主管理成为社区治理的核心内容。用业主自己的话来说就是要获得小区内的"主权",并通过相应的业主组织来体现和行使。我们经常可以听到业主将小区内的业主组织架构与国家政治体系或者公司治理体系作类比:把业主大会比作"人大"("议会")或"股东大会",把业主委员会比作人大常委会、"政府"或"董事会",把管理规约(业主公约)比作小区"宪章",把公共维修基金等共同资产比作小区"财政"[20]。虽然这样的类比存在简化之处,但却反映出业主在社区内当家做主的强烈愿望。相反,有着明显官方色彩的社区居委会往往得不到业主的认同,被业主视为一种外来组织。实际上,在西方的所有权社区中,由产权人组成的"住房所有者协会"/"业主协会"(homeowners association)在一定程度上的确是一个政府的替代物,它在小区内制定规则、进行决策、收取费用并提供准公共服务。

业主社区产生了一种新的"公共性"。这种公共性由"物"、"财"、"事"和"规"这四个方面共同组成。首先,"物"是指业主共有部位和共有设施设备等,包括楼内共用部位、小区道路、空地、绿地、物业管理用房、配套会所、停车场等,这些都是具有俱乐部性质的社区公共物品。"财"是指业主共同拥有的资金,包括公共维修基金(从数百万到数千万不等)及其利息收入、共有部位和共有设施的经营性收入(广告、租金、停车费等)以及其他共有资金。"事"是指必须由全体业主共同参与的公共事务,包括参加业主大会、对重大事项讨论和投票表决、选举和改选业主委员会、选聘物业服务企业、协商物业收费标准、社区改造改建等。"规"是指全体业主必须共同遵守的规章制度,包括管理规约、业主大会议事规则、财务管理和其他各项规章等。这四个方面均是围绕物业事务进行的,构成业主社区自主治理的核心内容。

业主社区的产权结构从根本上改变了社区内公与私、群与己的关系,以及国家与社会在微观层面上的关系。在传统的单位制和街居制下,"公"的代表就是作为"公权力"的基层政府部门(及其代理)和工作单位。在住房实物分配制度下,个人只有房屋的租赁和使用权,也就不用承担产权人的责任。与居住相关的公共事务分别由房管部门(单位后勤)、市政(环卫、绿化)、公安等部门承担。同时,在单位制"庇护—依附"关系下私人也无法获得独立自主的地位。住房商品化改革后,个人获得了住房产权,由此也就获得了人格上的独立性,此时的"公"是在个人利益基础上汇集、凝聚而成的。业主社区中共有部位和共有设施构成了公共利益的重要物质内容。这些共有财产极大地刺激了业主的权利意识,对它们管理的好坏直接影响到业主正常的生活秩序和生活质量。

(三)"共同体"与"社会"二元性

社会学的"社区"概念源于德国社会学家滕尼斯对人类结合形式作出的"共同体"(Gemeinschaft)与"社会"(Gesellschaft)的理想二分法[21]。在滕尼斯那里,"共同体"是指由"本质意志"(本能、习惯和记忆)推动的,以统一和团结为特征的社会结合方式,它以血缘(家庭)、地缘(村庄)和精神共同体(友谊或信仰团体)为基本形式。"社会"则是由"选择意志"(深思熟虑、决定和概念)所推动的,有明确目的并以利益和契约为基础的社会组织方式,特别是财产的联合形式,如企业法人、股份公司、协会等乃至国家。滕尼斯认为,"共同体本身应该被理解为一种生机勃勃的有机体,而社会应该被理解为一种机械的聚合和人工制品"[22]。因此,"共同体"里的结合大于分离,而"社会"里的分离大于结合。随着市场化、城市化的发展,天然形成的"共同体"不可避免会被人为设计的"社会"逐渐取代。

在业主社区中,滕尼斯的"共同体"和"社会"的层面同时存在,我们称之为"共同体"与"社会"的二元性。[23]前者表现为基于邻里日常交往而形成的社会网络、兴趣团体和非正式组织等(首属群体);后者表现为基于产权的契约性制度安排和业主正式组织(次属群体)。两个方面互相影响,共同构成业主社区自主治理的根基。

首先,从"社会"的角度看,业主社区是一种典型的"契约式社区",其实质是市场经济的基本逻辑在社会生活领域的扩张。它的管理模式是基于各方同意的、自愿的和契约式的而非强制的、政府统治式的管理模式。[24]契约型社区的出现符合梅因所说的"从'身份'到'契约'的运动",只不过梅因当时所说的"身份"是指个人的家族身份及其对它的依附[25]而对当代中国城市社区而言,则更多的是指个人的单位身份及对它的依附。业主社区的契约关系包括两个方面:一是全体业主与物业公司之间的市场契约,具体表现为双方协商决定采取何种合同模式(承包制、薪酬制或信托制),签订物业服务合同,前者以货币换取后者的服务。二是业主内部的社会契约,表现为业主大会制定对所有成员具有约束力的管理规约、共同的决议,以及业主与业主组织或业主代表之间的"委托—代理"关系。后一种契约关系实际上是前一种契约关系的前提,因为业主实际上是通过一种"集体消费"的方式(即所有业主分摊物业费用)来购买物业服务。这两种契约关系均受到国家相关法律法规的保障和制约。

其次,从"共同体"的角度看,业主社区存在着一个从"陌生人社区"到"熟人社区"的发展过程,这也是社区社会资本不断生成的过程。一般认为商品房小区的社会资本不仅低于单位型小区,更低于传统街坊型社区。有些学者甚至认为当代城市社区已经成为"互不相关的邻里",并且随着商品房社区的增加,"共同体"色彩可能会进一步淡化。[26]与这类预测恰恰相反,业主社区的邻里交往和认同正在不断增强,只是有一个生成的过程。业主来自全国各地和各行各业,最初的共同点只是买了同一个小区的房产。对于所有社区成年人而言,都面临着一个"去单位化"之后的"社区化"过程,这也是一个寻朋觅友、平等交往、沟通协商、互惠合作的过程。业主们围绕着验收装修、权益维护、兴趣爱好活动[27]、子女抚养教育等不断地形成和扩大社区社交网络。尤其值得重视的是,网络论坛成为业主社区新型的交往手段和组织方式,这大大地克服了现代城市社区中普遍存在的邻里冷漠和缺乏互动的问题。业主社区不仅成为"地域共同体",而且也成为"精神共同体",其基础不仅在于物质利益的一致性,也在于精神生活的逐渐展开。

简而言之,业主社区中的"社会"因素为其治理提供了物质利益和组织机构的基础,而"共同体"因素则为其治理提供了社会资本和文化认同的基础。正如罗伯特·帕特南在其名著《使民主运转起来》中所指出的,同样的政治制度在有着不同公民文化传统的地区有着不同的治理绩效,"公民共同体"和社会资本(民间参与网络、互惠和信任)对于制度的成功运转至关重要。同样,如果不考虑业主社区作为"共同体"的发育程度,我们将很难解释在大致相同的制度安排下,不同社区实际治理效果上的巨大差异。业主和居民在日常交往中建立起友谊和信任,不同于为了解决利益问题而参与业主大会或业主委员会。"友谊"而非"利益",使得社区变得"温情脉脉",而不仅仅是冷冰冰的理性计算。

三、业主社区的自主治理和多重民主蕴含

(一)业主社区的"确权"与"行权"

业主社区的治理过程分为自主管理权的确立和行使这两个阶段[28],前者是业主自主治理的前提,后者是前者的发展和深化。

第一个阶段可以称为"确权"阶段,主要表现为业主维权运动,换句话说就是通过维权而确权。之所以需要维权是因为业主发现法律所赋予

他们的各项权利与现实状况之间存在着巨大的落差。"确权"包括彼此交织的两个方面:一是确立业主个体和集体的物权。现实中业主集体权益受到侵犯的情况比比皆是,尤其集中在开发商改变小区规划、承诺的配套设施被取消、原本应该归属全体业主所有的共同部位和设施被开发商或物业公司侵占并且用于经营创收、物业公司提供的服务质次价高等方面。二是确立业主在社区内的自主管理权。即自治权,特别是业主对物业公司的自主选聘、对共有部位和公共资金的自主支配、对业主委员会的自主选举等。在维权过程中,开发商和物业公司拥有组织、资源、信息等各个方面的优势,甚至和某些政府部门或政府官员结成具有分利性质的强势利益集团[29],碎片化的业主个体很难与之抗衡。业主们意识到只有依法成立自身利益组织才能改变博弈中的不利地位,进而获得自治的可能。在业主依法建立自身组织的时候却又往往受到开发商、物业公司甚至基层政府和社区居委会的重重阻挠。这反过来推动着业主维权不断走向深入:一方面成立业主委员会成为广大业主最为迫切的要求;另一方面,业主(尤其是一些精英)对于现有法律法规中不合理之处提出批评,力图为自主治理创造一个更为公平的法律环境。

但维权并不等同于治理,成功的维权并不等同于有效的治理。实际上,业主维权总是阶段性的,而社区内部的制度建设和组织建设则是长期的。一旦维权告一段落,原先由外部"敌人"所带来的内部团结也会随之减弱,业主之间的分化甚至冲突就会凸显出来。由于业主组织和制度不健全、信息不对称、业主间缺乏彼此信任,在现实中已经不断出现各种治理危机的案例,如业委会成员以权谋私而"众叛亲离"、业主内部出现对立派系而使社区陷入混乱等。如何有效制约业委会的权力、化解内部分歧达成共识、提高共同决策的质量就成为业主社区治理的核心问题。因此,业主通过建立自身组织初步确立了在社区的主导权之后,进一步面临着如何行使管理权的基本问题。

第二个阶段可以称为"行权"阶段,主要表现为围绕社区公共事务治理开展的制度和组织建设。这一阶段中的主要问题是如何合理分配各项权力、充分调动业主参与、妥善协调业主内部矛盾。在行权阶段，业主社区也面临着重重困难，包括成立业主大会和业委会的门槛过高，行政主管部门和街道办事处过度干预，开发商和物业公司收买业委会成员或分化业主，业委会缺乏有效监督，业委会选举或业主大会的合法性存在争议，普通业主缺乏参与意识和参与渠道等。从业主社区内部来看，有三个既相对独立又彼此关联的基本因素影响着社区治理，即：社区规模、社区异质性和社区社会资本。

首先，业主社区的规模差别很大，小到数百户大至数千户。不少业主社区居住人口超过万人，实际上已经达到西方国家一个小市镇的规模。社区规模直接影响社区权力如何分配和业主参与的难易程度。法律规定了小区公共事务必须由业主共同决定，但在现实中，业主大会作为最高决策机构的召开门槛和决策门槛都很高[30]，很多小区的业主大会从未召开过或者形同虚设。因此，业主不得不把一部分公共事务的决策权让渡给业主委员会这个唯一的公共机构。由几个人组成的业主委员会来代表成百上千户业主作出决策，不难想象这会引发诸多的矛盾和冲突。现实中业委会往往集决策权和执行权于一身，由此产生了权力过于集中和决策缺乏合理性的问题。

其次，虽然业主社区相对于行政型社区而言其异质程度低很多，但仍然存在。由于房地产成片开发和分期建设的特点，一些较大规模的小区内可能同时有多层、高层、别墅等不同形态的住宅；产权上可能全部是商品房，也可能包括保障性住房；业主又可以分为开发商业主和个人业主、住宅业主和商铺业主、自住业主和投资业主、大业主和小业主、老业主和新业主等；不同家庭的收入水平和消费能力也有所差别。这些内部差异导致了不同业主在利益诉求和对待公共事务态度上的差别，从而影响着社区治理的模式选择和治理效果。[31]

再者，不同业主社区以及同一个业主社区的不同发展阶段在社会资本存量上的差异非常大，从而影响到业主社区治理的好坏。在一个严重缺乏社会资本的"陌生人社区"中，机会主义行为盛行，存在"搭便车"难题，也难以激励普通业主的积极参与。社会资本对于社区治理的作用是多重的：成员间频繁和长期的互动增强了合作意愿，并提供社区治理所需要的各种信息；各种兴趣和生活团体为正式的业主治理组织输送后备人才；社区成员之间的信任和互惠有助于减少集体行动中的"搭便车"现象；社区舆论和非正式的社区规范能够自发地惩戒违规行为，通过非强制性的方式纠正个体行为偏差等。

在上述变量的制约下，业主社区的权力行使主要沿着横向分权与纵向分权这两个方向展开。所谓"横向分权"就是指决策权、执行权和监督权分别由不同的业主组织来承担。典型的组织架构是决策权归业主大会或业主代表大会，执行权和部分决策权归业主委员会，监督权归业主监事会（"业主监督团"或"业主监督委员会"），此外还可以设置业主顾问团（"顾问委员会"）来行使建议权和咨询权。所谓"纵向分权"是指管理权限在范围不同的业主群体内部进行，不同层次的业主组织再彼此相互衔接。这主要体现为在业主委员会之上设立业主代表大会、在其之下设立分区或楼宇业委会、业主小组或楼宇业主代表，以及因具体事务而设置的专门委员会或专业工作组（财务审计组、公共资产管理组、法律事务组等）。这对于高密度居住模式下规模较大的业主社区而言尤其重要。在实践中，上述各种分权与制衡的试验方案已经在不同城市得以实践。[32]

（二）业主社区自治中的多种民主形态

在当下的中国，业主社区实际上为城市中产阶级提供了对民主的想象空间和实践场所。国家法律法规赋予了业主在小区范围内对物业事务进行自我管理的主体地位，同时也规定了这种自我管理遵循的是民主原则，包括民主选举、民主决策、民主监督等多个方面。因此，业主社区内部的民主机制就成为业主社区自治的核心。

准确地说，业主社区的民主是一种以住房产权为基础的居住消费领域的基层民主。首先，它不是政治领域的民主，是以财产权而非公民权为基础的。参与业主大会和参选业主委员会的前提是必须具有法律意义上的业主身份，否则就无法参与有关物业事务的公共决策。其次，相对于国家和地区层面而言，业主社区的民主更符合直接民主和参与民主的特征。每个业主都具有投票权、选举权和被选举权，有权参与公共事务的集体决策。再者，与行政社区相比，业主社区的民主更具有实质性意义。如果将业主组织（业主大会、业主委员会）和政府主导的社区居民组织（居民会议、居民委员会）相比，不难发现前者无论是公共事务的实质内容、组织的合法性和自主性、选举的过程、成员的认同和参与积极性等方面均更有民意基础。业主社区因此成为基层民主的"训练场"和实践前沿。

业主社区自治中的基层民主蕴含表现在以下几个方面。

首先，在业主社区治理中直接民主与间接民主同时存在、互为补充，缩小了两者之间的差别。在国家层面上，直接民主既缺乏可操作性和效率，也存在着"多数人暴政"的危险。但即便是代议制民主的坚定拥护者也会同意基层社区是发展直接民主最合适的场所，广大业主对公共事务的直接参与是题中之义，无论从人数规模还是互动程度上看均是如此。更为重要的是，相对于社会层面而言，业主社区民主的社会基础更为平等：大多数业主都是购房自住，彼此之间并没有巨大的贫富差异。在业主大会对重大事务进行决策时，体现的是直接民主。然而，直接民主缺乏效率等弊端也很明显。业主大会本来相当于业主社区的"议会"，但在现实中它往往被简化理解成一个"会议"而不是"组织"。不仅如此，为了克服业主大会难以召开的问题，大多数小区都采取法律上许可的变通方式——书面会议。这样一来"议会"所应具有的"议事"功能也丧失了，业主大会被进一步简化成投票表决。在缺乏充分沟通、集体讨论和协商的情况下，投票结果即便获得法定多数通过也很难具有合理性和执行力。

其次，业主大会选举产生的常设机构——业主委员会（或少数社区中所探索的业主代表大会）则体现的是代议制的间接民主，这种代议制既有其必要性也在操作上更为可行。很多研究都把焦点放在业委会身上，分析它的基本职能、选举过程以及与物业公司和社区居委会的关系，却较少从直接民主与间接民主的关系角度来分析它与业主大会的关系。代议制的弊端如少数精英对权力的垄断和大多数人的冷漠等在业主社区也仍然普遍存在。业主委员会或者缺乏监督而发生变质，或者缺乏广大业主的支持而成为孤家寡人，前面介绍的分权和制衡制度就是针对间接民主的弊端而产生的，其他一些具体举措还包括缩短业委会的任期和连任届数等。从现实层面来看，业主委员会成员可选择的范围比较窄，往往受到时间资源、志愿和公益精神、专业知识和能力等条件限制；但物业公共事务又往往涉及法律、政策、规划、工程、财会等多方面的知识，少数人的信息和知识总是不充分的。业主顾问团或监督团可以吸纳社区内的意见领袖、专业人士、社区能人和热心人士，他们由于种种原因未进入业委会，但对于业委会的合理决策则能够起到重要作用，相当于业主社区内的"政治协商会议"。

更重要的是，协商民主在业主社区有很大的发展空间。协商民主理论的兴起是对自由主义、精英式民主的批判和补充。在协商民主主义者看来，自由主义民主的许多局限在直接或参与民主模式中也会存在，同质性的小共同体中仍然存在专制的危险，而且参与的增加并不能解决参与的质量问题。因此，协商民主不能完全被描绘成另外一个版本的直接参与型民主模式[33]。协商民主理论重视公民对公共利益的责任，强调平等、自由的公民公开地运用理性，通过对话、协商来解决纠纷达成共识，从而赋予立法和政策以合法性，同时也改善决策和政策的质量。不同于自由主义的民主观，协商民主理论认为集体偏好的形成过程并不是个人偏好的简单加总。在充分的理性讨论、辩论和协商过程中，人们可以接触到不同的观点和信息，对事情有了更全面的认识，个体的原有偏好可能发生改变。参与者按照公共标准重新判断他们的价值和利益，并在此基础上达成一定共识。

社区协商民主从理念到实践的发展需要具备若干前提条件，包括信息的公开透明、沟通渠道的畅通、平等交往和言论自由、对理性的公开运用和反思能力、参与门槛的降低和参与者的多元化等。值得关注的是，网络论坛的兴起为业主社区协商民主的发展提供了非常有利的条件，它促成了协商民主与电子民主（E-democracy）在社区内的彼此融合，使得业主社区治理步入了网络化时代。

（三）网络时代业主社区治理的新特点

几乎在房地产市场迅猛发展的同时，互联网的浪潮也席卷中国。城市化和信息化两种宏观趋势在业主社区中找到了微观结合点：业主论坛。自2000年左右起，房地产网站为业主提供的免费论坛和业主自发建设的论坛都开始出现，经过十多年的发展已经非常普遍。业主论坛为普通业主提供了崭新的话语空间和交往空间，它本身也成为业主社区中一种"无组织的组织力量"[34]。无形的网络社区与有形的实体社区紧密地结合起来，相互促进。业主论坛不仅成为维权的重要阵地，而且在社区居民的日常交往沟通、讨论并参与公共事务、组织兴趣爱好和公益活动、开展邻里互助和提供社区服务等方面也发挥着独特作用，日益成为社区居民的"精神家园"和微观公共领域，也改变了社区组织间的互动模式乃至基层政府的运行方式。

业主论坛具有至关重要的几个基本特点。首先，业主论坛具有开放、自由、平等、去中心化、克服时空约束、互动性强等互联网的内在属性，成为社区中最为活跃的公共交往空间。网友之间的交流基本上是平等的，现实生活中的权力、地位、财富等因素在这里都无法发挥作用。业主在论坛上不是以产权人的身份而是以社区普通一员，或者更一般地说是以"人"的身份存在的。论坛中个体之间的关系更接近于哈贝马斯"公共领域"概念中的平等原则[35]。其次，业主论坛是虚拟社区与现实社区两者高度的重合。它从诞生一开始就与现实小区无法分割，而不是纯粹的虚拟空间，参与者基本上都是本社区居民。一方面，业主在论坛上以"匿名"（网名）的方式发言，获得了比现实生活中更多的言论自由，这使论坛能够成为公开批判开发商、物业公司乃至政府的场所。另一方面，论坛上的很多话题与现实社区的方方面面密切相关。更为重要的是，网上互动逐渐与网下现实交往融合起来，网上的虚拟代号变成了现实中熟悉的面孔。这种"半虚拟半现实"的特性既能够使讨论公开自由地进行而较少地受到外界干预和压制,也使网友受到约束从而减少了匿名性带来的不负责任言论,使理性讨论不至于演变成谩骂和攻击。

具体来说,业主论坛对社区治理起到如下几个方面的重要作用。

首先,业主论坛大大降低了居民参与公共事务的门槛。相对于业主大会而言,业主论坛使人们能够不必同时同地聚集在一起讨论公共事务,而是把这种讨论分散和融入在长期的日常生活之中。在论坛上,我们经常可以发现业主们就社区公共事务展开理性分析和深入讨论,正方和反方的意见都可以相对自由和充分地得以表达,从而有利于形成对公共事务的理性讨论氛围。

其次,网络论坛使普通业主的话语权获得了明显提升。正如哈贝马斯所说:"话语并不具有统治功能。话语产生一种交往权力,并不取代管理权力,只是对其施加影响。影响局限于创造和取缔合法性。交往权力不能取缔公共官僚体系的独特性,而是以'围攻的方式'对其施加影响"[36]。在论坛上,普通居民一方面可以对市场力量的侵权和行政权力的干预提出质疑和批判,另一方面也能够对业委会的合法性和工作绩效给予认可或否定。活跃在业主论坛上的一些社区"意见领袖"在公共事务的讨论中也发挥了重要作用,他们未必在正式组织中担任职务,但却能够凭借其专业知识、理性和公益精神获得社区居民的支持。

再者,业主论坛创造并丰富了社区社会资本,并发掘出有利于治理的各种社区资源。社区居民在论坛上就各种日常问题彼此求教和帮助,围绕各种兴趣爱好发起和组织活动。非正式的社交网络不仅能够为公共事务的治理提供人力资源而且有助于集思广益,推动合作的产生。业主论坛还有助于通过塑造社区公共舆论,形成对组织和个体都具有约束力的道德规范和行为规范。这些非正式的规范区别于正式的管理规约或规章制度,特别是对于协调邻里纠纷更为有效,而业主委员会对此则往往难以协调或超出其权限范围。

此外,业主论坛还有助于克服各方之间的信息不对称问题,落实了普通业主的知情权与监督权，从而部分地改变了不平衡的社区权力格局和各主体间的权力关系。物业公司、业主委员会和社区居委会都意识到有必要在论坛上公开工作内容接受业主监督，并与业主进行及时充分的沟通，这样就减少了因信息不对称而造成不必要的误解和敌意。

四、结语

在转型时期的中国，城市社区是一个基层社会不断地"国家化"（国家基层政权建设）、"市场化"（建立契约关系）和"社区化"（围绕日常生活的社会自我整合）三者合一的场域，社区建设也是这三者共同交织的复杂过程[37]。与大多数以行政划分社区为对象的研究不同，本文着重考察的是业主社区的基本特点、治理方式和潜在意义。在行政社区中，社区建设主要体现出国家基层政权建设和"法团主义"的面向，其内在异质性加之政府控制作用使之难以成为真正的共同体。而业主社区则首先反映的是"市场化"和"社区化"的面向，并且对于基层政权建设还具有一定的排斥性，更准确地说它与国家的合理关系还在探索之中。

业主社区的产权结构决定了它的治理方式是基于契约关系的业主自主治理，国家权力不应直接干预其中而要为其提供有利的宏观制度环境。转型过程中，国家对业主社区治理的作用至关重要，但这一问题已超出本文的讨论范围，需要另行深入分析。简单而言，国家对于业主自治应该起到规范、指导和监管的作用，具体包括：（1）完善相关的法律法规体系，使之更为公正合理；（2）对业主组织的合法性认定，降低成立门槛；（3）对业主组织日常运作进行业务指导和监督；（4）当社区内部纠纷无法解决时进行调解和仲裁。

业主社区同时具有滕尼斯意义上"共同体"和"社会"两个层面的特征，这种二元性构成了业主社区自主治理的基础。业主社区自治必须经历"确权"和"行权"两个阶段。业主维权运动试图保护自身的财产权并确立由此衍生出来的管理权，以公民社会为取向的研究大多强调的是业主群体通过与外界（国家或市场）的博弈而争取权力。实际上，业主社区治理中如何有效行使权力和发展基层民主才是更为长远和根本的问题，也是迈向公民社会过程中必须迎接的挑战。

在实践中，业主社区通过纵向和横向的分权制度设计试图克服社区规模较大所造成的业主参与不足和异质性带来的业主内部分歧问题，这体现出直接民主与间接民主的不同实践及其互为补充的关系。业主社区作为基层民主"训练场"更重要的意义在于它为协商民主提供了发展空间，业主内部的沟通对话和理性协商实际上是业主组织和制度安排有效运转的必要前提。网络时代虚实结合的业主论坛为扩大对话协商的范围提供了有利条件，普通业主以话语权的方式参与公共事务的讨论并影响着业主组织的运作和自治效果。由于聚焦于业主社区内部，本文所讨论的协商民主只限于业主之间，并未涉及业主组织与社区其他组织和基层政府之间，但可以预见它在未来会不断拓展其范围。

作为新生事物，业主社区还面临着外部与内部的多重困境。业主社区中无论是个体与个体、个体与组织还是组织与组织间的关系都在进行着深刻重构。需要再次强调的是，对公民社会的研究不能只关注国家与社会的互动与互构，而忽视对社会自身的内部分析。无论是国家还是市场力量想要在业主社区治理中发挥积极作用，都应该在尊重其内在自组织逻辑的基础之上调整自我并重新界定彼此的权力边界。

【注释】

[1] 地域特征有时并不构成"community"的必要条件。
[2] 中共中央办公厅、国务院办公厅《关于转发〈民政部关于在全国推进城市社区建设的意见〉的通知》（中办发［2000］23号），2000年11月19日。
[3] 中共中央办公厅、国务院办公厅印发的《关于加强和改进城市社区居民委员会建设工作的意见》（2010年11月9日）对此表述为"充分考虑公共服务资源配置和人口规模、管理幅度等因素，按照便于管理、便于服务、便于居民自治的原则确定管辖范围"。

〔4〕 城市住房产权的类型包括：商品房、售后公房、限价商品房、保障性住房（经济适用房、公租房、廉租房）、传统私房、直管公房或单位公房，还包括了村改居的回迁房。

〔5〕 肖林：《"'社区'研究"与"社区研究"——近年来我国城市社区研究述评》，载《社会学研究》，2011年第4期。

〔6〕 杨敏：《作为国家治理单元的社区——对城市社区建设运动过程中居民社区参与和社区认知的个案研究》，载《社会学研究》，2007年第4期。

〔7〕 耿曙、陈奕伶：《中国大陆的社区治理与政治转型：发展促变或政权维稳?》，载《远景基金会季刊》，2007年第8卷第1期。

〔8〕 夏建中：《中国公民社会的先声——以业主委员会为例》，载《文史哲》，2003年第3期。

〔9〕 参见唐娟主编：《城市社区业主委员会发展研究》，重庆出版社2005年版。

〔10〕 沈原：《走向公民权：业主维权作为一种公民运动》，见《市场、阶级与社会——转型社会学的关键议题》，社会科学文献出版社2007年版。

〔11〕 陈鹏：《从"产权"走向"公民权"——当前中国城市业主维权研究》，载《开放时代》，2009年第4期。

〔12〕 原建设部公布的《城镇房屋概况统计公报》（2002—2005年）。

〔13〕 《北京市房地产年鉴2010》，中国计量出版社2010年版，第154页。

〔14〕 清华大学商品房住宅小区课题组：《北京市商品住宅小区管理模式研究报告》，见《2009年北京社会建设研究报告——北京社会建设研究基地成果选编》，北京出版集团公司、北京出版社2010年版，第361页。

〔15〕 国家统计局：《第五次人口普查数据（2000年）》、《中国2010年人口普查资料》（"长表数据资料"中的"住房"部分），http：//www.stats.gov.cn/tjsj/pcsj。

〔16〕 邓利杰将"proprietary communities"称为"业主小区"而不使用"封闭小区"（gated communities），他认为"业主小区"概念除了概括出其居住设施的物理特征之外，也整合了"私人"治理的特征。参见邓利杰：《堡垒中国：业主小区中的空间与治理》，见何增科、托马斯·海贝勒、根特·舒伯特主编：《城乡公民参与和政治合法性》，中央编译出版社2007年版。

〔17〕 参见郭于华、沈原：《居住的政治——B市业主维权与社区建设的实证研究》，载《开放时代》，2012年第2期。他们指出，在商品房住宅小区，从"小区"

到"社区"的转变过程,实际上意味着业主从刚刚进驻时原子化的陌生人群体转化到一种新型的社会关系。如何增进业主之间的交流和互动,逐步培育和提升社区社会资本成为此类小区面临的一大难题。

[18] [美] 弗尔德瓦里:《公共物品与私人社区——社会服务的市场供给》,郑秉文译,经济管理出版社2007年版,第146页。

[19] 陈幽泓:《从维权到治理:中国社会转型中的业主组织》,见丘昌泰主编:《非营利部门研究——治理、部门互动和社会创新》,智胜文化事业有限公司2007年版。

[20] 这种类比的典型论述参见舒可心:《民主从社区开始,居住改变中国》,三味书屋2010年版,新浪博客,http://blog.sina.com.cn/s/blog_51cb51180100ij8t.html。

[21] 这两个概念有时也被分别翻译为"礼俗社会"与"法理社会"。

[22] [德] 滕尼斯:《共同体与社会——纯粹社会学的基本概念》,林荣远译,商务印书馆1999年版,第54页。

[23] 肖林:《现代城市社区的双重二元性及其发展的中国路径》,载《南京社会科学》,2012年第9期。

[24] 参见 [美] 弗尔德瓦里:《公共物品与私人社区——社会服务的市场供给》,郑秉文译,经济管理出版社2007年版。

[25] [英] 梅因:《古代法》,沈景一译,商务印书馆1996年版,第116—117页。

[26] 桂勇、黄荣贵:《城市社区:共同体还是"互不相关的邻里"》,载《华中师范大学学报(人文社会科学版)》,2006年第6期。

[27] 具体包括旅游、汽车、摄影、运动健身、宠物、美食、音乐、文学艺术、电脑技术、理财投资等五花八门的方方面面。

[28] 有业主精英将业主在小区内确立主权分为"争取主权"、"巩固主权"和"完全自治"这三大阶段。详细分析参见任晨光:《当前环境下如何确立业主在小区中的主权》,搜狐焦点网,http://house.focus.cn/showarticle/4588/533480.html。

[29] 张磊:《业主维权运动:产生原因及动员机制——对北京市几个小区个案的考查》,载《社会学研究》,2005年第6期。

[30] 按照《物权法》和《物业管理条例》的规定,业主大会的召开必须有"双过半"(即专有部分占建筑物总面积过半的业主且占总人数过半)的最低门槛,

决定重大事务时则需要"双过半"或"双过三分之二"的门槛。

[31] 对业主内部的利益异质性如何影响业委会绩效的比较案例分析,参见 Benjamin L. Read, "Assessing Variation in Civil Society Organizations: China's Homeowner Associations in Comparative Perspective", *Comparative Political Studies*, 41 (9), 2008。

[32] 典型案例包括北京市上地西里小区、健翔园小区、朝阳园小区、深圳市景洲大厦等。

[33] 戴维·赫尔德:《民主的模式》(第三版),燕继荣等译,中央编译出版社2008年版,第271—272页。

[34] [美] 克莱·舍基:《未来是湿的:无组织的组织力量》,胡泳、沈满琳译,中国人民大学出版社2009年版。

[35] [德] 哈贝马斯:《公共领域的结构转型》,曹卫东等译,学林出版社1999年版,第41页。他考察了17—18世纪在英法德等国出现并盛行的宴会、沙龙和咖啡馆等公共空间里的交往方式,指出"这种交往的前提不是社会地位的平等,或者说,它根本就不考虑社会地位问题……'所谓平等',在当时人们的自我理解中即是指'单纯作为人'的平等……市场规律和国家规律一道被悬搁了起来"。

[36] [德] 哈贝马斯:《公共领域的结构转型》,曹卫东等译,学林出版社版1999年版,第28页。

[37] 肖林:《现代城市社区的双重二元性及其发展的中国路径》,载《南京社会科学》,2012年第9期。

【参考文献】

[1] [英] 安东尼·阿伯拉斯特:《民主》,孙荣飞等译,吉林人民出版社2005年版。

[2] [英] 安德鲁·查德威克:《互联网政治学:国家、公民与新传播技术》,任孟山译,华夏出版社2010年版。

[3] 陈家刚:《协商民主与政治发展》,社会科学文献出版社2011年版。

[4] 陈建国:《城市社区治理的政策选择:一个规范分析框架》,载《公共行政评论》,2010年第2期。

[5] 陈鹏:《从"产权"走向"公民权"——当前中国城市业主维权研究》,载《开

放时代》，2009年第4期。

〔6〕陈幽泓：《从维权到治理：中国社会转型中的业主组织》，见丘昌泰主编：《非营利部门研究——治理、部门互动和社会创新》，智胜文化事业有限公司2007年版。

〔7〕[美] 戴维·赫尔德：《民主的模式》（第三版），燕继荣等译，中央编译出版社2008年版。

〔8〕[美] 弗雷德·E. 弗尔德瓦里：《公共物品与私人社区——社会服务的市场供给》，郑秉文译，经济管理出版社2007年版。

〔9〕[德] 哈贝马斯：《公共领域的结构转型》，曹卫东等译，学林出版社1999年版。

〔10〕[美] 罗伯特·D. 帕特南：《使民主运转起来》，王列、赖海榕译，江西人民出版社2001年版。

〔11〕[美] 塞缪尔·鲍尔斯、赫伯特·金迪斯，《社会资本与社区治理》，见周红云主编：《社会资本与民主》，社会科学文献出版社2011年版。

〔12〕唐娟：《城市社区业主委员会发展研究》，重庆出版社2005年版。

〔13〕唐娟主编：《共有、共享、共治——城市住宅小区和谐治理的实践与理论探讨》，中国社会出版社2009年版。

〔14〕[德] 滕尼斯：《共同体与社会——纯粹社会学的基本概念》，林荣远译，商务印书馆1999年版。

〔15〕夏建中：《中国城市社区治理结构研究》，中国人民大学出版社2012年版。

〔16〕肖林：《现代城市社区的双重二元性及其发展的中国路径》，载《南京社会科学》，2012年第9期。

〔17〕俞可平：《治理与善治》，社会科学出版社2000年版。

〔18〕Benjamin L. Read, "Assessing Variation in Civil Society Organizations: China's Homeowner Associations in Comparative Perspective", *Comparative Political Studies*, 41 (9) 2008, pp. 1240–1265.

Abstract

Proprietary community is a contractual community based on private property rights and linked with common property rights. The duality of both "community" and "society" in terms of Ferdinand Tonnies is the basis of the proprietary community's self governance, in which homeowners as a whole and their agencies are in charge of the decision making of proprietary public affairs. The key mechanism of its self governance lies in the development of multiple types of democracy at the grass-root level (direct democracy, representative democracy and deliberative democracy) within its members. Only by improving the ability of homeowners' self governance can we promote the civil society in China. Otherwise, the anticipated "civil society" would be stagnated as an illusion.

Keywords

Proprietary Community; Self Governance; Grassroot Democracy

城市社区分类治理的逻辑框架和政策选择[*]

陈建国[**]

摘要：城市社区是一个亟须改善的治理领域，也是一个受到多方面因素影响的复杂治理区域。社区的产权结构、产品特性和社群特性等都是影响社区治理政策选择的重要变量。具体的社区治理政策应当根据社区的产权结构、产品特性和社群特性等不同而在市场机制、自组织机制、非营利机制以及政府保障机制等众多的治理策略中进行选择。只有这样，才能够避免针对不同的治理情境开出万应灵药的药方，社区治理政策也才能避免在市场化运作和政府大包大揽两者之间来回摇摆。

关键词：产权结构　产品属性　社群特性　城市社区治理　政策选择

引言

城市社区是一个亟须改善的治理领域，尤其是那些建设年代早、产权复杂、涉及面广、管理混乱的老旧社区。北京市的部分老旧住宅区在奥运会前进行了集中整改，政府投入了大量财力、人力和物力，社区面貌焕然

---

[*] 本文是2012年北京市哲学社会科学规划项目"北京市老旧小区物业管理模式研究"（编号：12SHC017）的成果。

[**] 陈建国，华北电力大学人文与社会科学学院副教授。

一新。为了维护这些整改的成果，发挥其最大价值，避免再次陷入脏、乱、差的境地，促使老旧社区走上社区治理的永续发展就成为当下亟须研究的问题。这些老旧社区是否能够按照新型商品住宅小区的物业管理模式进行治理？这两者之间有什么实质性的差异，社区治理是否能够按照一个模式进行？这些都是实践的发展向我们提出的课题。对这些问题进行探讨和分析，不仅仅有助于从思想上理清社区治理的思路，而且有助于推进社区治理实践的发展。

从实践的角度来看，城市社区走上社区治理的永续发展之道的本质，就是如何确保城市居民生活必需的水电气热等公用服务的供给，如何确保社区共用产品及服务得以完善和持续的问题。如果说对城市社区进行物理设施的投资改造尚属技术性问题的话，那么城市社区共用产品的永续供给则更多属于制度性的问题。前者可以在短期内取得明显效果，后者则需要长期培养。本研究探索的重点不是改造的问题，而是社区治理的制度改革或治理变革的问题。在我们看来，无论新旧社区，其治理在本质上都是一致的，影响其治理绩效的因素是相同的，那就是社区的产权结构、产品属性和社群特性，因为这是任何一个社区得以存在的必然基础。虽然新旧社区的治理无实质性差异，治理过程都受到同样因素的影响，但这并不意味着他们的治理政策选择就是同一的。本研究将新、旧社区纳入一个范畴，从产权结构、产品属性和社群特性这三个角度探讨分类治理的逻辑基础和治理政策选择。

一、产权结构、产品属性和社群特性：城市社区分类治理的分析框架

城市社区治理的本质是及时、有效地供给与社区居民/业主的需求或者偏好相契合的公共产品/服务的活动。社区公共产品/服务供给过程的绩效取决于社区治理流程中如下几个环节是否能够有效地得到组织：（1）社区居民/业主对社区公共产品/服务的需求/偏好的有效表达。（2）社区居民/业主安排提供的过程，也就是社区居民进行关于社区公共产品或者服

务生产安排的集体决策的过程。(3) 社区公共产品或者服务生产的过程，也就是实现这些产品或者服务的物理生产的过程。(4) 社区居民/业主产品/服务绩效的评价反馈，也就是实现社区居民或者业主对城市社区公共产品或者服务进行评价的过程，这一过程能够确保生产单位生产的产品或者服务与社区居民或者业主的需求与偏好相一致。(5) 社区治理过程中的契约监管及纠纷处理活动，就是对社区治理过程中的契约或者说合同活动进行监管处理的行为。这五个环节是任何一个社区进行治理都必须要进行的活动，无论是城市老旧小区还是新建的商品小区无不如此。

社区治理的五个环节是否能够成功得以组织，取决于这五种活动的承担者之间的权利义务关系是否能够有效建立，取决于这些权利义务关系是否明确。权利义务关系建立和明确化是确保有效的激励的重要前提。因此，在社区治理过程中就会涉及不同的行动者，这些行动者在社区治理的过程中具有不同的地位和作用，分属于不同的社会部门，其在社区治理的过程中所应承担的权利义务也具有不同的根据。

具体来看，在社区治理的过程中涉及如下几个方面的行动者：(1) 社区公共产品/服务的消费者——社区居民/业主；(2) 社区公共产品服务的提供者——社区居民/业主组织；(3) 社区公共产品服务的生产者——各类服务组织；(4) 社区公共产品/服务绩效评价者——社区居民/业主；(5) 社区治理过程中的契约监管者及纠纷处理者—相关政府部门。无论是消费者、提供者还是评价者地位的取得都是和社区中的房屋产权以及房屋产权结构密切相关的；同时，他们行使权利、承担义务的能力与社群本身的属性密切相关。因此，社区产权结构和社区社群属性是我们在分析社区治理活动时必须要考虑的重要因素。此外，社区公共产品或者服务自身的属性也会对其提供、生产过程产生重要影响，例如，出于规模经济的考虑，具有自然垄断属性的产品与非自然垄断属性的产品的生产安排必然不一样。所以，我们在探讨社区治理体制的过程中，也很有必要将相应的产品或者服务的属性纳入到考量之列。

综上所述，本研究的基本假设是城市社区中不同的产权结构、社群特性以及产品/服务特性等都会影响和塑造不同的制度,也会产生不同的生产绩效。因为不同的产权构成形成对各方利益主体的激励程度是不相同的,同时,内部形成的关于公共产品/服务的治理安排结构与产权结构密切相关,所以,社区的治理结构和治理政策的选择应当根据产权结构、社群特性和产品/服务特性等分别对待。具体参看图1。

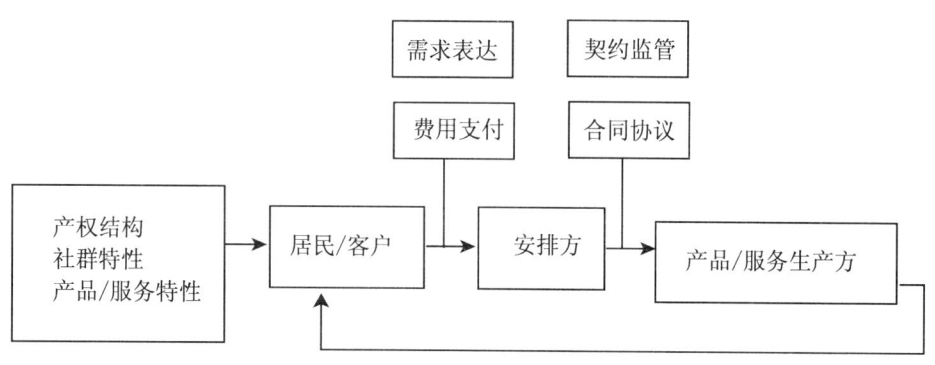

图1 城市社区治理分析框架

消费者的需求表达、提供者的集体决策以及生产者的物理生产过程是社区治理有效进行必不可少的三个环节,缺少任一环节,有效的社区治理都难以进行。具体到某种类型的社区,所不同的只是这三个环节活动的具体承担者有所不同。至于在实践中究竟是哪些组织分别承担着这三个环节的活动,我们认为很有必要对不同的社区的产权结构、社群特性和产品/服务的属性进行具体的分类研究。根据社区产权结构与社区社群属性交叉分析的结果和社区公共产品/服务属性与社区社群属性交叉分析的结果来研究社区治理分类改革的政策选择。

二、城市社区公共产品分类研究

所谓社区公共产品是在社区这一局部区域范围内满足居民生活需求的具有共用性的产品或者服务。社区公共产品是一种局部性的具有较低的排他性的产品或者服务。这种产品或者服务针对社区这样一个地理区域范围的居民而言是共用的，是较难排他的。也就是说，只要某一种特定的公共产品或者服务得以组织供给，那么就很难将社区中的某个或者某些居民排除在受益范围之外。

（一）社区公共产品的特性分析

社区公共产品区别于其他公共产品的最大的一个特性就是区域性，也有人将其称为社区性，主要是指"在其受益范围内——社区内，具有非排他性，但是只要超出这个范围就具有排他性了"[1]。虽然说公共产品都具有公共性，但公共性的程度又是各不相同的，具体到某一种公共产品其公共性有所差异。公共产品的层次性就涉及公共产品所覆盖的范围，或者从另一个方面说，就是公共产品的外溢效应的范围。有些公共产品是覆盖全球或者全人类的公共产品，这些公共产品具有很高的公共性，例如SARS疫苗的研制、全球气候变暖的防治等；有些公共产品则是覆盖区域性的，例如欧洲共同体内的劳工关系管理等；有些公共产品是覆盖国家的，例如国防和天气预报；有些公共产品覆盖的是某个省……有些公共产品则仅仅覆盖一个村庄或者社区，例如村庄自发组织的治安巡逻等。

从外延的角度具体来看，小区公共产品包括四类形态：（1）实物形式的共有物。从形态的角度来看包括实物形式的住宅共用部位、公用设备设施。1998年11月9日建设部、财政部印发的《住宅共用部位共用设施设备维修基金管理办法》规定：共用部位是指住宅主体承重结构部位（包括基础、内外承重墙体、柱、梁、楼板、屋顶等）、户外墙面、门厅、楼梯间、走廊通道等。共用设施设备是指住宅小区或单幢住宅内，建设费用已分摊进入住房销售价格的共用的上下水管道、落水管、水箱、加压水泵、电梯、天线、供电线路、照明、锅炉、暖气线路、煤气线路、消防设施、绿地、道路、路灯、沟渠、池、井、非经营性车场车库、公益性文体设施和共用设施设备使用的房屋等。（2）货币形式的公共事物。这一部分主要是指小区中用于维修共用部位和共用设施设备的维修资金。社区公共维修资金又称为住宅共用部分共用设施设备维修基金（简称为维修基金），是指由法律规定的专项用于住宅共用部位，共用设施设备保修期后的大修、更新、改建的基金。（3）服务形式的小区公共事务。小区内业主（作为集体消费单位）集体购买的、相应的服务组织提供的保安、保洁、维修、绿化维护等服务。（4）能源形式的公共事物。例如，自来水、民用电等。

（二）社区公共产品的类型分析

社区公共产品的分类标准有很多种，例如可以根据排他性程度的高低分类，可以根据供给主体进行分类，可以根据受益对象进行分类等等，不一而足。在我们看来，社区公共产品的属性是影响其治理安排的重要因素之一。也就是说，从逻辑上讲，对社区公共产品的属性的分析是先于对社区治理结构的分析的，因为是前者决定后者而非后者决定前者。因此，我们不认为根据供给主体或者受益对象进行分类是科学的。为了更好地分析社区公共产品的特性与社区公共产品治理结构之间的关系，我们在这里将主要根据两个标准对社区公共产品进行分类，一个是社区公共产品的可分割性；另一个是社区公共产品的资本密集/劳动密集程度。前者和社区公共产品供给中能否利用市场机制相关，后者和社区公共产品供给中居民参与或者说以劳代资的可能性相关。

1. 分割性

所谓分割性就是指社区公共产品进行分别消费的程度，是否能够进行打包量化处理，是否能够实现某些个体进行单独消费和使用，而不会存在成本或者收益的外溢性。就社区来看，具体而言就是在社区公共产品的消费过程中是否可以实现消费的家庭化，实现以家庭为基本的消费和成本承担单位。具有高度分割性的社区公共产品可以实现以家庭为单位的成本支付与消费。如果某个家庭不支付成本就不能消费此类产品，如果某个家庭消费了此类产品，那就必须自己支付成本。

具有高度分割性的产品或者服务可以实现成本和收益的内部化，因而就可以实现产品的打包购买和消费。因此，具有高度分割性的产品或者服务比较适于利用市场机制来进行运作。对此类社区公共产品而言，家庭是基本的消费单位，也是此类产品的提供单位，这二者是重合的。生产单位却是相应的公司。

2. 资本/劳动密集程度高低

所谓的资本密集程度就是指某类社区公共产品耗费的资本的多少，与其相对应的另一个概念是劳务密集程度。这两者之间成反比例的关系，资本密集程度高的产品，劳动密集程度就低，反之亦然。区分社区公共产品的资本密集程度高低的一个重要作用就是分析其所具有的规模经济。资本密集型的产品如供水和排水系统更体现了"规模经济"（economies of scale）的特征，即随着生产规模的扩大，生产的平均单位成本呈下降趋势。劳动密集型的服务如治安保卫和教育则与此不同，他们潜在的规模经济可能很快地失去，这部分是因为这些服务更依赖于具体的时空下的信息[2]。

结合社区中具体的公共产品，我们把分割性和资本/劳动密集性作为两个分类标准，将社区中具体的公共产品归纳到四个不同的象限之中。具体参看图2。

三、城市社区产权结构分类研究

社区公共产品的属性会直接影响到其供给的组织，这是因为不同性质的社区公共产品本身具有不同的规模效应，具有不同的分割性，因此，其组织者、消费者在面临不同性质的社区公共产品时往往会因自身成本收益的考虑而面临不同的激励，因此，就会选择不同的策略行为。除了社区公共产品属性之外，社区产权结构是影响社区治理机制的另一个重要因素。社区产权结构是处理社区中各种利益关系的根据，因为产权结构明确了社区中各种公共产品、部位、设施等的进入（Access）、提取（Withdrawal）、管理（Management）、排他（Exclusion）以及转让（Alienation）等权利的分配使用[3]。

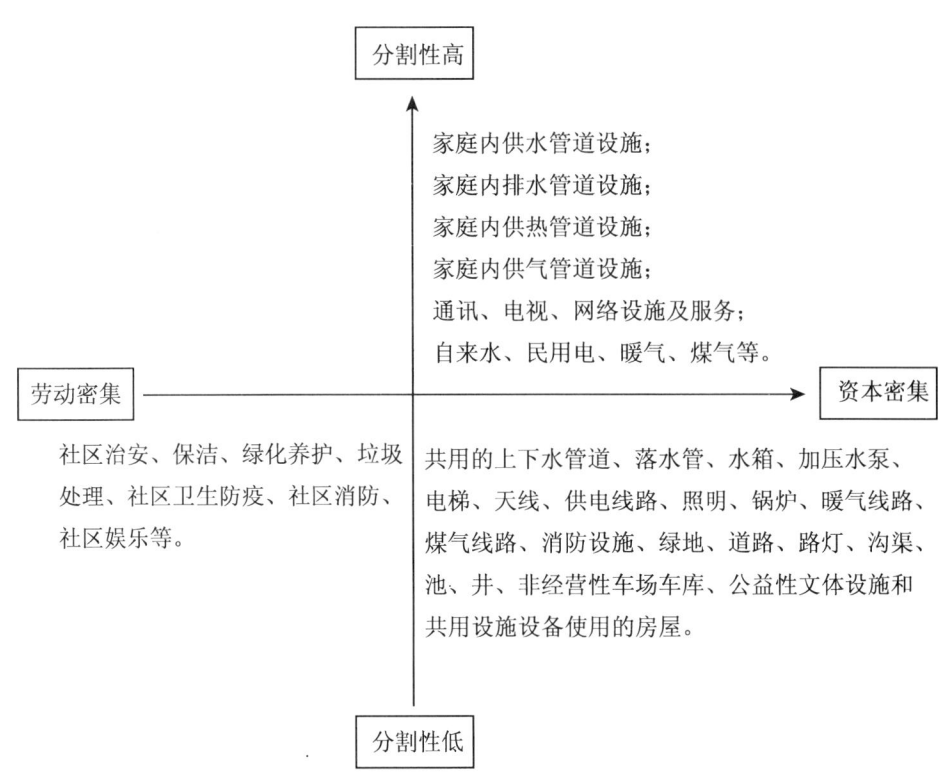

图 2 社区公共产品的类型分析

(一) 产权结构何以重要

很多关于社区治理的研究根本不涉及产权结构,但是在我们这里,产权结构却是分析社区治理机制的一个重要影响因素。对社区产权结构的探讨,既能让我们清楚地认识到现在社区治理实践中出现混乱和无序的深层原因,又能为我们寻找社区良性治理的对策指明方向。这是因为产权明确了不同的行为主体在对一定的标的物进行占有、使用、收益和处分的权利。

同时,社区中成员权和管理权是由产权衍生出来的,而成员权、管理权毫无疑问是我们探讨社区治理机制时必须要考虑的核心要素。

产权在社区中的表现就是建筑物区分所有权,所谓的建筑物区分所有权是指多个所有人,甚至上百个所有人共同拥有一栋高层建筑物时,各个所有人对其在构造上和使用上具有独立性的建筑物所有部分(专有部分)所享有的所有权和对供全体或部分所有人共同使用的建筑部分(共有部分)所享有的共有权以及基于建筑物的管理、维护和修缮等共同事物而产生的成员权的总称[4]。当出现了区分所有,产权归众多的业主所有的时候,业主们如何管理归他们所有的共有财产,就必须要从法律上加以考虑。"在一栋建筑物,特别是一个小区内,区分所有人人数众多,甚至可能是成千上万的人生活在一起,因此,区分所有人因区分所有而产生了共同生活关系,在这种共同生活关系中大家必然要管理大家的共同事物,因此区分所有必然产生对共同事物的管理,这种管理就是区分所有制度的特点,可以说,任何区分所有都包括了这种管理的固有内容,但这种管理又不是对自己的事物的管理,而是对共同财产、共同事物的管理,因此,它无法在产权中包含,必然要在区分所有制度中表现出来。"[5]从权利的顺序源来看,成员权来源于专属所有权。由于居住的相邻关系形成的新的小区公共事物的治理需要相应的制度安排,而无论是小区公共事物的治理的制度安排的形成还是治理活动的进行都无法离开行动者,城市小区治理中最基本的行动者应该是、也必然是小区中对建筑物的专有部分拥有专有权、对共有部分拥有部分所有权,以及基于专有和共有所有权而对小区公共事物的治理拥有成员权的业主。

(二) 社区产权结构类型分析

由于我国住房制度的历史原因和城市住房私有化程度的不同,现实中我国城市社区的产权结构比较复杂。根据实际情况来看,社区的产权结构在专有权、共有权以及专有权和共有权的关系方面由于相互的组合方式不同,形成了共有根据专有按比例配置与共有和专有分离两种极端形态,我们将前者称之为复合性的产权结构,将后者称之为复杂性的产权结构。当然在这两种极端形态之间由于共有和专有的组合结构不同,还具有许多的中间状态。基本上呈现出以共有根据专有按比例配置与共有和专有分离两种状态为两个端点的波谱状态。

1. 复合性的产权结构（compound property structure）

共有根据专有按比例配置这种形式就形成了当前比较流行的商品住宅小区的产权结构形态，在这种小区中个体业主享有专有权，根据专有部分按比例享有共有产权，这就形成了一种复合性的产权结构。业主因专有权而享有部分共有权，因共有权而享有成员权，因成员权而享有治理权。在这里所有权、使用权、管理权等成本收益的权利义务关系实现了统一。由于这种产权结构比较明晰，因而各方利益主体之间的权利义务关系也是比较清楚的。治理实践中出现的问题往往是和相应的制度执行绩效不彰有关系。

2. 复杂性的产权结构（complicated property structure）

共有和专有分离的形式就出现了业主享有专有权而没有共有权，共有权由某一个单位所有或者多个单位分享，这种分享可能是按照某些单位对某个社区内部的住宅楼的拥有量来配置的。在共有和专有分离的情况下，根据共有部分所有权者的数量的多少，又可以将这种社区分为不同的形态。最简单的是没有共有权单位，而仅仅存在某个业主享有专有权的一间房屋或者一个楼栋，或者是某一个单位独享共有权，众多业主分别享有专有权的形态；最复杂的是 n 个单位享有共有权，业主享有专有权，在这种形式下也会存在多种产权结构，共有单位因 n 的大小而定。

在这里专有权、共有权是相互分离的，因而成员权、治理权也是相互分离的，这就形成了一种复杂性的产权结构。复杂性产权结构的社区的出现是和我国住房制度改革密切相关的。在住房制度改革不彻底的地方往往就会出现共有权与专有权相分离的形态。这种共有权和专有权相分离的产权结构又会造成传统的社区公共事物治理结构。传统住房制度下的社区公共产品的治理结构可以参看表1。

表1 传统社区公共事物治理结构表

	直管房	自管房
所有者	国家	国家
管理者	房管局	单位房管部门
使用者	居民	单位员工
维修者	房管局	单位房管部门
保安、保洁、卫生等服务者	公安、房管、商业、水电及环卫等政府部门	单位相关后勤部门

资料来源：陈建国：《业主选择与城市小区治理》，中国人民大学2009年博士论文。

四、城市社区社群特性分类研究

我们在研究社区公共产品治理时，除了以上对公共产品、社区产权结构进行分类研究外，还需将社区的社群特性作为主要考量因素之一。社群特性通常包括一定区域内社会群体的年龄、性别、民族、受教育程度、职业分布状况、收入情况等一系列现状特点，但本研究探讨的社区公共产品/服务的提供是在合理满足社区居民的需求以及适当考虑居民的经济支付能力范围内所进行的，因此本研究只选取与研究主题紧密相关的几项社群特性加以分析，分别是有关居民个体的理性假设、社区居民的经济支付能力及其对社区公共产品的需求程度。

（一）个体理性假设的分析

本研究的一个基本假设是社区公共产品/服务的消费者是"理性经济人"，有着自利倾向，追求个人利益的最大化。这意味着每个社区公共服务的消费者都会试图在给定的约束条件下以最少的成本争取最大的收益。自利的取向使居民总以自己的利益作为行为决策的首要考虑因素，因此在对社区公共服务产品的需求表达上，往往会掩饰其真实意思，在不需要个人支付费用的产品上，倾向于夸大个人的需求偏好，而对于需要社区居民共同支付费用购买的公共产品/服务上，也倾向于扭曲自己的真实需求，以期通过"搭便车"[6]的方式获取服务。

社区公共服务消费者在自利性的假定下总是有意发出误导他人的信息，扭曲真实的需求偏好，往往还会见机行事，使事态向着有利于自己的方向发展，从而增加了公共服务提供的信息搜集成本。这种公共服务消费者的个人需求表达与实际需求之间的偏差则在一定程度上会导致某些社区公共服务消费不足或消费过度，从而造成社会效率的损失。因此，在面对居民个体自利性的现实中应采取合理方法促使高类型业主显示其真实的业主类型，对于低类型业主关键在于使其显示真实的需求偏好。

（二）社区居民的经济支付能力高低分析

经济支付能力是指社区居民由于自己的社会地位、职业特征和收入水平等客观条件决定的对公共产品/服务的购买能力。对社区居民购买能力的分析在安排社区公共产品模式上具有重要的意义，因为不同的支付能力可能意味着不同的消费意愿（这将在接下去的一部分论述），从而会选择不同的产品和服务的提供模式。

1. 高支付能力的社区居民/业主

高支付能力的社区居民包括两部分，一部分是由于一些历史遗留下来的比较优势，比如产权属于中直机关的原机关家属小区，或者由于地段优势、政策倾斜等原因而跃升的新贵小区，这些小区居民整体处于较高的社会阶层，其对于公共产品/服务的经济支付能力普遍较高。另一部分高支付能力的居民可能来自居民普遍收入较低的小区，他们虽然与其他居民生活在同一个需要变革公共产品/服务提供模式的老旧小区，但他们的支付意愿与其他居民有某种自然而然的分层。由于在某一社区中的消费分层会催生心理满足和示范效应，故而在老旧小区治理结构的变革中，寻求某种契合高支付能力居民心理期待的社区公共产品/服务组合是恰当的。而在上文的分析中，我们认为高支付能力的居民（高类型）其实有很大的冲动满足自己的真实类型，所以如果将所有的社区公共产品/服务不加分割，一概由公共财政买单提供给社区，则一方面在第一次投入和后续的维护中增加公共财政的负担，另一方面在动态和长期的社区治理中，也容易激励更多的高类型居民隐藏自己的需求，加入免费消费者的行列。这种既拔高成本，又可能导致低效率的提供模式基本上已经与社区治理的应有之义相违背了。所以基于这一层担忧，政策制定应该尽量将高类型居民分别出来，一方面由政府相关部门或者共有产权机构提供基本的共有社区公共产品/服务，另一方面对易于分割的、甚至具有私人物品性质的某些社区公共产品/服务可以采用谁使用、谁付费的制度安排。

2. 低支付能力的社区居民/业主

低支付能力的居民也包括两个部分，一部分来自于典型的老旧小区，比如崇文区的某些老旧小区属于以房改房形式安置原住民形成的。这些小区的居民在小区建成之前属于当地的村民，职业技能和获取就业机会的能力相对较差，在迁入小区之后，这些社群特征并没有根本的改变，这导致了这些小区成为典型的公共资金和私人资金都较为缺乏、需要公共财政全权支持的治理对象。另一部分的低支付能力社区居民，是来自于富裕小区低收入人群，比如租住在小区中的外来人口，他们对小区公共产品/服务可能仅停留在最基本最迫切的层面上，比如对水、煤、电、气、热的需求上。对低支付能力的社区居民需要用较为精确的方式刻画出其基本的公共产品/服务需求，从而用公共财政在投入端予以保证。这也是对低收入居民参与的满足，因为满足最基本需求是关涉最基本的生存尊严的事。不过同时，基于上文的理性人假设，低支付能力的社区居民在需求表达上有伪装成高类型居民的冲动，这一命题可能涉及社会心理学中的示范效应。所以低类型居民也倾向于拔高自己对社区公共产品/服务的基本需求，但同时并不承担额外的需求所引致的成本。所以政策制定者不仅要分别出真正的低收入能力的社区居民，而且还要分别出真正的低收入居民真正的基本需求，如此才能在社区公共产品/服务的提供模式和社区结构的安排上寻求到一种既满足低支付能力居民参与约束，又满足高支付能力居民激励约束的制度安排。

五、城市社区分类治理的政策选择

社区公共产品治理的政策研究必须要同时考虑社区的产权结构、社区公共产品的分割性和资本/劳动密集性以及社区中社群的支付能力等社群特性。因为这三个部分特性对社区治理过程中的社区居民/业主对社区公共产品/服务的需求/偏好的有效表达、社区居民/业主安排提供的过程、社区公共产品或者服务生产的过程、社区居民/业主产品/服务绩效的评价反馈、社区治理过程中的契约监管及纠纷处理活动等五个环节产生直接的影响。而这五个环节构成了社区治理流程的全部内容,社区治理绩效在很大程度上取决于这五个环节有效组织的程度。

所以,我们在进行社区公共产品治理的政策研究时,需要提防寻求万应灵药的奢望,企图使用一套政策有效治理所有时空之下的各类特性的公共产品只会反映出研究者的无能。这正如医生总是用一副药方来治疗各种类型的病人的各种疾病一样愚蠢[7]。因此,在进行社区治理的政策研究时,我们的一个核心思想就是"分类研究,分类治理",就是将具有某种特性的社区公共产品放在某类具体的时空和社群环境中探讨其可行的治理机制。

根据前面的分析,我们知道社区产权结构、社区公共产品特性以及社区社群特性是影响社区治理机制选择的三组核心变量。因此,我们将社区产权结构、社区公共产品特性以及社区社群特性进行交叉分析,可以形成一个三维的空间分析图景,最终会形成八类不同的社区治理情形,每一类的社区治理情形具有其特定的时空、社群和产品特性,然后才能在每一类的社区治理情形中探讨社区治理流程的五个环节的具体组织政策。具体情况如表2所示。

表2 三维视野下的社区治理情形分析

产权结构	社区产品特性	社群特性	治理情形
复合性产权结构	高分割	高支付能力	富有商品小区的私人产品
复合性产权结构	高分割	低支付能力	贫穷商品小区的私人产品
复合性产权结构	低分割	高支付能力	富有商品小区的共用产品
复合性产权结构	低分割	低支付能力	贫穷商品小区的共用产品
复杂性产权结构	高分割	高支付能力	富有老旧小区的私人产品
复杂性产权结构	高分割	低支付能力	贫穷老旧小区的私人产品
复杂性产权结构	低分割	高支付能力	富有老旧小区的共用产品
复杂性产权结构	低分割	低支付能力	贫穷老旧小区的共用产品

根据表1的分析,我们可以看到社区中的产品可以根据分割性的程度大体上划分为两类,一类是高度分割性的社区产品,另一类是共用性的社区产品。这两类产品由于分割性的不同,造成了其可打包消费的程度不同,其消费过程中的覆盖范围不同,因此其收益分享和成本分担的机制也是不同的。故而,在需求偏好表达、安排提供、产品生产、绩效评价反馈以及契约/冲突监管等环节的组织也应该是不同的。

(一)高度分割性的社区产品的治理政策选择

高度分割性的社区产品的治理基本上可以用表3表示如下。

表3 高度分割性的社区产品的治理政策选择

治理情形	需求偏好表达	安排提供	产品生产	绩效评价反馈	契约/冲突监管
富有商品小区的私人产品	个体	个体	公司	个体	政府
贫穷商品小区的私人产品	个体	个体	公司	个体	政府
富有老旧小区的私人产品	个体	个体	公司	个体	政府
贫穷老旧小区的私人产品	个体	个体	公司	个体	政府

1. 高度分割性社区产品遵照市场机制进行治理

高度分割性的社区产品基本上可以看作是个体需求，其成本分担和收益分享可以分割到个人或者是家庭。因此，这一类产品可以按照市场机制运作。在这一类社区产品的供给过程中，个体是基本的消费单位，个体在市场上进行选择消费，与相应的生产者就产品的数量、质量、规格、价格等进行相互的谈判和博弈，并对产品的绩效进行评价反馈。政府只需要对在这一类产品的选择过程中出现的契约关系以及冲突进行监督和处理，这是政府的市场监管职能的具体体现，也是市场经济良性运转所必须的条件。

2. 特许经营的社区产品的治理中，政府必须以中立的立场进行价格和质量监管

如城市供水、供电、排水产品对于社区而言具有共同性，但随着技术的发展，对于个体而言却可以进行打包量化处理，进行分割消费，因此他们的运作可以采用市场机制的手段。同时，由于具有自然垄断性或者说具有规模经济的特性，这一类产品往往是进行特许经营的。

特许经营者往往是自利者，他们追求的是经济利益，而政府往往会被利益集团俘获。因此在这一类产品的治理过程中，要特别注意确保政府在进行价格管制的过程中处于中立地位，为民谋利，而非为个别利益集团谋利。

（二）共用性社区产品的治理政策选择

共用性社区产品的治理，根据产权结构的不同，我们可以分为复合性产权结构的小区和复杂性产权结构的小区，前者基本上与商品小区对应，后者基本上与老旧小区对应。因此，这二者由于产权结构的不同，形成的消费者、所有者和生产者等之间的权利义务关系也是不同的。在这里有必要对二者进行分类研究，详细情况参看表4。

表4　共用性社区产品的治理政策选择

治理情形	需求偏好表达	安排提供	产品生产	绩效评价反馈	契约/冲突监管
富有商品小区的共用产品	全体业主/居民	全体业主/居民组织	自我/政府/公司/NGO/社区组织	全体业主/居民	政府
贫穷商品小区的共用产品	全体业主/居民	全体业主/居民组织	自我/政府/公司/NGO/社区组织	全体业主/居民	政府
富有老旧小区的共用产品	全体业主/居民	共有产权单位/全体业主/居民组织	自我/政府/公司/NGO/社区组织	全体业主/居民	政府
贫穷老旧小区的共用产品	全体业主/居民	共有产权单位/全体业主/居民组织	自我/政府/公司/NGO/社区组织	全体业主/居民	政府

1. 商品小区的共用产品的治理政策选择[8]

商品住宅小区因房屋的私有化实现了住房的使用权、所有权以及管理权的统一，因而就形成了以业主为治理主体的小区共用产品自主治理格局[9]。小区共用产品的自主治理是建立在房屋产权基础之上的一种不同于以往的社区自治的新的自主治理领域。从现实的角度来看，小区共用产品的自主治理基本上形成了小区业主决策选择，物业公司生产服务，双方之间就物业服务进行交易的供给格局。"这样一来，旧的业主主体——单位、房管局或开发者已经转变成新的，他们是购买房屋的社会集团或者个人。于是，一种对等的市场关系就出现了：业主成为房屋的产权人，他们以管理费'购买'物业公司的保安、绿化、清洁等社会服务，物业公司则以生产服务作为交换，从业主的'购买'中获利生存。这个市场关系使得交易双方——物业公司和业主——地位趋向于'平等'，更准确地说，是趋向于各自权利义务对等地配置。"[10]从理论上来看，随着房屋产权的转换，业主对房屋的所有权、使用权以及与房屋相关联的小区公共事物的管理权实现了统一。市场机制的引入，使得业主和小区公共服务的生产方之间的权利义务关系实现了对等配置，或者说实现了均衡。

2. 老旧小区的共用产品的治理政策选择

老旧小区由于产权结构的复杂性以及社区社群支付能力的差别等因

素，其共用产品的治理选择还需要分别对待。老旧小区共用产品的治理政策选择具体可以归纳如表5所示：

表5 老旧小区共用产品的治理政策选择

治理情形	需求偏好表达	安排提供	产品生产	绩效评价反馈	契约/冲突监管
富有老旧小区的共用产品	全体业主/居民	共有产权单位/全体业主/居民组织	自我/政府/公司/NGO/社区组织	全体业主/居民	政府
贫穷老旧小区的共用产品	全体业主/居民	共有产权单位/全体业主/居民组织	自我/政府/公司/NGO/社区组织	全体业主/居民	政府

（1）富有老旧小区的共用产品的治理应当通过共有产权单位和业主/居民的选择，逐步走上物业治理的模式。

由于这些老旧小区社群具有较高的支付能力，对社区共用产品也具有较高的需求，因此，这一类小区中的共用产品可以采用类似商品小区的运作模式进行共用产品的治理，但是其治理过程需要注意如下几个方面的关键环节的组织。

第一，共用产品需求偏好的表达。这就需要在包括共有产权单位、社区业主/居民在内的所有利益相关者之间开展集体选择活动，通过民主等机制实现他们对社区共用产品的需求和偏好的转换输入。

第二，安排提供。需要在包括共有产权单位、社区业主/居民在内的所有利益相关者之间开展集体决策活动，就社区内部共用产品的内容、数量、质量和价格等达成一致意见，并就小区共用产品的融资和生产作出安排，社区共用产品的生产安排可以是多种多样的，总体来看包括内部自我生产和外包生产两种形式，而外包生产可以通过合同/契约的形式在政府、公司、NGO等众多具有生产能力的单位中选择适合自身社区需要的生产者。

第三，产品生产。产品生产是一个简单的物理过程，本身并非社区治理的应有之义，但是由于我国的法制建设还不完善，社区产品生产市场有效竞争的缺失等现实原因，产品的生产过程还需要政府进行一定程度的监管。

第四，绩效评价。可以通过投票、调查、评优等方式反映社区居民/业主对社区共用产品的生产的绩效进行评估和反馈。

第五，契约/冲突监管。当社区和相应的生产单位之间对社区共用产品达成了生产合同和契约关系之后，政府需要对契约的执行程度进行监管，对于违背企业规定内容的任何一方都必须要根据合同的约定进行监管、实施处罚。同时，当合同双方因合同内容或者合同实施过程中出现争议和冲突时，相关的政府单位也必须要对相关的冲突和纠纷通过多种多样的形式进行解决。

（2）贫穷老旧小区共用产品的治理应根据社区共用产品资本/劳动密集程度的不同在共有产权单位/全体业主/居民组织与共有产权单位/政府保障之间进行选择。

贫穷老旧小区的共用产品的治理从理论上来讲和其他小区共用产品的治理没有什么本质性的区别。但是由于贫穷老旧小区社群的支付能力比较低，他们不可能大规模地采用付费外包的形式进行治理。现实中这类小区中的居民或者业主往往有一些没有固定工作的人员，因此，对于这一类社区中的共用产品的治理需要根据资本密集型和劳动密集型两个特征区别对待，分类治理。大体情况可以参看表6。

表6 贫穷老旧小区共用产品的治理政策选择

治理情形	共用产品类型	需求偏好表达	安排提供	产品生产	绩效评价反馈	契约/冲突监管
贫穷老旧小区的共用产品	劳动密集型的	全体业主/居民	共有产权单位/全体业主/居民组织	自我/政府/公司/NGO/社区组织	全体业主/居民	政府
贫穷老旧小区的共用产品	资本密集型的	全体业主/居民	共有产权单位/政府保障	自我/政府/公司/NGO/社区组织	全体业主/居民	政府

第一，贫穷老旧小区劳动密集型的共用产品治理政策选择。劳动密集型的社区共用产品主要是一些社区中的服务，包括社区治安、社区保

洁、社区绿化养护等等。这一类产品对资本的要求不是很高，但对劳动力的需求比较高。而且，这一类产品对于社区中的业主/居民而言是具有共享性的，不易将不付出成本的社区成员排除在外。同时，由于贫穷的社区中劳动力比较充裕，而资金不足，因此可以通过自组织实现自我提供。

劳动密集型的社区共用产品的治理在需求偏好的表达、安排提供、绩效评价和契约/冲突监管等方面与其他社区的治理政策没有什么区别。关键的区别在于生产安排方面，贫穷老旧小区中劳动密集型的共用产品宜采用居民/业主自我组织等内部生产的形式，而不宜采用付费外包的形式。在自我组织等内部生产的形式中，根据有钱出钱、无钱出力的原则组织社区共用产品的融资和成本分配活动。那些贫穷的业主或者居民可以采取"以劳代资"或者"以劳赚资"的形式参与到社区公共产品的供给过程中。这样一方面能够保证社区公共产品治理中的成本分担的公平性，另一方面也可以减轻困难户的生活负担，还可以实现社区劳动力的充分利用。

第二，贫穷老旧小区资本密集型的共用产品治理政策选择。资本密集型的社区共用产品主要是一些社区内的共用设施，诸如道路、供水排水、供电、供气、供热、通讯、有线电视等管线设施等。这些设施本身与其他社区的设施在性质、功能上没有任何区别，唯一特殊的是使用这些设施的人没有相应的支付能力。因此，对于贫穷老旧小区中诸如供水排水、供电、供气、供热、通讯、有线电视等管线设施这些资本密集型的共用产品，适宜采用政府保障的形式进行供给。

总之，城市社区是受到多方面因素影响的复杂治理区域。具体的社区治理政策应当根据社区的产权结构、产品特性和社群特性等不同而在市场机制、自组织机制、非营利机制以及政府保障机制等众多的治理策略中进行选择。

【注释】

〔1〕陈伟东、李雪萍:《社区治理与公民社会的发育》,载《华中师范大学学报》,2003第1期。

〔2〕[美]罗纳德·奥克森:《治理地方公共经济》,万鹏飞译,北京大学出版社2005年版,第20页。

〔3〕Elinor Ostrom, "DESIGN PRINCIPLES OF ROBUST PROPERTY-RIGHTS INSTITUTIONS: WHAT HAVE WE LEARNED?", *Property Rights and Land Policies*, edited by K. Gregory Ingram and Yu-Hung Hong, Cambridge, MA: Lincoln Institute of Land Policy, May 2009.

〔4〕陈亚平:《建筑物区分所有权制度中若干基本问题之研究》,载《华侨大学学报(哲学社会科学版)》,1998年第1期。

〔5〕王利明:《论业主的建筑物区分所有权的概念》,载《当代法学》,2006年第5期。

〔6〕美国著名经济学家曼瑟尔·奥尔森指出,如果集体行动所产生的利益具有公共物品的性质(集体中的所有人都能自动分享集体所获得的利益,不管他是否为获得这种利益作出过贡献),那么,理性的个人会尽量逃避为集体的利益效力,而力图不花费任何成本地享受集体的福利,即"搭便车"。

〔7〕开出"万应灵药"(panaceas)是学者们易犯的一个通病,试图通过一剂良药救治诸种疑难杂症。然而从实际情况来看,这种理想只是一种奢望。可持续发展学者试图寻找出通向可持续治理的康庄大道,诸如政府化、市场化、地方化以及社区化等都是流行的处方,但在多年的努力之后人们终于认识到自己所最需要做的就是超越万应灵药(going beyond panaceas)。相关的论述参见Fikret Berkes (2007), *Community-based Conservation in a Globalized World*; John M. Anderies, Armando A. Rodriguez, Marco A. Janssen, and Oguzhan Cifdaloz (2007), *Panaceas, Uncertainty, and the Robust Control Framework in Sustainability Science*; Ruth Meinzen-Dick (2007), *Beyond Panaceas in Water Institutions*; William A. Brock and Stephen R. Carpenter (2007), *From the Cover: Going Beyond Panaceas Special Feature: Panaceas and Diversification of Environmental Policy*。http://www.pubmedcentral.nih.gov/tocrender.fcgi?iid=150874Going Beyond。

〔8〕商品住宅小区共用产品治理的政策选择参见陈建国:《业主选择与城市小区治

理》，第六章，中国人民大学 2009 年博士论文。
[9] 陈建国:《业主选择与城市小区治理》，中国人民大学 2009 年博士论文。
[10] 张静:《公共空间的社会基础——一个社区纠纷案例的分析》，载《法制论丛》，2006 第 2 期。

Abstract

Urban community is an area which need improvement in governance urgently and also an area affected by a number of facets. Property structure, attributes of goods and community are three main variables affecting the governance policy choice in urban community. According to the situation of property structure, attributes of goods and community in the specific community, we can choose the governance mode from the mechanism of market, self organizing, non-profit and government. Only in this way, can we avoid giving the panacea mode for all communities.

Keywords

Property Structure; Attributes of Goods; Attributes of Community; Governance Policy Choice in Urban Community

中国城市社区治理改革研究：
以深圳"盐田模式"为例

马卫红　李芝兰　游腾飞*

摘要：中国城市转型最主要的特征是单位制的解体，以及随即进行的社区建设。自上世纪90年代早期以来，伴随着一场基于邻里关系开展的社区建设运动的兴起，多样化的社区建设实践形式涌现，城市社区变化显著。虽然同时期已有大量的文献记录了此次转变，但对社区空间概况的形成过程进行动态、详细分析的论著却寥寥无几。本文认为，近年来政府优先发展社区建设，促进了社区自治和自我治理的发展。传统行政权力与新出现的社区自治权力间的相互作用，共同推动着中国城市基层权力结构的转变。而深圳社区治理的"盐田模式"示范了该转变的过程，即社区治理改革体现出上述两种不同权力间的相互作用，而此种相互作用可能对中国城市的国家—社会关系具有长期深远的影响。

关键词：单位制　社会建设和治理　盐田模式　深圳　中国

---

* 马卫红，深圳大学社会管理创新研究所副所长，深圳大学管理学院公共管理系副系主任、副教授。李芝兰，香港城市大学公共及社会行政学系教授、博士生导师。游腾飞，政治学博士，华东政法大学政治学研究所助理研究员。

导论

中国城市转型最主要的特征是单位制的解体，以及随即进行的社区建设。自上世纪90年代早期以来，伴随着一场基于邻里关系开展的社区建设运动的兴起，多样化的社区建设实践形式涌现，城市社区变化显著。虽然学界同时期已有大量论著记录了这一转变，但众多学者仍缺乏对社区空间特征的形成过程进行动态、详细的分析，特别是极少关注20世纪90年代后期以来出现的新近变动状况。本文认为，近年来政府优先发展社区建设，有力推进了社区自治和自我治理的发展。传统行政权力与新出现的社区自治权力的互动，共同推进着中国城市基层权力结构的转变。本文探讨了深圳盐田区社区治理改革的经验，这一改革在中国政策话语中被称为"盐田模式"。在下文论述中，我们将具体展示"盐田模式"如何呈现出上述转变过程，即社区治理改革中两种权力之间的相互作用，以及此转变过程可能对中国城市地区的国家—社会关系所产生的长期性深远影响。

单位在中国行政体制中曾发挥了显著作用，其不仅是国家分配各种资源的渠道，而且是国家控制社会的工具。依附于工作单位，成员个体参与政治活动，并获取基本生活保障（如医疗保健，住房，子女教育）与其他社会福利。但是，在单位制背景下进行工作场所和生活空间的整合，反而会增强不同单位之间的隔阂，增加合作困难。城市是由近乎独立的、基于工作场所的社区组构而成，并非一个相互协调的城市环境综合体。居民一生大部分的时间均生活在一个由其单位规定的特定区域，在此区域，自上而下的权力结构成为维持秩序与实施制裁的基本手段。

然而，20世纪80年代以来，随着单位逐渐摆脱其社会福利功能，上述情况发生了改变。这种变化与强调权力下放和政企分开的全面改革相呼应。国务院出台了一系列废除单位所具有的社会功能和控制功能的文件，其中三个文件尤为关键。第一个文件是1986年颁发的《国营企业实行劳动合同制度暂行规定》，该规定对单位人事制度提出改革。随后在1992年初,劳动部、国务院生产办、国家体改委、人事部、全国总工会联合颁发《关于深化企业劳动人事、工资分配、社会保险制度改革的意见》,进一步深化人事制度改革。第三个文件是国务院于1998年签发的《国务院关于进一步深化城镇住房制度改革加快住房建设的通知》。该通知要求单位将其住房以优惠价格一次性销售给职工。自此,先前由单位提供的其他公共服务,如儿童教育,住房和医疗保健,也转由政府或市场提供。这个过程通常被描述为"社会化和市场化供给",并给城市社会结构带来了实质性重大影响。

在社区层面,单位改革的影响体现在两个方面。首先,单位不再提供福利住房,改变了社区概况。1998年以后,由于许多单位停止为其职工提供住房,住宅已经成为一种商品,而非公共产品。私人住宅所有权成为新的常态,更多的私人房地产随之得到开发。按照周在2006年的观察,中国城市的住房拥有率,从20世纪90年代末的30%左右大幅上升至2000年的70%以上。

其次,单位制的解体促进了劳动力流动。在整个社会和行政职能范围内,职工不再依赖于他们的工作单位。此种趋势与私营部门的快速发展相结合,极大地拓宽了城镇居民的就业选择范围。因此,城镇居民在愈加灵活的城市劳动力市场上变得更加具有流动参与性。

新的城市生活空间开始形成,并给政府带来了两方面的挑战。一是城市中提供社会服务的基础组织解体;二是作为个体有更多的选择和途径参与社会和政治活动,由此出现的国家控制问题。政府关注能够有效地提供社会服务的方法,同时注重重新整合国家对个人和社会的控制。自20世纪90年代以来,政府开始在中国城市开展基于邻里关系的社区建设运动,以应对上述挑战。

学界众多学者已然对社区建设的政策和实践,进行了充分的研究和讨论。对社区建设实践发生的宏观历史背景进行描述的文献资料,可谓"汗牛充栋"。此外,其他研究主要对不同城市社区建设的经验进行阐述。最后,还有一些研究者,尝试探讨城市社区建设对城市基层民主化的影响。

上述前人的研究现状，有助于我们理解中国城市社区建设和治理改革。大多数学者的研究，很大程度上是描述性的，相对较少对社区建设的动力进行过程动态分析。只有少数几位学者对此进行研究。比如吴认为，市场化创造了国家难以控制的新要素，并最终动摇了中国城市传统治理结构的支柱。林指出，国家对城市社区发展的重视程度，决定了城市社区的发展程度。陈的研究揭示，社会组织的发展和社会力量的出现，导致了社区自治能力增长，促进了城市社区在后单位时代发生转变。

尽管已有学者开始进行有关探讨，但社会治理转型过程中的主要问题仍然悬而未决。首先，作为转型主要动力的既定市场化变革十分重要，但市场变革所发挥的各方面作用并未明确。例如，随着时间的推移，是否此种作用随着市场形势的变化而改变？虽然，在20世纪90年代和21世纪初，市场化是"明显"的，是改革城市管理体制的初始推动力。但是，在目前已发生改变的形势下，它可能不再是当下的主要驱动力。其次，国家毫无疑问是中国社会和政治改革的关键动力。然而，如在下文中阐述的那样，国家不太可能自发地走上改革道路。那么，接下来的问题是，是什么能让国家进行改革？第三，虽然社会力量可能可以自上而下地推进改革。但是，在社会主义国家中，如果没有党和国家的倡导和积极支持，社会自治难以持续。因此，随着城市社区结构在新世纪持续发展，有必要重新考虑哪些因素推动着社区治理体制的不断转型，及随之带来的影响。在既有的研究中，这些问题尚未得到解决。

本文认为，传统行政权力与新出现的社区自治权力间的相互作用，塑造了社区建设的全貌，并推动着城市基层社会的转变。这是政府社区建设政策工作重点变动引发的结果。以下各部分，将以中国南方的广东省深圳市盐田区城市基层社区为研究对象，探讨政府政策工作重点发生改变的原因，以及在权力配置发生变化的情况下，此种改变将可能导致的结果。

如同在其他政策领域的变化那样，本地社区建设的实验成为基层社区治理对外展示的新形式。此种变化，通常是围绕传统的行政权力，与新出现的社会力量二者一起，在社区层面发生的特定相互作用而形成的模式。

此种模式在盐田得以逐步形成，在中国政策话语中被称为"盐田模式"。相较其他地区的做法，"盐田模式"通过建立两个不同机构，来分别承担行政管理和社区自我管理的功能，从而在新的城市社区治理中，形成一个更加"均衡"的权力配置结构。[1] 在21世纪初以来，这一新兴城市社区治理新模式的运作，也似乎相对有效。例如，在过去的几年里，盐田区居委会直接选举的比例已达100%。在2006年，因其取得的成就，"盐田模式"被授予第三届中国地方政府创新奖。[2] 审视盐田模型，可使我们能够对新兴的中国城市社区的治理改革进行研究。这些研究源于2009—2010年度田野调查搜集的各项资料，主要包括与居民委员会领导人进行的访谈，对街道办事处和社区工作办公室的调查，以及相关的文件和工作报告的收集。

自21世纪初起，政府社区建设的政策重点已经发生改变。本文接下来的部分，将分析的焦点转向政府社区建设的政策重点。在早期阶段，政府通过社区建设以增强基层社会的行政控制，其特点是加强街道办事处和居委会的管理功能。然而，自21世纪初以来，政府已开始提倡居民的自我治理和自我服务，强调通过居民和社区组织充分参与社区事务，来培育社区自治能力。政府社区建设工作重点的转变，实际上推动了社区自治的发展以及社区权力结构实质的改变。[3] 在我们对"盐田模式"进行细致研究之前，下文将首先概述政府是如何提出并不断完善社区建设政策的。

社区建设政策的介绍

20世纪80年代中期，中国官方用语第一次引入"社区"的概念。但直到2000年中共中央办公厅、国务院办公厅颁布了《民政部关于在全国推进城市社区建设的意见》之后，官方才对该词进行了明确定义。在此《意见》中，社区被定义为："指聚居在一定地域范围内的人们所组成的社会生活共同体。一定地域是指一个在基层行政体制的改革背景下，经历了大规模调整从而具有司法管辖权的居民委员会。"[4] 显然，中国人对社区的理解，并不将其视为一个由具有共同的价值观和习俗的人群所形成的社会集体，而是用一个具有客观领土范围概念的居民委员会去作定义。因此，中国人对社区的认识，具有两个突出特点，即关注行政职能和明确界定的地域。

单位制的解体，意味着政府需要找到一种提供社会福利的新手段，社区的概念为其提供了一个选择。1987年，民政部在武汉召开会议，会议倡导将社区服务作为一种在城市社区提供社会福利的潜在新形式。社区服务起初是为残疾人、老年人和革命烈士家属服务，随着居民迁移和自由流动人口的不断增多，升级社区服务水平和人口管理的需求成为政府关注的新课题。在此种背景下，1991年民政部结合政府主动改善为所有居民提供服务的政府行为，启动社区建设运动，以促使城市基层组织发挥新功能，并鼓励城市社区全面发展。

首先，民政部在北京、南京和杭州等城市的9个地区，开始"社区建设"的试点试验。随后，1998年将试点规模扩大至26个地区。2000年，随着《民政部关于在全国推进城市社区建设的意见》的出台，社区建设的试点项目正式结束。该意见将社区建设扩展到所有城市，并明确界定社区建设"是指在党和政府的领导下，依靠社区力量，利用社区资源，强化社区功能，解决社区问题，促进社区政治、经济、文化、环境协调和健康发展，不断提高社区成员生活水平和生活质量的过程"。从"社区服务"到"社区建设"，社区不再局限于提供社会服务，而是成为一个将城市人口组织起来的新体制。

对于政府来说，社区建设是一个能够促进社会发展，并通过重建基层组织维护城市稳定的重要工具。在社区建设的初期，政府的首要任务是通过加强街道办事处和居民委员会的行政职能，加强其行政能力。这种管理模式被命名为街道办事处——居民委员会制度（街居制），大量的资源——经济资源，行政资源和人力资源——从区政府流动到街道办事处和居民委员会。最后，居民委员会被纳入到行政体制中，形成城市管理的一大支柱，这个过程被描述为行政化的居民委员会。2007年，陆和李认为，该时期居委会的职能包括政治动员,提供公共服务,公民调解,治安维护,代表民意等方面。作为国家授权的组织,居民委员会在协助政府落实政策、维护社会控制等方面,发挥了重大的作用。

加强街居制作用的必要性,大致可用如下三个原因进行解释。首先,随着单位制的解体,需要一种替代制度或组织来接管单位,发挥社会控制和服务功能。由于街道办事处和居民委员会在单位期间已经存在,这些组织自然成为填补因单位解散而留下的空白的选择。其次,从现代城市管理的角度看,随着强调公民参与和当地政府与基层组织间进行合作的共识出现,权力下放成为必然的趋势。因此,自20世纪90年代初始,大量的行政职能开始从市、区政府两级转移到基层。第三,持续发展的社会经济,使城市居民产生了更多的需求,而政府自身很难逐一满足这些需求,加之政府力求相关基层组织满足居民需求,因此,密切联系本地居民的居民委员会就成为政府动员的主要目标。

然而,街居制的运行旋即面临着各种困难。随着承担的行政任务不断增多,街道办事处和居民委员会间的矛盾不断升级。不仅由于各自位于行政管理层级的不同位置,而且也因为对社区事务的理解存在差异和分歧,街道办事处和居民委员会成为两个不同的实体。例如,2004年,笔者在上海进行调查发现,一些受访的居民委员会领导,常就街道办事处无能、低效,街道办事处惯于向上级"炫耀"政绩等做法向来访者抱怨。有时候,当居民委员会领导不同意街道办事处分配的任务时,会进行抵制和回避。居民委员会有不同的反抗策略,比如拖延懈怠、推诿扯皮,甚至直接拒绝执行某些任务。此外,街道办事处官员和居民委员会领导,往往对彼此间关系持有相左意见。街道办事处官员认为居委会成员是其下属,但居民委员会成员则自视为同事或合作伙伴。

另一方面,在城市社区,街居制面临难以应对的复杂组织环境。正如许多研究提到的那样,新的住宅发展项目正在不断开发,随着住房私有化,新的组织已经出现在社区内。业主委员会和物业管理公司是两个主要的新兴社区组织。这些组织对社会事务有不同的工作议程。[5]不同组织利益关注点的差异,很可能导致社区组织之间的冲突。现有文献资料中,已经记录了业主委员会和物业管理公司之间的矛盾。另一方面,前文提及的部分居民委员会职能已取代这些新组织。在这个意义上说,街居制的改革势在必行。

政府社区建设政策的新工作重点

为了进行街居制改革,自21世纪初以来,政府已开始提倡居民的自我治理和自我服务。2002年,党的十六大报告强调指出:"完善城市居民自治,建设管理有序、文明祥和的新型社区。"[6]这是官方第一次在中央文件中正式使用"城镇居民自我治理"术语。政府提出新的工作重点,即通过居民和社会组织参与社区事务,来培育社区自治和自主权。

2005年,胡锦涛主席提出"和谐社会"的概念,赋予"社区建设"传统观念新的含义。同年,民政部部长李学举,再次强调居民自我治理应是和谐社区建设的关键要素。2006年10月,中国共产党第十六届中央委员会第六次全体会议通过《关于构建社会主义和谐社会若干重大问题的决定》,《决定》提出:"完善居(村)民自治……实现政府行政管理和社区自我管理有效衔接、政府依法行政和居民依法自治良性互动。"

21世纪初以来直接选举居民委员会的实践,正是实现社区自治和社区组织自主权的最好例证。[7]实施城市社区居民委员会直接选举,受到下列两个因素的直接影响:首先,随着居民委员会越来越多地参与行政工作,其主要作用似乎是在基层执行行政职能。然而,居民委员会所发挥的此种作用,与1989年颁布的《城市居民委员会组织法》的明确规定——居民委员会的社会性和自治性——相矛盾。该法规定,居民委员会是居民"自我管理、自我教育、自我服务"的基层群众性自治组织。在著者实地考察中,接受采访的居民委员会成员,经常抱怨分配给他们的行政任务成为额外负担。承担行政职能和本质上具有自治法律地位的社会组织之间的角色分歧,显然使深圳政府陷入两难境地,最终促成政府行政权力"撤退"，不再直接作用于居委会，并促使政府决定推行直选居委会。

其次，20世纪90年代以来，全国各地的村委会选举实践也推动着居民委员会的改革。通过农村村委会的选举活动，使得自我治理和自主权的思想被城镇居民所熟知。普通政府官员和基层工作者一致认为，应当恢复居民委员会的自治性质。正是在这一背景下，居委会实施直接选举。

此外，政府还鼓励建立各种文化和娱乐社区组织，动员社区资源进行自我治理。实际上，这些民间团体已经有助于出现新的社区空间，并推动社区自治的发展，远超出政府的设计初衷。本尼威克和高原直泰在基于青岛的调查中发现，社区比以前拥有更多的自由，并在一定程度上，社区组织能够对社区事务作出决定。托姆巴和苗也有类似的发现，即社区组织的发展，促进了社会自治程度的增长。

盐田模式

盐田是深圳市的行政区，辖区总面积72.36平方公里。截至2009年底，盐田区的人口总数为22.77万。盐田区下辖4个街道办事处和22个居民委员会。[8]虽然深圳是一个新兴城市，只有短短30余年的发展历史，但深圳的城市行政体制与中国其他城市并无区别。在深圳，有三个管理层级的管理，即市、区和街道办事处层级。[9]居民委员会过去作为单独级别的工作网络，在基层执行政府的行政政策，但现在已转变成居民自治组织。

与中国其他城市相同，在社区建设的早期阶段，深圳的居民委员会在提供社会服务和维持公共秩序方面，均发挥了显著作用。结果，在实践中，居委会的行政职能与其具有的社会性和自治性发生矛盾。2002年，为了恢复居民委员会的自治权，并同时保持政府在社区的代表，盐田区政府发起了社区管理体制改革。

盐田社区治理体制在2002年和2005年，分别进行了两轮改革。2002年，通过采用下述三种措施，实现将居民委员会的行政职能剥离出来的改革目的。第一,重新调整居委会的数量,把21个居委会按照资源共享、方便管理的原则合并为17个。[10]第二,居民委员会被重命名为社区居委会,并对其职责进行重新界定。第三,在社区居民委员会下设立两个工作站,即社区工作站和社区服务站。这种新的结构,在当地被称为"一会(合)两站"模式(图1)。

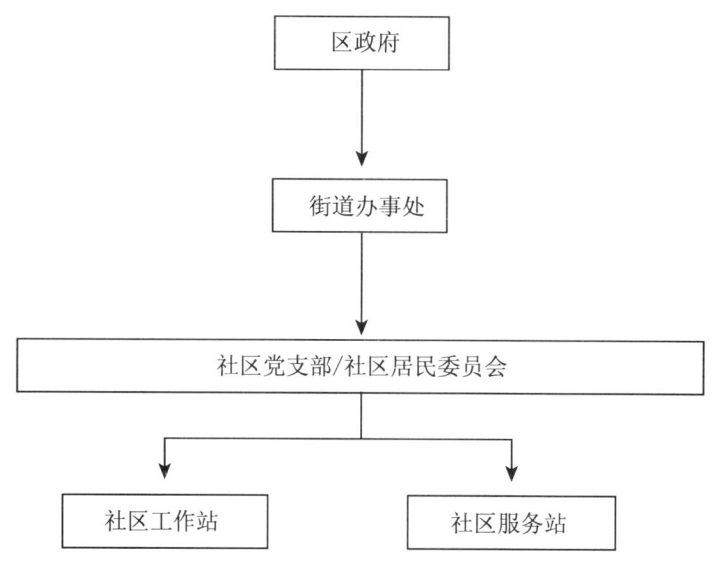

图1 "一会(合)两站"的治理模式

社区居民委员会负责社区事务的决策,管理社区财政,并指导两个工作站的工作。社区工作站承担由政府指派的行政任务,落实社区居民委员会的决策。社区服务站的功能是为居民提供公共服务,如社区卫生和文化娱乐活动。此种做法的初衷,是将社区居委会从具体行政任务中解放出来,使其把工作重点放在处理社区事务上。

通过在居民委员会内设立两个分别承担不同职责的新工作站,一定程度上解决了居委会行政职能和自治功能冲突的问题。然而,日常工作中的分工和合作,又成为一个新的问题。职能混杂不清和权力相互冲突,成为改革道路上的拦路虎。2005年,为了提高工作效率,盐田区政府进行了第二轮改革。在"议行分设"思想的指导下,盐田区把社区工作站从社区居委会中独立出来,从组织结构、职能、人员、经费、行政隶属关系等关键环节——剥离。社区工作站成为街道办事处下的一个派出机构。这项措施使得社区居民委员会开始专注于提供社区服务。通过社区所有居民直接选举产生的居委会的性质,也重新恢复到群众性自治组织的原始状态。这种模式被称为"一会(分)两站"(图2),并运行至今。

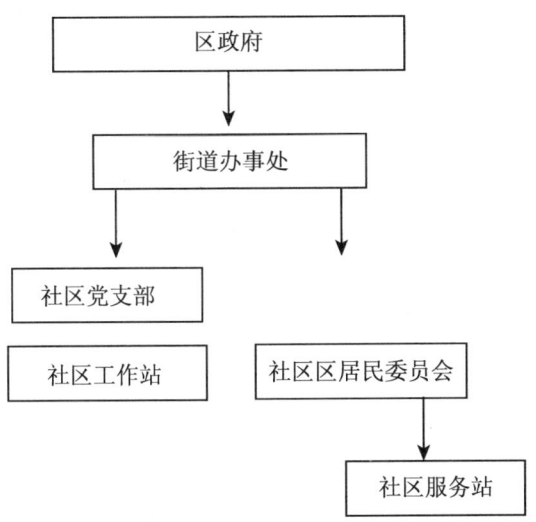

图2 "一会(分)两站"的治理模式

委托给社区居民委员会的职责是多方面的。一般说来,有如下三个方面。第一,居委会代表居民的利益,并作为居民、国家和其他社区组织间的桥梁,发挥服务作用。社区居民委员会负责协调业主委员会与物业管理公司,以及其他社区文化和娱乐组织之间的关系。第二,居委会为居民提供服务,比如照顾老人、残疾人及其他有需要的家庭。第三,举办文娱康乐活动。社区服务站是社区居委会的代理机构,负责执行社区服务方案。值得注意的是,社区服务站已成为一个由社区居委会注册在案的民办非企业组织。社区服务站的资金来源有两种方式。首先,通过政府购买其外包公共服务项目,使居民可以享受免费服务。其次,通过"用者自负"的方式为居民提供服务。

社区工作站作为街道办事处的机构，专门承担政府交办的行政事务。社区工作站的工作内容主要包括社区卫生、社区环境、社区治安、社区文化和计划生育工作等。社区工作站工作人员由街道办事处任命，并对其负责。社区工作站的经费由财政统一安排，政府全额拨款。此外，社区工作站也有责任协助社区居委会处理各项居民事务，但二者间并非行政隶属关系。

2008年社区居委会的直接选举，示范了社区服务站和社区工作站如何在社区公共事务中进行合作。盐田区社区居委会直选始于2008年5月27日。为了顺利举行选举，H社区成立了选举委员会，该选举委员会成员包括社区工作站和社区居委会的领导，以及当地的党委书记。在选举开始之前，社区工作站召开了一系列会议，讨论有效的宣传方案和动员策略。宣传横幅被悬挂在天桥、沿街街道以及主要定居点的门前。同时，社区工作站的工作人员陪同委员会成员，挨家挨户拜访居民，说服居民登记为选民并参与投票。在选举日当天，他们共同设立固定投票点，或采取流动票箱的形式，到选民家中收集选票。可以看出，社区工作站与社区居民委员会，在选举的每一个阶段都联合行动。

为进一步加强社区居委会的自治，居委会提出"三会制度"，并自2008年开始在社区实施。这三次会议分别是民主评议会、民主协调会和民主听证会。民主评议会每年举行一次，居民可在会上正式评估社区居民委员会的工作。民主协调会"协调"解决居民、社会团体和当地政府之间的矛盾冲突。民主听证会促进居民参与社区公共事务。

有迹象显示，此项改革已经开始带来城市社区景观的初步变化。例如，最近的一项研究显示，盐田区的多数居民认可改革成效。在与当地政府官员和社区工作者的访谈中[11]，两者均认为政府社区治理改革的主要目标，已经通过建立"盐田模式"得以实现。首先，社区居委会已对其"应处"的位置作出重新定位。作为街道办事处下属机构的社区工作站，承担起以前分配给居委会的行政任务，因此，它可为社区居民居委会起到

"自我管理，自我教育和自我服务"群众组织的作用。其次，基层政府的行政能力得到增强，在以往街居制的设计下，居民委员会承担许多政府行政工作。由于工作内容复杂，且缺乏适当的人员及其他原因，居委会常常难以完成所有的工作，这反过来又削减了政府的行政能力。"盐田模式"通过设立一个新的"社区工作站"，解决了上述问题。再次，居民自治已经成为一个新体制。所有具有选民资格的居民，投票选出社区委员会的成员，社区委员会成为社区自治的中枢机构。该社区委员会一方面将居民的意愿反映给政府，另一方面全部或部分监督社区服务站和社区工作站的工作。

权力结构的变迁

根据"盐田模式"，新设立的社会工作站在城市社区层面上代表政府行使行政权力，而社区居委会寻求社区自治和居民自主。"盐田模式"一直被认为是社区治理改革实践的先驱，特别是探索政府行政和社区自治间的整合，以寻求更好的社区治理方案。

从本质上讲，在社区治理改革的过程中，社区自我治理和居民自主程度的发展，已经改变了基层权力结构。正如"盐田模式"所示，多种组织和团体参与到社区事务和提供公共服务的决策及实施过程中。笔者通过对社区领导的访谈，认为社区居委会和"三会制"增进了居民与政府商议的能力。例如，2009年，当地政府曾计划在H住宅区附近修缮一个街头公园，当地官员、居民、施工方以及相关企业和公共机构代表，召开民主协调会和公开听证会，共同商定装修方案。[12]这意味着行政权力不再是唯一的权力中心，在城市社区空间出现的新兴自治权力与之共存。

两种权力相互作用的特点之一是，二者相互配合，相互制约。与单位制时期相比，城市社区的行政控制程度已明显降低。就政府而言，社区自治和居民自主的发展可以增强政治支持。社区自治和居民自主，至少在两个方面有利于支持政府。一方面，自助服务制度能够有效聚集社会资源，并在一定程度上减少政府行政成本。各种群众组织基于自治的精神，在社区内服务居民生活。公民服务的运行主要依赖于志愿者无偿的积极参与，这些志愿者多为当地居民，并拥有强烈的道德责任感和社区荣誉感。另一方面，居民之间的互助制度可以缓解社会矛盾，从长远来看，有利于提高国家的合法性。

与此同时，城市社区的自治权力一直在显著增长。除了当地政府的宣传努力外，自下而上的力量也有助于自治权力的发展。人们开始关注与住房相关的利益，并期望更多的提高社区生活和环境质量的服务。更重要的是，许多社区的公民领袖不断增多。这些民间精英拥有更强烈的社区凝聚力和归属感，他们善于与政府商讨，重新制定游戏规则。自此，社区自治思想已被更多的社区居民所接受。

然而，应该注意到，社区自治的发展离不开行政权力的支持。首先，与农村地区相比，社区自治缺乏内生性增长动力。在很大程度上，它是由政府出台，为考虑解决行政危机而设的应对方案。虽然众多城市居民具有自治和自主的意识，但仅靠此进行自下而上的改革是不够的。这主要因为居委会为基础的社区与单位为基础的环境已经大不相同。居民生活在一个高度异质性的社区，社区不足以为居民提供独有的公共资源。更多的时候，居民从社区之外获取政治、经济资源和社会福利。其次，行政权力仍然对当代中国的许多领域具有影响力。在体制转轨的过程中，依旧需要运用行政权力，处理横亘在新老体制间的一些问题。

虽然行政权力的影响力可能会下降，但其仍将存在于社区空间。这不仅是国家出于无法控制社区的担心，同时也因为行政管理是城市发展的必需手段。在社区建设的过程中，政府高度重视基层政权的稳定。显而易见，政府尚未准备好接受完全自主的社区。政府的社区建设政策主要有两个目标，一是完善社区制度，为政府和居民提供公共服务，并执行国家的法规；二是发展社区自治，从而改进自下而上的政策反馈渠道，支撑政府合法性。然而，这两个目标，却会导致社区自治和行政控制之间出现紧张关系。因此，行政权力和自治权力间的相互作用，塑造了充满变数的中国城市社区治理改革过程。无论不同城市的改革措施存在何种差异，均寻求行政权力和自治权力间的平衡。坦率地说，中国城市社区治理体制的特征既非传统的行政控制，也非朝着完全自主的方向发展，而是两者的结合。

结论

单位制瓦解后，中国城市基层的行政—社会建构随之解体。中国政府发起了"社区建设"项目，以重建社会公共结构。与单位制下对个人的严格行政控制不同，新兴的社区制度旨通过在政府、居民和各种社会组织间建立相互依存的关系，从而实现居民自治。

从"盐田模式"中可发现，行政权力和自治权力成为主导城市社区治理改革的两股主要力量。在可预见的未来，不可能出现一个完全自治的社区治理模式，或一个传统的行政权力治理模式，而是行政权力和自治权力间的相互作用，继续推动城市社区治理体制的转变。

那么，哪些因素能够影响行政权力和自治权力，二者在国家与社会关系中的相互作用如何？在中国学界，国家与社会的关系，一直是学者关注的前沿热点问题。中国学界关于此问题的两个重要研究成果，分别是魏昂德对城市工厂的研究和许惠文对农村社会的调查研究。在国外学者的研究中，代表性的学者主要有米格代尔，他的观点持续影响国内学界关于城市社区改革的研究。值得关注的是侯在2007年对国家与社会的关系进行的阐述，他将盐田改革视为一个"强国家，强社会"的代表，这意味着国家强化了行政能力的同时，社会实现其自主权。肖在2008年认为，"盐田模式"成功地为不同的社会组织划分职责，它会促使国家与社会开展合作关系。社区工作站和社区居委会相互独立，前者作为街道办事处的派出机构，在地方一级代表国家；后者作为群众组织，在基层代表社会。二者也紧密地联系在一起——我们在上文关于2008年居民委员会直接选举中，简要论述过这一点。

然而，应该指出的是，"盐田模式"中体现的国家和社会关系，并不总是处于协同状态,在某些情况下,二者是对立的关系。例如,在 2007 年,Y 社区的一些居民,不满意在住房开发计划中新建大楼的公共绿地面积。当居民代表向社区居委会投诉时,被告知此事项归属社区工作站管辖。当居民代表前往社区工作站,反而却被告知这起纠纷属于公民问题,应该由社区居民委员会调解。[13]可以看出,当社区工作站和居民委员会面对难题时,都倾向于向对方推诿责任。

就中国城市中不断变化的国家—社会关系而言,作出结论为时尚早。自 20 世纪 80 年代以来,城市基层社区的治理框架已发生了革命性的变化,带着异质性利益和目标出现的新参与者,重新定义了地方权力结构。然而,尽管有非常重大的变化,政府至今仍然作为重要的权威,为不断发展的新游戏制定规则。国家发挥的作用,在本次关于社区治理改革研究中可见一斑。如同 20 世纪 70 年代末以来,带给中国巨大经济和社会转型的改革开放那样,城市社区治理改革本质上同样具有开创性。相较其他研究文献中强调市场驱动作用而言,我们的观点截然相反,转而强调国家的积极作用。无论社会在多大程度上独立于国家之外,国家仍然在很大程度上具有决定权力分散或下放多寡的功能。另一方面,随着以市场为导向的经济不断发展——这本身就是中国积极政府行为的结果——将提供并承诺提供进一步推动国家权力下放的稳定动力。正如本文提到的,在盐田社区改革微观变化过程中发生的政府和社区自治权力间的相互作用,是正在发生变化的国家和社会力量间相互作用关系的回响。

【注释】

[1] 其他一些知名的模式分别是上海模式、沈阳模式和江汉模式。上海模式的主要特征是社区事务的行政化,由街道办事处发挥主导作用。江汉模式的显著特征是,将主要的行政事务从社区脱离,建立社区自治制度。本尼威克(Benewick)和高原直泰(Takahara)在 2002 年描述了青岛和沈阳两地社区管理体制的变化。

[2] "中国地方政府创新奖"由中央编译局比较政治与经济研究中心、中央党校世界政党比较研究中心和北京大学中国政府创新研究中心于 2000 年联合创办。每两

年举行一次,已举办四届。该奖项具有显著的社会影响力。每一届均有数以百计的地方政府部门或机构参加该评选。有关详细信息请参见网站:http://www.chinainnovations.org/。

[3] 就中文词组"自治"而言,有两个对应的英文翻译:自我治理(self-governance)和自主权(autonomy)。布雷(Bray)在2006年建议将其翻译为"自我治理(self-governance)"。在他看来,在中国语境中"自治"是"有限形式的'我治理(self-governance)',政府当局通过设立运行指标来指导社区管理自己的事务。"但是,笔者认为,布雷仅仅是从政府的立场对"自治"进行理解。实际上,居民和社区机构在所谓"自治"的保护伞下,不满足在政府限定的范围内自我治理自身事务,他们经常为能更多支配自主生活而抗争。因此,笔者倾向于在这篇文章中同时使用"自我治理"和"自主权"两个词语来翻译"自治"。

[4] 出于城市管理的缘故,各地对社区的定义各不相同。有的定义将其限定为街道办事处的管辖范围,也有定义将其限定为居民委员会的地域范围,还有的定义则介于上述二者之间。

[5] 成立业主委员会的目的,是为了保障业主房屋的相关权益,如房屋的质量、管理费、社区设施等等。业主委员会负责组织业主,聘用和解聘物业管理公司,监督房屋维修资金的管理和使用,并时常听取业主的意见。物业管理公司是一种企业组织,该企业组织负责维护房屋质量,保障公众安全,并在生活区提供公用设施。

[6] 如需详细信息,请参见网址:http://news.xinhuanet.com/newscenter/2005-01/16/content_2467734.htm(2011年8月4日访问)。

[7] 不同城市居委会的直接选举比例差异很大。排在前列的深圳、宁波、上海和杭州等城市的直选比例分别是99%、85%、80%、75%(《南方都市报》,2011年7月9日)。

[8] 参见网址:http://www.yantian.gov.cn/main/zwzc/tjsj/nb/index.shtml?catalogId=3825(2011年1月22日访问)。

[9] 街道办事处并非一个政府层级,但它在中国城市管理结构中起着重要的作用。街道办事处是区政府的派出机构。因此,街道办事处通常被视为一个行政管理的层级。

[10] 2008年,较大的社区被重新划分为两个社区,因此,目前盐田区的社区总数为

22 个。

〔11〕 社区工作者是指在社区工作的一群人。在盐田区，这一群人指在社区工作站、社区居民委员会和社区服务站工作的人们。

〔12〕 2010 年 3 月 10 日，著者采访了胡先生。他是盐田区东河社区居民委员会的领导之一。

〔13〕 这次采访由鹏凯于 2009 年 3 月 28 日进行。

Abstract

A major feature of China's urban transformation has been the breakdown of the *danwei* system and the consequent efforts on community building. Since the early 1990s when a movement for neighbourhood-based community building was launched, different practices have appeared and the urban community has changed remarkably. Whilst a number of works have documented this transition, few revealed in sufficient details the dynamics of shaping the profile of community space. This paper argues that this new-found priority on community building of the government has facilitated the development of community autonomy and self-govenance. An interplay of traditional administrative power and newly emerged community autonomous power drives the transition of power structure at the grass-roots level in urban China. The Yantian Model of community govenance in Shenzhen demonstrates how this transition unfolds as the community governance reform embodies the interplay of these two different forces, likely with long-reaching impacts for state-society relations in urban China.

Keywords

Danwei System; Community Building and Governance; Yantian Model; Shenzhen; China

政治发展 | Political Development

谁代表与代表谁？十一届全国人大代表的构成分析

刘乐明　何俊志*

摘要：谁代表和代表谁的问题，是代议制政体下的一个基本问题。本文以十一届全国人大代表的总体资料为基础，详细分析了全国人民代表大会的代表规模、代表团分布、籍贯构成、年龄结构、性别结构、民族结构、党派结构、教育背景和职业结构。

关键词：全国人大　人大代表　代表模式　构成分析

一、代表谁与谁代表：理论与文献回顾

现代民主是一种代议民主，代议民主需要由选民选出代表来实施统治。在抽象的理论层面上，选民选出的代表当然应该以选民代表的身份执行自己的职务。但是，在将这一原则落实为具体的操作规程时，却存在着激烈的理论争论和巨大的制度差异。

简而言之，根据伯奇（A. H. Birch）的归纳，代表一词可以从三个维度上来理解。一是委任型代表，即选民与代表之间是一种委托人与代理人

---

* 刘乐明，复旦大学国际关系与公共事务学院博士研究生。何俊志，复旦大学国际关系与公共事务学院副教授，复旦大学选举与人大制度研究中心副主任。

的关系。二是微缩型代表,即在社会中具有某一特性的人去代表与他具有类似特性的成员,这种代表也被称为是样本代表(sampling representation)。三是象征型代表,即具有某种特质的人代表某一整体,例如国王是国民的代表。[1] 关于第一种类型,伯奇又将其划分为两种类型,即委任的代表(强制委托的代表)和选举的代表(良心代表)。[2] 正是关于这两种代表类型的划分,埃德蒙·伯克在布里斯托对选民所发表的演讲中,又进而将选举的代表明确为是一种依据自己的良心而为选民作出判断的代表。[3] 在他看来,只有这种依据自己良心作出政治判断的选举型代表,才是代议民主政体所要求的代表。他的这一主张在一定意义上得到了制度性回应。例如,法兰西第五共和国宪法第二十七条就明确规定,对议员的任何强制委托概属无效,议会议员的投票权属于个人。

在理论建构方面,社会主义国家的代表观带有明显的强制委托色彩,在整体上强调人民当家做主的地位的同时,还强调选举产生的公务员只不过是人民的勤务员,要对选民负责并报告工作,而且选民还随时可以撤换这些选举产生的公务员的职务。[4] 不过,在中国的各级人大代表选举之前,上级人大常委会又有专门的文件,对中共党员代表、妇女代表、少数民族代表、甚至一线工人和农民的代表所占的比例,都有明确的规定。从这个意义上看,中国的人民代表大会制度所确定的代表模式,又类似于是一种样本代表模式。更为重要的是,中国县级以上各级人民代表大会的代表,都不是由选民直接选举,而是由下一级人民代表大会选举产生。在规范的意义上,这种选举模式就更像是一种选举团模式。

正是由于上述独特性的存在,尤其是对于县级以上的各种人民代表大会的代表而言,从选民的选票到代表的当选之间,存在一条较为复杂的链条,使得先前的各种政治理论中所阐述的代表模式,都不太适合于对中国各级人民代表大会的代表进行准确的概括。结合经典的政治理论和当前中国政治中的选民、政党与国家间的规范性关系,邱家军认为,中国的人大代表实际上承担着多重政治实体的委托,由这种多重委托而产生出的是一种多重代理的代表模式。[5]

如果我们在规范意义上接受中国各级人大代表所体现出的是一种多重代理模式,接下来应该考察的一个问题就是,这种规范意义上的多重代表模式,在现实之中又到底是由谁来扮演具体的角色?从这些代表角色中,我们是否又能够反推出他们到底是代表谁?

令人遗憾的是,相关学术研究还没有能够为我们准确地回答这一问题提供充足的文献。在对地方人大代表的结构进行观察时,一些早期的作品曾发现,"三多三少"是一个普遍现象:党员代表多,非党员代表少;男性代表多,女性代表少;干部代表多,群众代表少。[6]近年来,一些地方人大常委会的官员还发现,新的"三多三少"表现为:党员代表多,非党员代表少;干部代表多,工农代表少;党政领导干部多,一般干部少。[7]而另外一些地方人大常委会的官员则发现,"三多三少"的表现是"党员代表多,非党员代表少;干部代表多,群众代表少;企业老总代表多,普通职工代表少"。[8]虽然不同的观察者所观察到的"三多三少"并不完全一致,但是对于其中的"两多两少"则并无差异。在第三个方面,到底是党政领导干部代表多,还是企业老总代表多,有可能是观察的角度不一样,也有可能是观察的时间和地区的差异所致。也有研究者认为,这种差异来自于近年来的一些新变化,中国的各级人大代表在原来的"三多三少"的格局之下,又出现了"两多两少":经营管理者多,普通职工少;个体私营主多,弱势群体少。[9]正是在这种背景下,一些新近的作品直接将这种"三多三少"概括为:干部代表多,老总代表多,党员代表多;一线劳动者代表少,妇女代表少,青年代表少。[10]

在全国人大代表的构成研究中,刘智、史卫民等对一至九届全国人大的代表规模、性别结构、民族结构、党派构成、身份构成作了较详细分析,但缺乏对代表年龄、教育背景、职业等重要结构的分析,而且分析的对象是一至九届全国人大。[11]尹中卿对全国人大代表、全国人大常委会和全国人大专门委员会的构成都作了分析,但分析使用的是一至九届全国人大的数据,数据陈旧有待更新,而且民族、党派等结构可以继续深化;[12]张涛对十届全国人大常委的结构作了较详细的分析,但分析的对象集中在常委会。[13]

从上述文献中可以看出,迄今为止还没有一篇专门的论文,对中国的全国人大代表的构成进行过系统和深入的研究。我们认为,对现今的第十一届全国人大代表构成的详细分析,有着十分重大的学术和现实意义。在理论上,它将对我们回答谁代表和代表谁的问题,提供一份坚实的人口统计学意义上的基础数据。在现实中,随着2012年3月14日十一届全国人大五次会议在京闭幕,以及十二届全国人大代表即将按照2010年新修订的选举法在2013年年初的选举中产生,在这个起承转合的时机对十一届全国人大代表的构成作深入细致的分析,将更具意义。

利用全国人大网站上公开的全国人大代表的基本资料,再结合各位代表的相关个体资料,本研究收集了十一届全国人大所有2977名[14]实有人大代表的所属代表团、性别、民族、籍贯、年龄、党派、毕业院校、专业、学历、学位、职业等方面的详细数据,建立了第十一届全国人大代表信息数据库。[15]本论文的学术贡献将主要体现在两个方面:一是以最新的全国人大代表的总体资料来呈现全国人大代表的构成状况;二是在构成研究方面,相较先前的文献而言,设计了更为细化的变量。例如,以往对人大代表民族结构的研究往往是止步于汉族与少数民族之间的构成,而本研究将细化到每个民族之间的具体构成,研究结论将更加详细和丰富。此外,通过将十一届人大代表构成的分析结果与往届人大的代表构成相比较,还可以观察到全国人大代表构成的新变化和特征。

二、十一届全国人大代表构成分析

(一) 代表规模

第十一届全国人大代表由各省、自治区、直辖市、香港特别行政区、澳门特别行政区和中国人民解放军等35个选举单位,根据选举法等有关法律和规定,于2008年1月分别选举产生,共2987名。2008年2月28日,十届全国人大常委会第三十二次会议表决通过了十届全国人大常委会代表资格审查委员会关于十一届全国人大代表的代表资格的审查报告,确认2987名代表的代表资格全部有效。截至2012年6月30日,重庆代表团的王立军辞去第十一届全国人大代表职务后,第十一届全国人民代表大会实有代表2977人。[16]

表1 历届全国人大代表数量及其增减情况

届别	代表总数*	比上届增减	
		人数	幅度(%)
一	1226	/	/
二	1226	0	0.00
三	3040	1814	147.96
四	2885	-155	-5.10
五	3497	612	21.21
六	2978	-519	-14.84
七	2970	-8	-0.27
八	2978	8	0.27
九	2979	1	0.03
十	2985	6	0.20
十一	2987	2	0.07

*代表总数为每届代表大会一次会议召开时的实有代表人数。

数据来源:(1)中华人民共和国国家统计局编:《中国统计年鉴2009》,中国统计出版社2009年版,第917页;(2)新华网:http://news.xinhuanet.com/ziliao/2003-03/01/content_751877.htm;http://news.xinhuanet.com/ziliao/2008-03/03/content_7708230.htm。

从表1可以看出,六届全国人大以前,全国人大代表的数量变化较大,代表数量在1226和3040之间波动。变动最大的为第三届全国人大,比二届全国人大增加了1814名代表,增幅高达147.96%。六届全国人大以后，全国人大代表总体规模逐步稳定下来，人数确定在 2970 人至 2990 人之间，不超过 3000 人。十一届全国人大代表总数为 2987 名，符合《选举法》第十五条"全国人民代表大会的名额不超过三千人"的规定。本届全国人大的数量与前几届相比基本保持不变，延续着十一届三中全会后全国人大总体数量的稳定格局。

关于全国人大代表数量问题，学界一直存在激烈的讨论。到底多少人大代表才既有利于代表的高效履职又有利于代表的广泛性，学者们看法各异。诸如，蔡定剑认为，全国人大代表以不超过 2000 名为宜，最好为 1500 人。[17] 还有学者根据 Rein Taagepra 和 Matthew Soberg Shugart 两位学者的理论：一个国家国会的理想规模应该是其人口总数的开立方，并结合我国的总人口数（12.9533 亿人，第五次人口普查结果），认为最理想的全国人大代表数量应为 1090 人。[18] 大体上来看，学者们普遍认为目前全国人大的数量规模过大，不利于代表履职，因而，确实有必要优化全国人大的代表规模。

（二）代表团分布

按照宪法和法律规定，全国人大代表的名额分配由全国人大常委会根据情况决定，由各省、自治区、直辖市的人民代表大会和人民解放军选举代表组成。台湾省的全国人大代表由在各省、自治区、直辖市和人民解放军的台湾籍同胞派代表协商选举产生。香港特别行政区和澳门特别行政区的全国人大代表由香港特别行政区、澳门特别行政区全国人民代表大会代表选举会议选出。全国人大代表按照选举单位组成代表团出席全国人大会议。代表团的划分经历了一个不断发展变化的过程。[19] 具体的代表团分布情况及其代表数量变化见表 2。目前，全国人大代表团数目为 35 个，其中包括 32 个省、自治区、直辖市代表团，以及解放军代表团、香港特别行政区代表团和澳门特别行政区代表团。

表2 六至十一届全国人大各代表团人数分布及其变化情况

代表团	六届	七届	八届	九届	十届	十一届
北京	70	64	62	59	59	58
天津	51	51	49	45	45	45
河北	113	110	110	120	121	121
山西	70	70	69	68	69	69
内蒙古	64	63	63	57	58	58
辽宁	141	144	146	116	112	110
吉林	86	87	88	72	67	69
黑龙江	124	127	131	105	102	102
上海	82	72	70	67	64	64
江苏	140	138	137	151	156	157
浙江	121	120	117	89	89	90
安徽	103	103	103	112	115	114
福建	70	70	69	64	63	62
江西	83	83	83	79	80	80
山东	173	178	179	185	180	181
河南	148	151	152	163	165	166
湖北	112	113	113	126	123	124
湖南	112	112	112	119	118	118
广东	163	163	162	166	162	160
广西	86	87	89	90	87	88
海南	/	/	17	18	19	19
重庆	/	/	/	58	62	62
四川	202	203	205	151	147	148
贵州	73	74	72	66	66	66
云南	87	87	83	88	91	91
西藏	19	19	19	20	20	20
陕西	71	71	66	67	68	68
甘肃	43	43	43	46	48	48
青海	17	17	17	19	21	21

（续表）

代表团	六届	七届	八届	九届	十届	十一届
宁夏	17	11	14	18	19	19
新疆	57	59	58	59	60	60
香港	/	/	/	35	36	36
澳门	/	/	/	/*	12	12
台湾	13	13	13	13	13	13
解放军	267	267	267	268	268	268
合计	2978	2970	2978	2979	2985	2987

* 自2000年3月九届全国人大三次会议始，澳门特别行政区选出的12名全国人大代表开始组团参加全国人大会议。

数据来源：中国人大网，http://www.npc.gov.cn/delegate/allPrevious.action。

按照法律规定，全国人大代表名额在行政区域之间的分配主要以人口为基础，同时保证每一行政区域，特别是人口特少的省、自治区、直辖市都必须有一定数量的代表。从六至十一届全国人大各代表团构成及其变化情况来看，山西、广东、广西、海南、西藏、香港、澳门、台湾和解放军代表团的代表数量基本上没有变化，属于代表团规模比较稳定的代表团，其中香港、澳门、台湾和解放军代表团规模尤为稳固；辽宁、吉林、黑龙江、上海、四川、北京代表团代表数量总体上呈现大幅减少之势；河北、江苏、安徽、山东、河南、湖北代表团的代表数量有较大幅度的增加，呈不断增长之势；其他的代表团的代表数量也有稍许的增减，但变化的幅度较小，属于小幅波动的代表团。这其中的原因，既有省、自治区、直辖市人口数量的变化，也有行政区划的改变，同时还可能有全国人大常委会对其他的社会、政治因素的考虑。

（三）籍贯构成

当前中国是一个高流动性的社会，精英阶层的流动性更高，这种高的流动性是否也反映到了全国人大代表的构成之中？全国人大代表的籍贯构成到底如何？哪个籍贯地的代表最多？哪个代表团中代表的籍贯更多样化？哪个籍贯更具有辐射性和影响力？这些围绕人大代表的籍贯所产生的问题，一直为人大研究者所好奇。但是由于以往关于全国人大代表籍贯方面数据的缺失，学者们很难分析全国人大代表的籍贯地构成情况。本文收集到了十一届全国人大实有 2977 名人大代表中的 2957 名代表的籍贯数据，具体籍贯分布情况如表 3 所示。

表 3 十一届全国人大代表籍贯构成情况

籍贯	频率	百分比	有效百分比	对称性代表数*
山东	338	11.35	11.43	144
江苏	231	7.76	7.81	113
河北	206	6.92	6.97	79
河南	188	6.32	6.36	113
浙江	153	5.14	5.17	67
湖南	152	5.11	5.14	90
辽宁	150	5.04	5.07	60
安徽	144	4.84	4.87	77
湖北	138	4.64	4.67	78
广东	138	4.64	4.67	99
四川	138	4.64	4.67	94
山西	99	3.33	3.35	45
云南	82	2.75	2.77	72
江西	76	2.55	2.57	44
陕西	70	2.35	2.37	30
福建	68	2.28	2.30	43
广西	65	2.18	2.20	59
黑龙江	64	2.15	2.16	32
吉林	62	2.08	2.10	29
重庆	58	1.95	1.96	28
内蒙古	49	1.65	1.66	36
甘肃	40	1.34	1.35	21
贵州	39	1.31	1.32	29

（续表）

籍贯	频率	百分比	有效百分比	对称性代表数*
新疆	39	1.31	1.32	36
上海	37	1.24	1.25	15
北京	34	1.14	1.15	15
天津	25	0.84	0.85	9
台湾	22	0.74	0.74	13
西藏	15	0.50	0.51	14
青海	13	0.44	0.44	9
宁夏	13	0.44	0.44	9
海南	9	0.30	0.30	6
朝鲜	2	0.07	0.07	/
缺失值	20	0.67	/	/
合计	2977	100.00	100	1608

*所谓对称性代表，即籍贯和代表团正好相符的代表。如：北京代表团的王小珂代表，其籍贯也为北京，所以称王小珂为籍贯和代表团对称的代表，简称对称性代表。反之，非对称性代表即籍贯和代表团互不相同的代表。

统计得出，共有1608名对称性代表，其中对称性代表数排在前几位的分别是山东144名、江苏113名、河南113名、广东99名、四川94名、湖南90名（见表3）。各代表团代表数量和各籍贯代表数量与对称性代表的比较和非对称性代表比例的计算，可以分别用来考量各代表团的包容性和籍贯的辐射性。当以代表团为考察对象时，非对称性代表比越高，说明该代表团的包容性越强；当以籍贯为考察对象时，非对称性代表比越高，说明该籍贯的辐射性（影响力）越强。

据统计，当以代表团为考察对象时，天津、上海、北京、海南、黑龙江、吉林、青海、贵州、重庆、甘肃、陕西、宁夏是非对称性代表比超过0.5的代表团，说明这些代表团超过一半以上的代表来自其他籍贯，这些代表团籍贯构成的多元化程度更高，这些代表团在人大代表的籍贯构成方面更具包容性与吸纳性。而非对称性代表比低于0.5的代表团的代表籍贯构成多元化的程度就要低,政治包容性低,排他性强。具体数据见表4。

表4 代表团的政治包容性

代表团	代表数量	对称性代表数	非对称性代表数	非对称性代表比
天津	46	9	37	0.80
上海	65	15	50	0.77
北京	62	15	47	0.76
海南	21	6	15	0.71
黑龙江	103	32	71	0.69
吉林	68	29	39	0.57
青海	21	9	12	0.57
贵州	67	29	38	0.57
重庆	60	28	32	0.53
甘肃	45	21	24	0.53
陕西	64	30	34	0.53
宁夏	19	9	10	0.53
辽宁	110	60	50	0.45
新疆	61	36	25	0.41
江西	74	44	30	0.41
内蒙古	60	36	24	0.40
湖北	125	78	47	0.38
广东	158	99	59	0.37
四川	150	94	56	0.37
河北	120	79	41	0.34
广西	89	59	30	0.34
安徽	115	77	38	0.33
山西	67	45	22	0.33
福建	62	43	19	0.31
西藏	20	14	6	0.30
河南	161	113	48	0.30
江苏	160	113	47	0.29
浙江	90	67	23	0.26

(续表)

代表团	代表数量	对称性代表数	非对称性代表数	非对称性代表比
湖南	117	90	27	0.23
云南	91	72	19	0.21
山东	180	144	36	0.20
台湾*	13	13	0	0.00
香港*	36	0	36	1.00
澳门*	12	0	12	1.00
解放军*	265	0	265	1.00
合计	2977	1608	/	/

*由于台湾、香港、澳门和解放军代表团的特殊性，故不将它们与其他代表团作比较。

一般来说，一个省（直辖市）的经济发展水平越高，该省（直辖市）多元化的程度就越高，其政治包容性也应该更高。分列非对称性代表比前三位的天津、上海和北京代表团都有超过75%的代表来自非本籍贯地，因而这三个直辖市代表团有着非常高的政治包容性，这与它们的经济地位是相符的。然而，地处西部经济欠发达的青海、贵州、甘肃、陕西、宁夏五个代表团的非对称性代表比都高于0.5，而地处东部沿海经济发达的广东、江苏、浙江、山东这四个代表团的非对称性代表比却都低于0.5，显然这些代表团的政治包容性与其经济地位并不相符。其中的原因我们不得而知，但是我们可以确定的是，经济因素并不是决定一个地域政治包容性的唯一因素。

另据统计发现，当以籍贯为考察对象时，从非对称性代表的数量上来看，山东、河北、江苏、辽宁、浙江、河南、安徽、湖南、湖北籍的非对称代表最多。从非对称性代表比的大小来看，天津、河北、辽宁、上海、山东、陕西、浙江、北京、山西、吉林、重庆、江苏是非对称性代表比超过0.5的籍贯地（具体数据见表5）。综合起来可以得出，山东、河北、江苏、辽宁、浙江等籍贯在全国人大代表中有着较强的辐射性（影响力）。其中的缘由何在？除了要重视中央"戴帽代表"在各省市区的分布外,是不是这些籍贯地的历史和现实地位也在起作用?具体的因素还可能需要进一步挖掘。

表5 籍贯的辐射性(影响力)

籍贯	代表数量	对称性代表数	非对称性代表数	非对称性代表比
天津	25	9	16	0.64
河北	206	79	127	0.62
辽宁	150	60	90	0.60
上海	37	15	22	0.59
山东	338	144	194	0.57
陕西	70	30	40	0.57
浙江	153	67	86	0.56
北京	34	15	19	0.56
山西	99	45	54	0.55
吉林	62	29	33	0.53
重庆	58	28	30	0.52
江苏	231	113	118	0.51
黑龙江	64	32	32	0.50
甘肃	40	21	19	0.48
安徽	144	77	67	0.47
湖北	138	78	60	0.43
江西	76	44	32	0.42
台湾	22	13	9	0.41
湖南	152	90	62	0.41
河南	188	113	75	0.40
福建	68	43	25	0.37
海南	9	6	3	0.33
四川	138	94	44	0.32
青海	13	9	4	0.31
宁夏	13	9	4	0.31
广东	138	99	39	0.28
内蒙古	49	36	13	0.27
贵州	39	29	10	0.26
云南	82	72	10	0.12

(续表)

籍贯	代表数量	对称性代表数	非对称性代表数	非对称性代表比
广西	65	59	6	0.09
新疆	39	36	3	0.08
西藏	15	14	1	0.07
朝鲜	2	0	2	1.00
缺失值	20	/	/	/
合计	2977	1608	/	/

（四）年龄结构

以当选年2008年为计算基点，2977名实有代表中年龄最大的为80岁（1928年生），年龄最小的23岁（1985年生），平均年龄为52.06岁，年龄变量的中值为53，众数为53。具体的各年龄段代表分布情况如表6所示。

表6 十一届全国人大代表年龄结构表

年龄段	代表数	比例（%）
23—30岁	27	0.91
31—40岁	203	6.82
41—50岁	895	30.06
51—60岁	1429	48.00
61—70岁	415	13.94
71—80岁	8	0.27

表7为九届[20]全国人大与十一届全国人大代表年龄结构比例的对照表，从两届数据的对照可以看出，十一届全国人大60岁以上的代表比九届减少了22.18%，而41至60岁的代表比九届增加了21.05%，21至40岁的代表也比九届增加了1.14%。与九届人大代表的年龄结构相比，十一届全国人大代表年龄结构整体左移，进一步向41—60岁集中（见图1）。因而，与九届全国人大的年龄结构相比，十一届全国人大代表的年龄结构比九届要更加年轻化，且"中间大两头小"的年龄结构特征更加明显，老中青搭配的年龄结构进一步得到优化。这样的年龄结构既有利于确保代表履职的基本能力，又有利于人大工作的连续性与稳定性。

表7 九届与十一届全国人大代表年龄结构比例对照表

年龄段	十一届代表（%）		九届*代表（%）		增减情况（%）
21—30岁	0.91	7.73	0.47	6.59	1.14
31—40岁	6.82		6.12		
41—50岁	30.06	78.06	18.13	57.01	21.05
51—60岁	48.00		38.88		
61—70岁	13.94	14.21	30.91	36.39	-22.18
71—80岁	0.27		5.35		
80岁以上	0.00		0.13		

* 数据来源：尹中卿等：《中国人大组织构成和工作制度》，中国民主法制出版社2010年版，第19页。

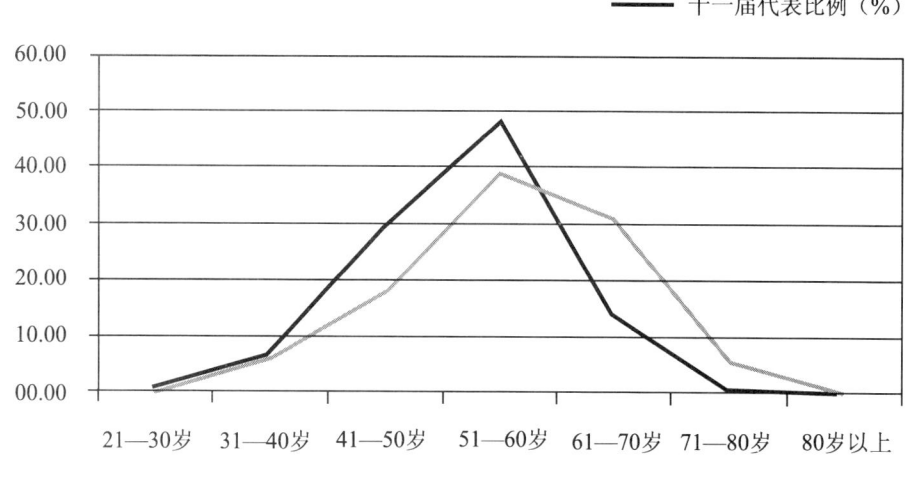

图1 九届与十一届全国人大代表年龄结构折线图

（五）性别结构

十一届全国人大2987名代表中女性代表为637名，占代表总数的21.33%，比十届全国人大女性代表所占比例提高了1.09个百分点；十一届全国人大有男性代表2350名，占代表总数的78.67%，比十届全国人大男性代表所占比例降低了1.1个百分点。从本届代表的男女比例上来看，男性代表依然占据着绝对多数。具体数据见表8。

表8 历届全国人大代表性别结构及其变化表

届别	代表总数	女性代表 数量	女性代表 比例（%）	男性代表 数量	男性代表 比例（%）	女性代表比例 增减情况（%）
一	1226	147	11.99	1079	88.01	/
二	1226	150	12.23	1076	87.77	0.24
三	3040	542	17.83	2498	82.17	5.59
四	2885	653	22.63	2232	77.37	4.81
五	3497	740	21.16	2757	78.84	-1.47
六	2978	632	21.22	2346	78.78	0.06
七	2970	634	21.35	2336	78.65	0.12
八	2978	626	21.02	2352	78.98	-0.33
九	2979	650	21.82	2329	78.18	0.8
十	2985	604	20.23	2381	79.77	-1.58
十一	2987	637	21.33	2350	78.67	1.09

纵观历届全国人大男性代表与女性代表所占比例，男性代表具有绝对的数量与比例优势，男性代表一般占代表总数的80%左右，女性代表一般占代表总数的20%左右。从女性代表所占比例的趋势看，一至四届，女性代表所占比例总体上是呈上升趋势，且二至四届时女性比例上升的速度较快。女性代表所占比例在四届人大增长到22.63%后出现小幅下降，并在以后各届人大中保持着比较平稳的态势。见图2。

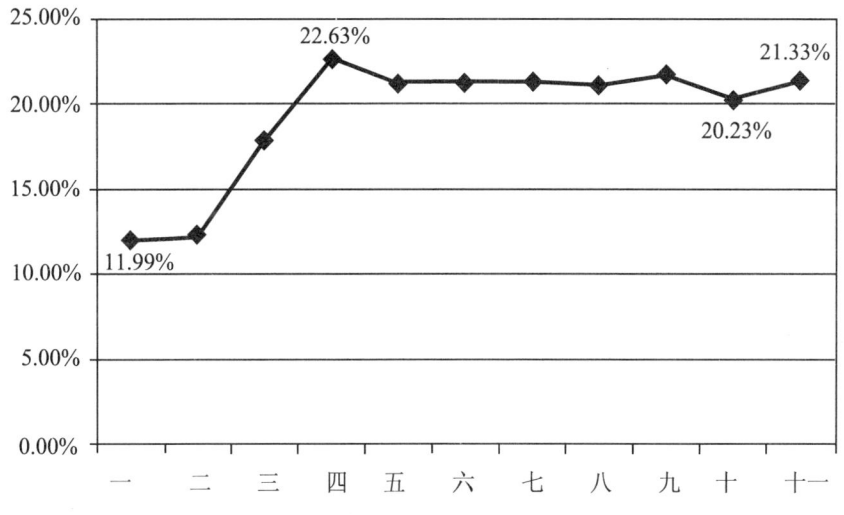

图2 历届全国人大女性代表所占比例变化图

截至2012年6月30日,十一届全国人大实有的2977名代表中有634名女性代表,占代表总数的21.3%,男性代表为2343名,占代表总数的78.7%。

2008年全国13.2802亿人口中,男性人口6.8357亿人,占总人口的51.47%,女性人口6.4445亿人,占总人口的48.53%。[21]如果从样本代表的角度看,与全国人口的男女比例相比,全国人大代表的男性比例偏高,女性代表的比例偏低。不过,在全球各国的代议机构中,中国全国人大代表中的女性比例还不算太低。

(六)民族结构

从宏观上看,十一届全国人大2987名代表中,有汉族代表2576名,占代表总数的86.24%,与十届相比增长了0.14个百分点;有少数民族代表411名,占总数的13.76%,与十届相比减少了0.14个百分点。从本届汉族与少数民族代表的比例上来看,汉族代表不论从数量还是比例上都是绝对的多数。见表9。

表9 历届全国人大代表民族结构

届别	总代表数	汉族代表		少数民族代表		少数民族代表比例增减情况(%)
		数量	比例(%)	数量	比例(%)	
一	1226	1049	85.56	177	14.44	/
二	1226	1046	85.32	180	14.68	0.24
三	3040	2667	87.73	373	12.27	-2.41
四	2885	2615	90.64	270	9.36	-2.91
五	3497	3116	89.10	381	10.90	1.54
六	2978	2574	86.43	404	13.57	2.67
七	2970	2525	85.02	445	14.98	1.42
八	2978	2539	85.26	439	14.74	-0.24
九	2979	2551	85.63	428	14.37	-0.37
十	2985	2570	86.10	415	13.90	-0.46
十一	2987	2576	86.24	411	13.76	-0.14

资料来源:根据中华人民共和国国家统计局编:《中国统计年鉴2009》,中国统计出版社2009年版,第917页数据整理。

纵观历届全国人大汉族代表与少数民族代表所占比例，汉族代表所占比例一般在85%以上，少数民族代表所占比例一般在15%以下。一至四届少数民族代表所占比例总体上是呈下降趋势，四届至七届少数民族代表所占比例呈上升趋势，七至十一届少数民族代表一直呈现缓慢下降的态势。因而，从总体的情况来看，少数民族代表所占比例呈V字型的变化趋势。见图3。

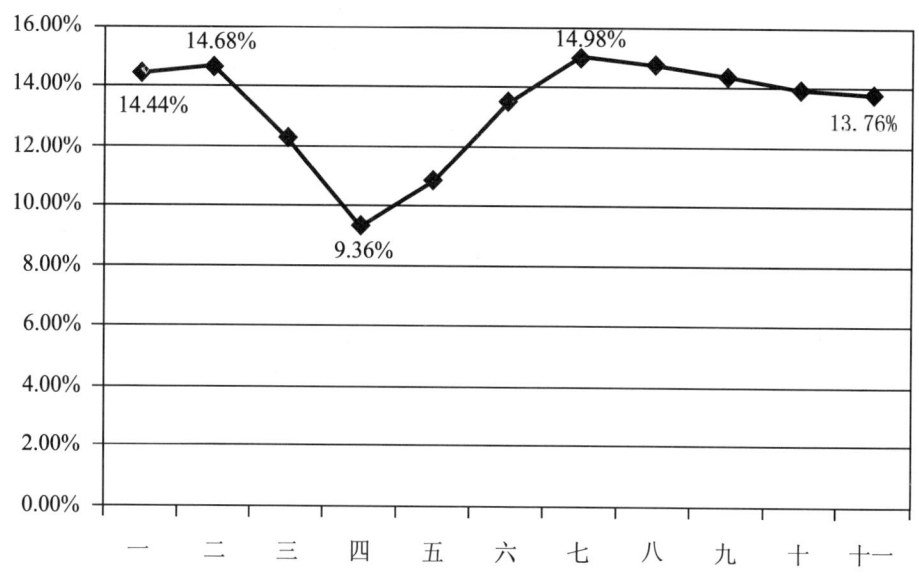

图3　历届全国人大少数民族代表所占比例变化图

2000年第五次人口普查结果显示，少数民族人口占全国人口的8.41%[22]，2010年第六次人口普查结果显示，少数民族人口占全国人口的8.49%。[23]从微观上看，十一届全国人大2987名代表中，全国56个民族都有本民族的人大代表。人口特少的少数民族至少都有1名代表，世代生活在西藏喜马拉雅山南麓，人口不足3000人的珞巴族也拥有1名本民族的全国人大代表。不过，由于仡佬族唯一的全国人大代表陈实辞去了十一届全国人大代表职务[24]，因而截至2012年6月30日，实有的2977名全国人大代表中，56个民族中有55个民族有本民族的全国人大代表，只有仡佬族没有本民族的全国人大代表。

统计分析显示,在2977名实有全国人大代表中,有少数民族代表407名,占代表总数的13.67%,汉族代表2570名,占代表总数的86.33%。对2977名人大代表的民族变量的次数分布分析的部分结果见表10。

表10 十一届全国人大代表民族构成表(部分)

民　族	代表数	百分比
汉族	2570	86.33
回族	64	2.15
壮族	47	1.58
满族	43	1.44
蒙古族	35	1.18
藏族	33	1.11
维吾尔族	23	0.77
土家族	22	0.74
苗族	21	0.71
彝族	21	0.71
朝鲜族	9	0.30
布依族	8	0.27
侗族	7	0.24
瑶族	7	0.24
白族	5	0.17
傣族	5	0.17
哈萨克族	5	0.17
黎族	5	0.17
哈尼族	4	0.13
畲族	3	0.10

(七)党派结构

学界关于全国人大代表的党派结构的分析往往是基于中共党员、民主党派和无党派人士的大分类进行的,分类过于宽泛,缺乏具体到各政党的分析。本文收集了十一届全国人大2977名实有代表的具体的党派数据,以期对全国人大代表的党派结构有更深层次的分析。

党派变量的次数分布分析显示，十一届全国人大2977名实有代表中有中共党员代表2195名，占代表总数的73.73%；民主党派代表386名，占代表总数的12.97%；无党派人士代表3名，占代表总数的0.10%；群众代表348名，占代表总数的11.59%。另外还有48个缺失值，这48位代表均来自香港特别行政区和澳门特别行政区，虽然这48名代表的党派信息都是空格，但考虑到这两个代表团的特殊性，并不将他们归入群众一类。

代表在每个党派的具体分布情况见表11。其中，民盟、九三学社、民建、民进和农工党是民主党派中全国人大代表较多的民主党派，代表数量在50人以上，代表所占比例在1.5%以上。民盟是民主党派中全国人大代表最多的党派，有代表68名，所占比例为2.28%。

表11 十一届全国人大代表党派详细结构表

党派	代表数	百分比
中共	2195	73.73
民盟	68	2.28
九三学社	60	2.02
民建	59	1.98
民进	58	1.95
农工党	51	1.71
民革	42	1.41
致公党	36	1.21
台盟	12	0.40
无党派人士	3	0.10
群众	345	11.59
缺失值	48	1.61
合计	2977	100.00

与十届全国人大相比，十一届全国人大代表中，中共党员代表增加了17名，所占比例增加了0.77个百分点；民主党派和无党派人士代表减少了91名，所占比例下降了3.01个百分点。纵观历届全国人大中共党员与民主党派和无党派人士代表的比例情况，中共党员代表在三届人大之后占有绝对的多数，近几年一直维持在70%以上，民主党派和无党派人士代表

在三届人大之后所占比重较小，近几年一般在15%—20%之间，一般不超过20%。见表12。

表12 历届全国人大中共党员代表与民主党派和无党派人士代表数量与比例

届别	总代表数	中共党员代表		民主党派和无党派人士代表	
		数量	比例（%）	数量	比例（%）
一	1226	668	54.49	558	45.51
二	1226	708	57.75	518	42.25
三	3040	1667	54.84	1373	45.16
四	2885	2217	76.85	238	8.25
五	3497	2545	72.78	495	14.15
六	2978	1861	62.49	543	18.23
七	2970	1986	66.87	540	18.18
八	2978	2037	68.40	572	19.21
九	2979	2130	71.50	460	15.44
十	2985	2178	72.96	480	16.08
十一*	2977	2195	73.73	389**	13.07

* 由于未能找到官方公布的十一届人大代表中共党员、民主党派和无党派人士代表的数量和比例，故本表使用的数据为十一届人大实有的2977名代表数据。

** 如前所述，此数据可能存在误差。

从图4可以看出，一至十一届全国人大代表中中共党员代表所占比例总体上呈上升趋势，而民主党派和无党派人士代表所占比例总体上呈下降趋势。一至三届中共党员代表所占比例与民主党派和无党派人士代表所占比例都非常接近于50%，中共党员代表所占比例稍高，其中第一届全国人大中共党员代表所占比例为54.49%，民主党派和无党派人士代表所占比例为45.51%，是中共党员代表与民主党派和无党派人士代表所占比例接近的一届。四届时中共党员所占比例达到最高比例76.85%，而民主党派和无党派人士代表所占比例则是历史的最低点8.25%。四至六届，中共代表所占比例有所回落，而民主党派和无党派人士代表所占比例则有所回升。六至十一届，中共代表所占比例呈逐渐上升趋势，而民主党派和无党派人士所占比例则呈逐渐下降趋势。

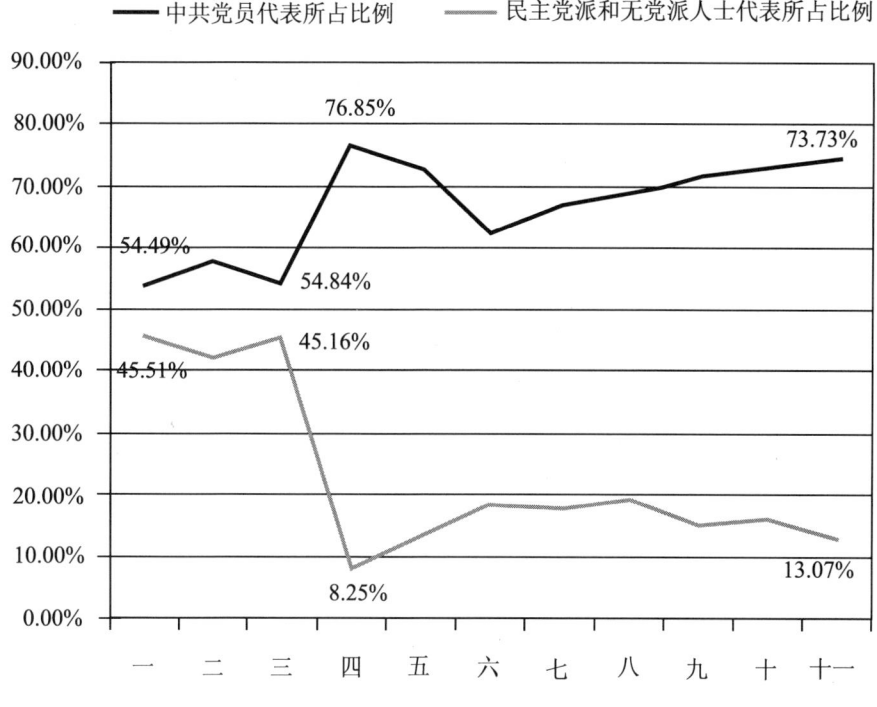

图 4 中共党员与民主党派和无党派人士代表所占比例变化图

(八) 教育背景

首先从代表的学历结构来看,十一届全国人大实有的 2977 名人大代表中,博士研究生学历的代表 439 名,占代表总数的 14.75%;硕士研究生学历的代表 994 名(其中具有硕士学位的只有 516 位,其他的为不具有硕士学位的研究生),占代表总数的 33.39%;大学本科学历的代表 995 名,占代表总数的 33.42%;大专学历的代表 349 名,占代表总数的 11.72%;高中学历的代表 78 名,占代表总数的 2.62%;中专学历的代表 63 名,占代表总数的 2.12%;初中学历的代表 38 名,占代表总数的 1.28%;小学学历的代表 5 名,占代表总数的 0.17%。另据统计显示,学历为党校的代表有 573 名,占代表总数的 19.25%;具有海外留学经历的代表有 142 名,占代表总数的 4.77%。

如果按研究生及其以上、大学本科、大专和大专以下对学历进行分类,其分析结果显示,研究生及其以上学历的代表共 1433 名,占代表总数的 48.14%,比九届[26]人大增长了 32.36 个百分点;大学本科学历的代表共 995 名,占代表总数的 33.42%,比九届人大减少了 19.36 个百分点;大专学历的代表共 349 名,占代表总数的 11.72%,比九届人大增加了 3.51 个百分点;大专以下学历的代表共 184 名,占代表总数的 6.18%,比九届人大减少了 16.21 个百分点。(见表 13)

表 13 九届与十一届全国人大代表学历结构对比表

学历分类	十一届		九届*		增减情况(%)
	人数	百分比	人数	百分比	
研究生及其以上	1433	48.14	375	15.78	32.36
大学本科	995	33.42	1254	52.78	-19.36
大专	349	11.72	195	8.21	3.51
大专以下	184	6.18	532	22.39	-16.21
缺失值	16	0.54	20	0.84	-0.3

* 数据来源:尹中卿等:《中国人大组织构成和工作制度》,中国民主法制出版社 2010 年版,第 20 页。

显然,与九届人大相比,十一届人大代表的受教育程度有了大幅的提高,特别是高学历代表增长快,研究生及其以上学历的代表增长最多,代表逐渐向高学历集中,接近一半的代表具有研究生学历。与九届相比,十一届人大代表中低学历代表比重减少较高,大专以下学历的代表低于 7%,93%以上的代表具有大专以上的学历,81%以上的代表具有本科及其以上的学历。因而,与九届人大相比,十一届人大代表的受教育水平有了大幅提升,高学历代表越来越多,低学历代表越来越少,代表的文化层次越来越高。

将十一届全国人大代表受教育程度构成比例与 2008 年全国就业人员受教育程度构成比例的对比发现,十一届全国人大代表中超过 93%的代表接受过大学专科及其以上的教育,其中接近一半的代表接受过研究生及其以上的教育,81%以上的代表接受过本科及其以上的教育,低于 7%的代表只接受过高中及其以下的教育;2008 年全国就业人员中只有 6.86%的人接受过大专及其以上的教育,93.14%的就业人员只接受过高中及其以下的教育（见表14）。因而，十一届全国人大代表与2008年全国就业人员的受教育程度分别集中在教育程度的高低两端（见图5），全国人大代表的整体受教育程度要远远高于全国就业人员的受教育程度。

表14 十一届全国人大代表与2008年全国就业人员受教育程度构成对比表

受教育程度	十一届全国人大代表受教育程度构成	2008年全国就业人员受教育程度构成*
研究生及以上	48.14	0.21
大学本科	33.42	2.27
大学专科	11.72	4.38
高中	4.74	12.72
初中	1.28	47.73
小学	0.17	27.41
未上过学	/**	5.29
总计	99.46	100.00

* 数据来源：国家统计局人口和就业统计司编：《中国人口和就业统计年鉴2009》，中国统计出版社2009年版，表3-1。

** 除了16个缺失值的代表受教育程度不详外，其余十一届全国人大代表中没有未上过学的代表。

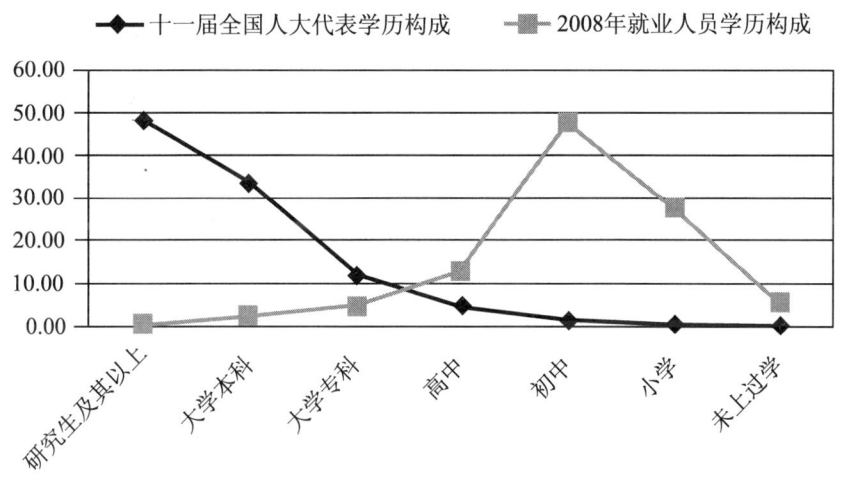

图5 十一届全国人大代表与2008年全国就业人员受教育程度构成折线图

其次，还可以从专业背景来考虑代表的教育背景，具体的分布情况见表15。从各专业代表数量的多少来看，专业为理工类、经济学类、管理学类和法学类的代表排在前四位。

表15 十一届全国人大代表专业结构表

专业分类	代表数	百分比
哲学	60	2.02
经济学	629	21.13
法学	367	12.33
教育学	30	1.01
文学	208	6.99
历史学	34	1.14
理工类	663	22.27
农学	107	3.59
医学	124	4.17
军事学	135	4.53
管理学	410	13.77
缺失值	210	7.05
合计	2977	100.00

如果将专业分成文史哲、经济管理、理工、法学、医学、农学和军事学七大类，文史哲类的代表为332名，占代表总数的11.15%；理工类的代表为663名，占代表总数的22.27%；经济管理[27]类的代表为1039名，占代表总数的34.90%；法学类[28]的代表为367名，占代表总数的12.33%；农学类的代表为107名，占代表总数的3.59%；医学类的代表为124名，占代表总数的4.17%；军事学类的代表为135名，占代表总数的4.53%。专业为经济管理类、理工类和法学类的代表仍以此排列在前三位。两种专业分类法的分析结果都从数据上证明了技术精英、经济管理精英和法学类精英在全国人大中有着重要的地位与作用。

（九）职业结构

长期以来，我国主要依据公民的政治身份、户口身份、行政身份来划分社会阶级或阶层，习惯将全国人大代表划分为工人、农民、干部、知识分子、解放军和归国华侨等几个大类。不过，随着经济的发展和社会的变迁，社会各阶层之间的分化和流动加快，工人、农民、干部、知识分子的特征日渐模糊。显然，这种粗线条的划分方式已经不能很好地反映当前的社会阶层结构。

因而，诸多学者对人大代表的职业分类进行了探讨，提出了各种不同的划分方式。本文结合尹中卿的分类方法[29]，将人大代表划分成村（居）委管理者、国家机关工作人员、解放军与武警、矿业和制造业从业人员、民间组织管理者、农业从业人员、企事业单位管理人员、商业和服务业从业人员、专业职称技术人员九大类。国家机关工作人员包括：各级人大、政协、政府、两院、各政党以及全国工商联、工会、妇联、共青团等机关的工作人员；企事业单位管理人员包括：各类企业的总裁、董事长、总经理以及其他的企业管理人员，各种事业单位的党委书记、校长、院长以及其他事业单位管理人员；专业职称技术人员包括：教授、研究员、工程师、经济师、设计师、农艺师、医师、教师、律师、演员、教练、运动员等有职称评定的专业技术从业人员；农业从业人员包括：农、林、牧、副、渔从业人员，无其他社会职业的村民直接划到此类；矿业和制造业从业人员包括：矿业、制造业等工业的一线生产人员，包括一线生产队伍中的组长、班长、队长；商业和服务业从业人员包括：生产、生活、流通等服务部门的一线从业人员，包括基层的组长、班长、队长；村（居）委管理者包括：乡镇、街道以下的村委会、居委会等基层自治单位管理者，包括村（居）委党支部书记、主任、妇女主任等管理人员；民间组织管理者包括：各协会、团体、基金会等民间组织的管理者；解放军和武警包括：解放军代表团所有成员以及各省、自治区、直辖市的武警总队队长、政委等。对职业分类变量的次数分布分析结果见表16。

表16 十一届全国人大代表职业分类结构表

职业分类	代表数	百分比
村（居）委管理者	82	2.75
国家机关工作人员	1509	50.69
解放军与武警	295	9.91
矿业和制造业从业人员	25	0.84
民间组织管理者	53	1.78
农业从业人员	12	0.40
企事业单位管理人员	819	27.51
商业和服务业从业人员	15	0.50
专业职称技术人员	167	5.61
合计	2977	100.00

通过次数分布分析我们可以发现全国人大代表在职业分类上的几个特点，国家机关工作人员所占比重过大，超过一半（50.69%）的代表是国家机关工作人员，也就是"官"代表太多而"民"代表太少；来自三大产业的一线从业人员过少，矿业和制造业从业人员、农业从业人员以及商业和服务业从业人员的代表总共52人，所占比重不及2%，与官方公布的工农代表超过500多人、比重接近20%的数据相差甚远，这也佐证了以往职业分类方式的陈旧，不能反映当下的社会阶层结构；代表中管理者过多，而基层普通职工或一线劳动者过少，除了来自国家机关工作人员和企事业单位管理人员是典型的管理者，职业为解放军与武警、村（居）委管理者、民间组织管理者的代表同样属于管理者的行列，管理者代表数量为2758名，所占比重高达92.64%，而真正来自基层的代表非常少，其比例不到8%，也就是说全国人大代表中，中高层管理者多，基层劳动者少。

三、结语

十一届全国人大延续了十一届三中全会后的总体规模，代表数量维持在2970至2990人之间。自九届全国人大以来，全国人大由32个省、自治区、直辖市代表团、1个解放军代表团、1个香港特别行政区代表团和1个澳门特别行政区代表团共35个代表团组成。

十一届全国人大代表中,籍贯为山东、江苏、河北、河南、浙江、湖南、辽宁、安徽、湖北、广东、四川、山西的代表较多。天津、上海、北京、海南、黑龙江、吉林、青海、贵州、重庆、甘肃、陕西、宁夏等代表团超过一半以上的代表来自非本籍贯,因而这些代表团籍贯构成的多元化程度更高,包容性更强。山东、河北、江苏、辽宁、浙江等籍贯在全国人大代表中有着较强的辐射性或影响力。

十一届全国人大代表年龄集中在41—60岁,平均年龄为52.06岁。与往届相比,十一届全国人大代表更加年轻化,"中间大两头小"的年龄结构特征更加突出,代表的年龄结构进一步得到了优化。

十一届全国人大代表中女性代表占代表总数的21.33%,男性代表占代表总数的78.67%,虽然与十届相比女性代表所占比例稍有提高,不过与全国人口的男女比例相比,全国人大代表的男性比例过高,而女性比例过低,十一届全国人大代表依旧呈现"男多女少"的性别结构。

十一届全国人大汉族代表占代表总数的86.24%,少数民族代表占代表总数的13.76%,少数民族代表所占比例继续下降。不过全国人大少数民族代表所占比例大大超过全国少数民族人口所占的比重,因而从代表数量上看是"汉族代表多,少数民族代表少",从少数民族的人口比重来看是"汉族的代表／人口比小,少数民族的代表／人口比大"。

十一届全国人大中共党员代表占代表总数的73.73%;民主党派代表占代表总数的12.97%;无党派人士代表占代表总数的0.10%;群众代表占代表总数的11.59%。民主党派和无党派人士代表所占比例持续下降,中共党员代表继续上升。十一届全国人大代表依旧呈现"中共党员代表多,非中共党员代表少"的党派结构。

与往届相比,十一届人大代表的受教育水平有了大幅提升,高学历代表越来越多,低学历代表越来越少,代表的文化层次越来越高。与2008年全国就业人员受教育程度相比,十一届全国人大代表与2008年全国就业人员的受教育程度分别处在受教育程度的高低两端，全国人大代表的整体受教育程度要远远高于全国就业人员的受教育程度。经济管理类、理工类和法学类专业的代表在十一届全国人大代表中最多，技术精英、经济管理精英和法学类精英在人大代表中有着重要的地位和作用。

超过一半（50.69%）的全国人大代表的职业是国家机关工作人员，也就是"官"代表太多而"民"代表太少；高达92.64%的代表的职业为中高层管理者，而真正来自基层的代表非常少，其比例不到8%，说明全国人大代表中"中高层的管理者太多，基层劳动者太少"。

简言之，十一届全国人大代表的构成特征可以总结为"两个稳定"、"两个优化"、"五多五少"。所谓"两个稳定"即：十一届全国人大的代表规模和代表团构成两个结构基本稳定不变；所谓"两个优化"即：十一届全国人大代表的年龄结构、受教育程度得到优化；所谓"五多五少"即：十一届全国人大代表"男性代表多，女性代表少"、"汉族的代表／人口比小，少数民族的代表／人口比大"、"中共党员代表多，非中共党员代表少"、"官员代表多，群众代表少"、"中高层的管理者代表多，基层劳动者代表少"。

【注释】

[1] [英] A. H. Birch：《代表》，朱坚章主译，王浩博译，幼狮文化事业公司1978年版，第32页。

[2] 同上，第131页。

[3] [英] 埃德蒙·柏克：《自由与传统——柏克政治论文选》，蒋庆、王瑞昌、王天成译，商务印书馆2001年版，第166页。

[4] 《马克思恩格斯选集》第3卷，人民出版社1995年版，第96页。

[5] 邱家军：《代表谁？——选民与代表》，复旦大学出版社2010年版，第312—313页。

[6] 何俊志：《制度等待利益——中国县级人大制度模式研究》，重庆出版社2005年版，第134—138页。

〔7〕 孙少衡：《论人大代表结构中"三多三少"现象的成因及对策》，载《人大研究》，2001年第10期，第25页。

〔8〕 杨茂成：《把握换届好时机，改变地方人大代表"三多三少"顽疾》，人民网。

〔9〕 雷伟红：《改善人民与人大代表关系的法律思考》，载《江西行政学院学报》，2008年第1期，第49—51页。

〔10〕 郭杰妮：《人大代表的结构分析》，载《法制与社会》，2010年8月（中），第149—150页。

〔11〕 刘智、史卫民等：《数据选举》，中国社会科学出版社2001年版。

〔12〕 尹中卿等：《中国人大组织构成和工作制度》，中国民主法制出版社2010年版，第3—106页。

〔13〕 张涛：《第十届全国人大常委会组成人员结构分析：主要特点与发展方向》，见黄卫平、汪永成主编：《当代中国政治研究报告》第7辑，社会科学文献出版社2009年版，第78—93页。

〔14〕 截至2012年6月30日，重庆代表团的王立军辞去第十一届全国人大代表职务，第十一届全国人民代表大会实有代表2977人，http://news.xinhuanet.com/politics/2012-06/30/c_112326670.htm。

〔15〕 数据库数据来源于中国人大网（http://www.npc.gov.cn/delegate/delegateArea.action），并通过其他网络资料补齐部分缺失数据。

〔16〕 http://news.xinhuanet.com/ziliao/2008-03/03/content_7708230.htm。

〔17〕 蔡定剑：《中国人大制度》，社会科学文献出版社1992年版，第149页。

〔18〕 朱应平：《论人大规模、结构及其重构》，载《华东政法学院学报》，2004年第3期，第35—36页。

〔19〕 全国人大代表团的详细变化发展的历史过程，可参见尹中卿等：《中国人大组织构成和工作制度》，中国民主法制出版社2010年版，第9页。

〔20〕 由于收集到的十届全国人大代表年龄结构数据有误，故本文暂使用九届的数据与十一届对比。

〔21〕 资料来源于中华人民共和国国家统计局：《中国统计年鉴2009》，中国统计出版社2009年版，第89页。

〔22〕 数据来源于国家民族事务委员会经济发展司、国家统计局国民经济综合统计司：《中国民族统计年鉴2010》，民族出版社2011年版，第655页。

〔23〕第六次全国人口普查主要数据公报，http：//money.163.com/11/0428/10/72NHUULC00253B0H.html，2011年4月28日。

〔24〕2010年2月26日，全国人民代表大会常务委员会（十一届）第十四号公告指出：贵州省人大常委会接受了陈实提出的辞去第十一届全国人民代表大会代表职务的请求，依照代表法的有关规定，陈实的代表资格终止。

〔25〕根据往年民主党派和无党派人士代表的数据推算，结合十一届全国人大民主党派的代表数，十一届人大无党派人士代表估计是100人左右。

〔26〕十届全国人大代表学历数据暂缺，故使用九届人大代表学历数据与十一届相比较。

〔27〕包括行政管理、公共管理、公共政策等管理类专业。

〔28〕包括除经济学、管理学之外的政治学与社会学等社会科学在内。

〔29〕尹中卿将全国人大代表划分为农业从业人员、矿业和制造业从业人员、商业和服务业从业人员、国家机关工作人员、企事业单位管理人员、专业技术人员和自由职业者、解放军和武警、个体经营者和其他九大类。详见尹中卿等：《中国人大组织构成和工作制度》，中国民主法制出版社2010年版，第21—24页。

Abstract

Who represents and representing whom, is a basic problem of representative government. On the basis of the eleven National People's Congress of the overall data, the National People's Congress on behalf of the scale, distribution, origin, the delegation composed of age structure, sex structure, nationality structure, political structure, educational background and occupation structure are analyzed in detail.

Keywords

Chinese NPC; NPC Deputies; Model of Representative; Composition Analysis

"德先生"和"赛先生":中国政治精英公开选拔的研究框架和理论谱系*

薛立强**

摘要: 公开选拔正在成为中国越来越重要的政治精英遴选方式。根据民主性和科学性两大维度,可以构建一个简约的研究框架。以这一研究框架来分析,中国已经出现了以一推双考、公推公选、直接选举、公开比选为典型模式的、基于不同类型职位的公开选拔理论谱系。推进公开选拔制度建设,关键是加强民主性和科学性的发展和融合,探索基于分级分类的、对民主性和科学性有不同要求的政治精英遴选模式组合。

关键词: 政治精英 公开选拔 民主性 科学性

一、问题的提出

对于任何一个政治体系来说,优秀的政治精英群体都是其生命力所在。如果能够源源不断地产生并更新优秀的政治精英,政治体系就会走向兴盛;反之,就会走向腐朽。要使优秀的政治精英能够被及时发现,能够健康成长并发展起来,要使政治体系能够不断地获取、保持并更新优秀的政治精英,

---

* 本文是2011年度国家社科基金项目"基层民主选举中分散候选人提名权的制度化机制研究"的成果。
** 薛立强,天津商业大学公共管理学院副教授。

归根到底要靠制度建设。在相关的制度中，政治精英的遴选制度具有重要意义：好的遴选制度是发现、保持和更新优秀政治精英的关键。如果仔细观察的话，改革开放以来中国政治精英的遴选制度正在发生着"静悄悄的革命"。这一"革命"就是从原来的"老干部举荐制度"向基于个人努力、通过竞争获得各方面认可的竞争性选拔制度发展。这种竞争性选拔制度的主要内容就是《党政领导干部选拔任用工作条例》和《公务员法》规定的公开选拔和竞争上岗制度。二者中，由于公开选拔主要适用于工作部门领导成员的选拔和晋升，且面向社会进行，因此更具影响力和典型性。现在的问题是，由于公开选拔制度的建设采取了"开放的态度"，允许并鼓励各地各部门在符合中央规定的基础上，根据自身实际设计并实行具体的选拔办法，因此在"公开选拔"这一大题目之下，出现了"一推双考"、"双推双考"、"两推一考"、"三推三考"、"两推一选"、"三推一选"、"三推两选"、"三推三考两票决"、"三推两考一选"、"公推公选"、"公推竞选"、"直接选举"[1]等一系列所谓的"模式"，甚至一个部门、一个县、一个乡也创造一种"模式"[2]。那么，如何从理论上分析和概括这些"模式"？如何在当代中国特定的制度环境下将这些"模式"纳入一个明确的理论谱系？进而，如何进一步改进和完善公开选拔制度？这些都是现实以及理论界面临的重大问题。本文试图在这些问题上进行一定的探索。

二、文献回顾与研究框架

（一）文献回顾

由于其重要性和敏感性，公开选拔自20世纪80年代中期产生以来，很快就受到学术界的关注，迄今已经有了大量的文献。[3]基于研究主题所需，本文主要关心的是如何从如此庞杂的文献中找到能够对公开选拔作出制度性阐释的线索，进而根据这些线索构建本文的研究框架。循着这样一个目标来审读既有的文献，可以发现，既有的研究基本上沿着两条路径展开：一是研究公开选拔的"科学性"问题。重要的研究探讨了公开选拔考试设计的科学化[4]、人才评价标准的科学性与可操作性[5]、选拔方法和程序的调试和更新[6]等问题。从数量上看，这一路径的研究是公开选拔研究的主体，占相关研究的绝大部分。二是研究公开选拔的"民主性"问题。重要的研究认为，公开选拔体现了社会主义民主的本质[7]，是实现社会主义代议制民主的重要组织保证[8]，是中国走向权力开放以及干部任用制度走向民主的"逻辑连续谱"的重要一步[9]，它的实行反映了增量民主的思想[10]，是中国制度内民主发展的重要表现，将为"竞争性选举"奠定基础。[11]这一路径的研究虽然数量不多，但其对问题的认识和分析的深刻性值得关注。除此之外，也有极少量研究试图将"科学性"和"民主性"结合起来，共同纳入公开选拔的视野。例如，有研究指出，德先生和赛先生分别是公开选拔的价值理性和工具理性，二者的对话和博弈，必将推动公开选拔的改革和完善[12]。但这样的研究总体还处于"提出议题"的阶段，还没有形成具有重要理论价值的研究。

（二）研究框架

事实上，公开选拔的基本问题说到底还是德先生和赛先生两大问题。这从学者们自觉或不自觉地从民主和科学两大路径展开研究，以及相关的规范性文件中可以清晰地表现出来。规定公开选拔的基本文件《公开选拔党政领导干部工作暂行规定》（下称《暂行规定》）开宗明义地指出，制定这个文件是为了推进"干部工作的科学化、民主化、制度化"[13]。此外，从中央以及各地区、各部门制定的有关公开选拔的一系列文件来看，其内容也可以归结到民主和科学两大问题上来。首先，《暂行规定》和各地区、各部门的操作文件都明确规定公开选拔要经过一定形式的考试（包括笔试和面试），并且，各地各部门还积极探索不同的考试方法，力图考出竞争者的真实水平。这实际上是在通过考试制度建设解决政治精英遴选的科学化问题。其次，《暂行规定》及其操作文件在相关的程序和标准中都在尽力体现民主性（公开选拔程序见表1）。例如，公开选拔要遵循公开、公平、竞争、择优的原则，其职位情况和报考的资格条件要在适当范围内公开，符合条件的人员可以自主报名，面试要根据多数考官的意见确定成绩和名次，民主测评和考察中要听取多方面的意见，党委（党组）讨论决定要遵循民主集中制原则，等等。

表1 公开选拔程序

1. 发布公告
2. 报名与资格审查
3. 统一考试（包括笔试和面试）
4. 组织考察，研究提出人选方案
5. 党委（党组）讨论决定
6. 办理任职手续，公告

资料来源：根据《公开选拔党政领导干部工作暂行规定》整理。

基于上述讨论，本文认为，可以以民主性和科学性为两大维度建立一个简约的研究框架（见图1）。

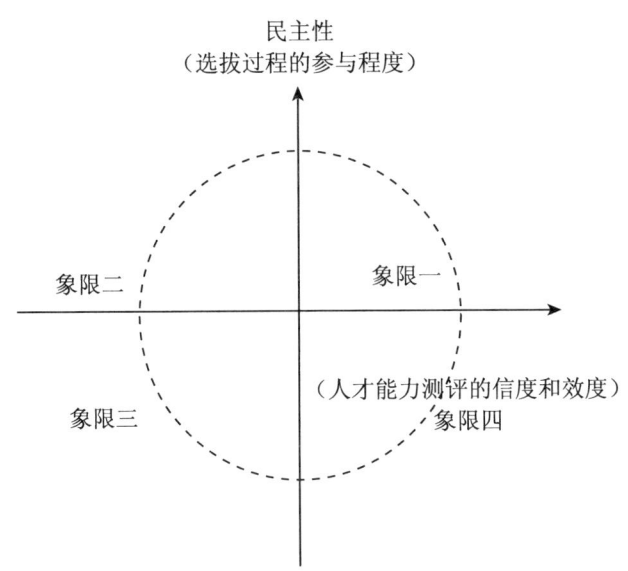

图1 基于民主性和科学性两大维度的公开选拔研究框架

其中，纵轴代表民主性，横轴代表科学性。具体衡量指标为：民主性的衡量指标：选拔过程的参与程度；科学性的衡量指标：人才测评的信度和效度。第一，将选拔过程的参与程度设为民主性的衡量指标是因为，按照程序，公开选拔要经过多轮遴选，遴选中哪些人可以参与竞争，以及哪些人可以参与投票是公开选拔"本体"民主性的基本标志。民主性集中体现在报名、资格审查、考察、讨论决定等环节。第二，将人才测评的信度和效度设为科学性的衡量指标是因为，公开选拔的目的是为了遴选人才，各种遴选办法是否能够遴选出真正的人才是其是否科学的标志。科学性集中体现在考试（包括笔试和面试）环节。第三，以两大维度交接点为圆心的虚线圆表示关于民主性和科学性的现有制度规定。民主性和科学性都是有限度的，因此有此制度规定；但另一方面，公开选拔以及中国政治体制改革处于不断的推进中，这样的制度规定也不是一成不变的，因此以虚线来表示。第四，根据两大维度建立的分析框架形成四个象限：象限一表示民主性程度和科学性程度都较高；象限二表示民主性程度较高，但科学性程度较低；象限三表示民主性和科学性程度都较低；象限四表示民主性程度较低但科学性程度较高。第五，民主性和科学性是公开选拔的一体两面。公开选拔说到底是为了遴选出既有才能又能够被各方面普遍认可的政治精英，其才能要通过科学的考试表现出来，其认可度要通过民主的方式表现出来。

三、公开选拔的典型模式

公开选拔孕育、产生于20世纪80年代初期，正式推行于90年代末期，先后经历了"试验探索（1985—1987年）"、"发展改进（1988—1992年）"、"经验推广（1992—1998年）"和"正式推行（1999—）"四个阶段。[14]由于在孕育和发展过程中中央采取了开放的态度，即在符合中央相关规定的前提下，地方和部门可以基于本身实际进行探索，因此形成了多种模式。其中的典型模式主要有：吉林的一推双考，四川、江苏的公推公选，四川的直接选举，安徽的公开比选等四种类型。

（一）吉林：一推双考首开公开选拔之风

1988年起，吉林省就开始采取"一推双考"的方式面向全省公开选拔副厅级领导干部。经过几年的探索，1992年吉林省委组织部向中组部提交了《关于采取"一推双考"的方式公开选拔副地厅级领导干部情况的报告》。《报告》介绍了吉林省采取"一推双考"方式选拔领导干部的基本程序、主要做法、突出特点、实际效果，以及需要进一步完善和探索的问题。当年6月22日，中组部向全国转发了这个报告，以供各地各部门参考。因此，吉林的"一推双考"可以说是第一个获得中央认可的公开选拔模式，在公开选拔制度建设中具有重要意义。

"一推双考"的基本含义，是发动各级党组织和广大群众推荐，把考察与考试结合起来。[15]其程序包括：拟定条件、公开推荐、资格审查、进行笔试、面试答辩、组织考察、决定任用。在民主性方面，公开推荐环节可以采用组织推荐、群众推荐、个人自荐等方法推荐人选；在组织考察环节，组织部门到干部所在及工作过的部门或单位，广泛听取意见，并在干部所在单位的一定范围内进行民意测验。在科学性方面，进行统一的笔试和面试。1988—1991年，吉林共进行了四次公开选拔，有656名报名者，450名通过资格审查者，遴选出38名副厅级领导干部，其中原来未进入组织部门视野之内的有9名，占23.6%。[16]

吉林省"一推双考"为公开选拔提供了一个基本模式，此后一些地方和部门出现的"双推双考"、"两推一考"、"三推三考"、"两推一选"、"三推一选"、"三推两选"、"三推三考两票决"、"三推两考一选"等模式，几乎都是在吉林"一推双考"的基础上又增加了若干环节而形成的。

（二）四川、江苏：公推公选党政一把手

自20世纪80年代中期开始，四川就开始探索运用公推公选的方式选

拔乡镇党政领导干部。到 2003 年，共形成了 1988—1989 年、1998—1999 年、2001—2002 年三次高潮。[17] 2003 年起，江苏开始探索运用公推公选的方式产生地方党政一把手。2003 年 12 月，中国第一位"公推公选"的县长孟铁林在刘邦故里沛县产生。2004 年 1 月，金坛市"公推公选"的市长候选人吴晓东在市人代会上以高票当选，成为中国第一位"公推公选"的市长。2004 年 11 月，原苏州市长杨卫泽通过"公推公选"高票当选无锡市委书记。[18]

公推公选包括两大步骤，一是公推，就是通过个人自荐、群众推荐、组织推荐相结合的方法报名，民主公推的方式产生候选人，把推荐候选人的权力由过去党的组织部门的专有权力变成了大范围的自下而上、多层次、多渠道民主推荐的过程。二是公选，就是在候选人驻点调研、演说答辩、民意测验的基础上，把候选人交由相应的党员或党委会和人民代表大会进行直接差额选举。[19] 在公推公选中，公推重在通过发扬民主确定候选人，公选重在通过多样化的、科学的方式考察候选人的能力，并在此基础上选出最终人选。

可以看到，公推公选有以下三大突出特点：一是职位重要。通过公推公选产生的领导干部几乎都是地方和部门的主要负责人。二是在选拔过程中注重民主。这在前述公推过程中有明显的表现。即使在公选过程中，也尽量运用民主的方式，如通过现场演说答辩和民意测验等方式考察候选人的能力；通过直接差额选举的方式产生最终任职人选，等等。三是以实用而科学的方式进行能力考察。由于职位的重要性，一般的笔试和面试难以考察出任职者所需的能力，因此公推公选设计了通过驻点调研和现场演说答辩的方式来考察竞争者的能力。这种方式一方面可以考察出竞争者解决实际问题的能力，另一方面也可以让竞争者提前了解将来管辖区域的实际情况，是一种实用而科学的能力考察方式。

（三）四川：直接选举乡镇领导干部

除了公推公选之外，20 世纪 80 年代中期以来，四川还探索出了用直接选举的方式产生乡镇领导干部,其中最著名的包括绵阳的代表直接提名选举、眉山市青神县南城乡的党政领导班子全职公推直选、遂宁市市中区步云乡乡长直选。虽然"步云模式"由于争议较大且存在法律程序上的障碍而被叫停[20],但这些遴选方式还是在全国产生了重大影响。

1. 绵阳:代表直接提名选举乡镇长

绵阳市在1998—1999年的乡镇人大换届选举中,在9个县(区)和高新区选择11个乡镇进行了人大代表直接提名选举乡镇长的试点。主要做法是:第一,最大限度放宽候选人条件:只要是本乡镇选民即可参选,不限制候选人的身份、资历、学历和年龄。第二,由代表(10人以上联名即可)直接提名乡镇长、副乡镇长候选人。第三,大会主席团直接提交全体代表酝酿讨论,候选人竞职演说后进行正式选举。

2. 眉山市青神县南城乡:党政领导班子全职公推直选

1998年11月至12月底,眉山市青神县南城乡进行乡镇党委、纪委、政府三套班子公推直选实验。其主要做法是:第一,公布党委、纪委、政府三套班子的职位设置、结构要求和任职资格。第二,由公推方式产生党委、纪委班子(包括书记、副书记、纪委书记、党委和纪委委员)候选人,政府班子(包括乡长、副乡长)候选人。第三,交由相应的组织——全乡党员大会、全乡选民参加的选举大会——直接选举产生任职人选。[21]

3. 遂宁市市中区步云乡:乡长直选

1998年11月至12月,遂宁市市中区在4个乡镇公选党政正职的基础上,在步云乡开展了乡长直选试点。其主要做法是:第一,最大限度放宽报名条件:户籍或工作关系在本乡、享有选举权和被选举权、年满25周岁、具有高中或同等学力以上者可报名参选。第二,由公推方式产生参选人,由党组织推荐和选区联席会议确定正式候选人。[22]第三,候选人在全乡进行巡回演讲答辩。第四,全乡选民进行正式选举,当选人宣誓就职。

按照民主性和科学性来考量,基于职位要求,四川的直接选举乡镇长主要是通过民主程序产生任职人选,直选过程中没有专门的考试办法。在民主性方面，步云模式＞南城乡模式＞绵阳模式。原因在于："步云模式"增加了从参选人中确定正式候选人和候选人在全乡进行巡回答辩两个环节，使得遴选过程更为严谨、更具竞争性。"南城乡模式"由全乡党员和选民直接投票产生党委、纪委、政府三套班子任职人选，投票人范围大于绵阳的人大代表。

（四）安徽：公开比选高级专业技术人才

安徽自1995年就开始进行较大规模的公开选拔，此后几乎每年一次，在次数上和规范化上在全国都是较为领先的。[23]在探索过程中，安徽形成了一种通过公开比选遴选高级专业技术人才的选拔方式。本文以2009年合肥市全国公开比选《合肥晚报》总编辑为例来说明情况。

公开比选模式主要用于高级专业技术人才的遴选，是将信息公开、个人自荐、同行专家学者举荐和专业技术比拼相结合的一种选拔模式。在2009年《合肥晚报》总编辑的公开比选中，共有115名竞争者通过初步筛选；此后根据岗位任职资格和条件，对竞争者从学历、专业、年龄、从业经历、工作实绩等方面进行比选，共10人入围；再次，对入围人选着重从政治素质、理论素养、职业操守和人格品行等方面进行二次比选，确定4名重点人选；最后，通过对重点人选的面对面交流、外围访谈等方式，进行全方位比对分析，锁定2名差额考察对象并从中选出最终人选。[24]可以看到，由于这种模式主要用于高级专业技术人才的遴选，因此其制度设计重在体现科学性，通过多轮比选确定最终人选。

值得关注的是，现在已经有一些地方出现了基于不同类型职位的多种选拔方式的综合运用。例如，除了公开比选外，安徽还实行了类似于一推双考的公开选拔和类似于公推公选的公推竞职等模式；广东江门自2007年起，逐渐探索形成了公开选拔、公开推荐、公开遴选、两推一评和竞争上岗等不同的竞争方式。[25]贵州贵阳2008年通过公推竞岗的方式选拔区（县）党委书记和区（县）长，同时面向全国公开选拔其他33个出缺的县级领导职位。[26]内蒙科左后旗通过公推差选、公开选拔、公推直选等方式选拔领导干部。[27]

四、公开选拔的理论谱系

根据民主性和科学性两大维度，可以将前述公开选拔的典型模式纳入本文的研究框架，构建一个公开选拔的理论谱系（见图2）。

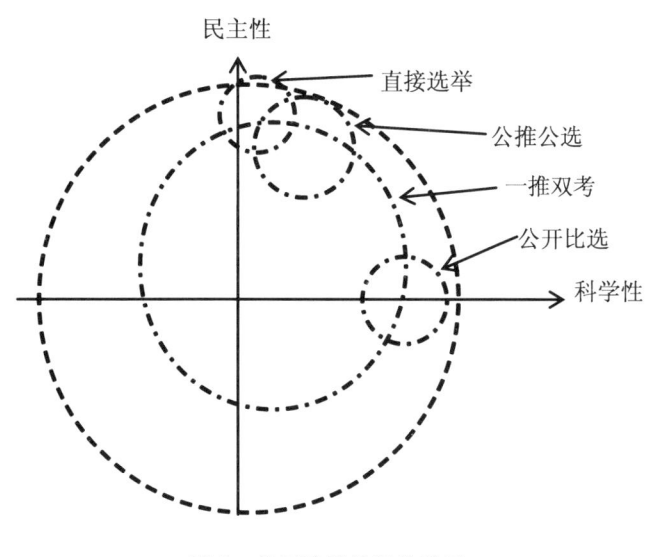

图2 公开选拔的理论谱系

（一）公开选拔已经形成了四种遴选模式

从这一理论谱系可以看到，在广义的"公开选拔"这一题目之下，根据不同的职位类型，已经形成了不同的遴选模式。主要包括：适用于一般党政领导干部的一推双考模式；适用于重要职位（党政正副职）的公推公选模式、直接选举模式；适用于专业技术性职位的公开比选模式。

（二）每一个"圆"代表一种模式

由于每一种模式内部还可能包括更为细小的模式（各地各部门在具体

做法上存在细微差别），因此在公开选拔的理论谱系中，以不同的"圆"来表示这些模式。当前，这些模式仍然处于不断的改革和完善之中，因此以"虚线"来表示这些模式的边界。由于公开选拔尚处于初创阶段，不同模式之间存在一定的"边界模糊"，因此不同模式有一定的"交叉"。最后，一些地方和部门的公开选拔还存在不合理、不完善之处，因此这些模式中相当部分的科学性和民主性水平还较低。

（三）以民主性来比较，直接选举 > 公推公选 > 一推双考 > 公开比选

首先，从哪些人可以参与竞争来看，直接选举、公推公选、一推双考的区别已经不大，各地各部门根据具体职位的需要，最大限度地放宽了报名条件。公开比选由于其职位的专业特殊性，报名条件受到专业限制。其次，从哪些人可以参与投票来看，四种模式还是有较大的区别。四川的几种直接选举中，绵阳实行乡镇人大代表直接选举乡镇长；南城乡由全乡党员直接选举党委、纪委班子成员，全乡选民直接选举乡长、副乡长；步云乡由全体选民直接选举乡长。公推公选中，最终人选由党员或党委会和人民代表大会直接差额选举产生。一推双考中，由党委常委会确定最终人选。在这些选举模式中，南城乡和步云乡的模式实际上已经将选举乡长、副乡长的最终决策权交给了包括"制度外"公众在内的全体选民，民主程度已经非常高。

（四）从科学性来看，总体而言，公开比选 > 一推双考 > 公推公选 > 直接选举

由于公开比选的遴选对象是专业人才，因此有必要通过科学的考试确定其专业素质。一推双考中一般要经过一定形式的笔试和面试，并且各地各部门正在不断完善考试的内容和形式，以提高考试的信度和效度。在公推公选中，一些地方和部门设有专门的考试，一些地方和部门则没有考试环节。直接选举几乎没有专门的考试环节，完全由特定范围的投票人作出抉择。

五、基于理论谱系的改进策略

（一）探索基于分级分类的、对民主性和科学性有不同要求的政治精英遴选模式组合

当前的实践已经出现了一推双考、公开比选、公推公选、直接选举等不同的公开选拔模式，并且这些模式适用于不同的职位类型。今后，应进一步完善这些遴选方式，对于一些非技术性的、主要基于群众认可的职位（如一些地方的党政正副职），可以实行公推公选、直接选举等方式产生任职人选；对于部门负责人，可以实行以一推双考为典型模式的选拔方式；对于专业技术性较强的职位，则运用公开比选的方式产生任职人选。除了分类遴选之外，还可以实行分级遴选。例如，对于乡镇一级党政正职，如果他们能够得到基层民众的普遍认可，将有利于其施政，因此可以借鉴四川乡镇直选的经验（同时剔除其不合法、不合理因素）；而对于更高层级的党政正职，在当前和今后一段时间，主要还是应进一步推广公推公选的选拔方式。

（二）根据不同的遴选方式，有针对性地加强民主性和科学性建设

第一，对于直接选举和公推公选，重点应加强民主性建设：基于职位特点，最大限度放宽报名条件，同时提供便捷的报名方式；在资格审查、考察、讨论决定等环节，吸收更多的基层群众和将来的管理对象参与决策和投票，同时扩大公开性，创造多种监督方式，确保公开选拔的公平性。第二，对于公开比选，应重点加强科学性建设：引入现代人力资源测评手段，强化笔试和面试的针对性和有效性。第三，对于类似一推双考的遴选方式，则应既加强民主性，又加强科学性，同时设计好基于职位特点的各遴选环节所占的比重，为最终决策提供合理依据。

（三）进一步推进民主性和科学性的相互融合

从公开选拔的实践看，民主性和科学性已经有相互融合的趋势。一方面，各地各部门在追求考试科学化的同时，普遍加大了面试环节的公开性和民主性。例如，在合肥的公开竞职中的面试环节，采取非结构化面试的方式，让答辩现场公开。评委全部邀请外省专家、领导担任，评委根据竞职人选及现场情况自主提问，不事先出题；评委个人情况当场公开，每位评委为各位竞职者所打分数当场亮出，每位竞职者的得分情况当场公布。同时，在政务办公大楼和行政服务中心设置现场直播大屏幕，方便干部群众观摩和监督。[28]另一方面，一些地方和部门在推进公开选拔民主性的同时，也在想方设法让报名、资格审查、考察、讨论决定等环节更加科学。例如，南京市近年来在公推公选中，采取公选大会全部当场计票、当场宣布选举结果的做法，防止了任何暗箱操作的可能性。为了将公推公选和依法任命结合起来，在公推公选政府组成人员过程中，人大常委会全体成员提前介入，参与公推公选的关键环节，为人大常委会依法任命打下基础。[29]除了上述两例之外，其他地方也还有一些类似的实例，这里不再赘述。从这些实例可以看出，推进民主性与科学性的融合，一是在提升面试环节科学性的同时，扩大其民主性，或者说，以扩大民主性的方式提升其科学性。二是通过一定的方式，或者引进一定的技术，以提升报名、资格审查、考察、讨论决定等环节的科学性，以科学性保证民主性。

六、进一步的思考

如何看待当代中国政治制度的发展及其生命力，是一个困扰理论界以及一般社会公众的重大问题。公开选拔制度建设及其代表的改革方向，至少在下述三个方面对于证明中国政治制度的生命力、进一步推进当代中国的政治体制改革具有重要意义。一是，这一制度继承了中国近代以来人们对"德先生"和"赛先生"的渴望和追求，并将"两位先生"设计为具体化的制度、机制和方法，在政治精英群体的遴选这一几乎是政治制度的核心层面展开改革，对于不断遴选出优秀的政治精英、推进政治体制改革以及整个社会的发展和进步，无疑都具有非常重要的意义。二是，虽然当前公开选拔的对象主要是中共党员，公开选拔也主要是以党内民主的面貌出现的，但其对于推进中国整个民主制度建设和政治体制改革仍然具有不可小觑的意义。因为中国共产党是一个拥有8200多万党员的大党[30]，在这样一个大党中进行政治精英的公开选拔，意味着在一个人口中等偏上的国家中进行以民主化和科学化为方向的政治制度建设，其意义自然不言而喻。三是，如前所述，公开选拔制度建设运用了开放式探索的方式，允许并鼓励地方和部门进行符合自身实际的试验，这适应了中国国大人多、情况复杂的国情，并符合渐进式改革的特点，其推进过程虽然并不总是那么差强人意，甚至让人感觉眼花缭乱，但其能够不断试错纠错，能够较为扎实地推进改革。这一点实际上对于稳步推进中国的政治体制改革具有特别重要的意义。

总之，公开选拔已经在中华大地上扎根，并且已经结出了可喜的果实。推进这项制度建设，最终还要依靠"德先生"和"赛先生"的建设和融合，只有把握住这两位"先生"，才能把握住公开选拔制度建设的关键。

【注释】

[1] 李木洲：《公开选拔党政领导干部制度研究综述》，载《理论月刊》，2011年第2期，第75—78页。

[2] 近年来见诸报道和研究文献的典型模式有：四川省的"步云乡模式"、"（遂宁市）市中区模式"，深圳"大鹏镇模式"，山西"卓里镇模式"，湖北"杨集镇模式"，江苏"沛县模式"，河南"郑州模式"，湖南"新邵模式"、浙江"杭州模式"等。参见杨雪冬、托尼·赛奇：《从竞争性选拔到竞争性选举：对乡镇选举的初步分析》，载《经济社会体制比较》，2004年第2期，第78—91页。李善峰：《第一位"公推县长"的诞生》，载《决策咨询》，2004年第1期，第32—32页。姚待献：《"一评三考"竞争性选拔干部的实践与思考》，载《领导科

学》,2011年6月下,第33—34页。周湘智:《"公选新政"之"新邵模式"透视》,载《领导科学》,2009年11月下,第6—7页。《积极创新干部选拔方式,促进优秀人才脱颖而出——杭州市不断探索完善竞争性选拔干部工作》,载《杭州》,2010年第5期,第44—45页。

〔3〕"中国知网"2012年7月6日的检索情况如下:以"竞争性选拔"为题名的文献418条,以"公选"为题名的文献2278条,以"公开选拔"为题名的文献2669条,以"竞争上岗"为题名的文献3304条。

〔4〕朱一言:《"公选"考试与"高分高能"》,载《开放时代》,2000年第2期,第97—104页。

〔5〕萧鸣政:《关于当前我国领导干部公选制问题的探讨》,载《北京大学学报(哲学社会科学版)》,2011年第6期,第92—99页。

〔6〕中共四川省委组织部课题组:《完善竞争性选拔干部方法和机制问题拓展研究》,载《党建研究》,2012年第2期,第29—34页。南京市党建研究所课题组:《完善竞争性选拔干部方法机制研究——以南京市竞争性选拔干部的实践为研究对象》,载《中共南京市委党校学报》,2012年第1期,第60—66页。梁丽芝、韦朝毅:《我国公开选拔领导干部制度的发展与完善》,载《湘潭大学学报(哲学社会科学版)》,2010年第1期,第5—9页。

〔7〕刘丽莉:《公开选拔制度的理论完善》,载《湖北经济学院学报(人文社会科学版)》,2009年第11期,第9—10。

〔8〕蔡立辉:《党政领导职位竞争上岗的政治学分析》,载《探索》,2002年第6期,第42—45。

〔9〕景跃进:《"公选"与干部制度改革》,载《天津社会科学》,2003年第4期,第43—46。任剑涛:《公选与权力开放》,载《学海》,2004年第6期,第134—137。

〔10〕梁栋:《公推公选的本质内涵及实践价值》,载《唯实》,2008年第11期,第86—88。

〔11〕杨雪冬、托尼·赛奇:《从竞争性选拔到竞争性选举:对乡镇选举的初步分析》,载《经济社会体制比较》,2004年第2期,第78—91页。

〔12〕郭庆松:《领导干部公开选拔:价值理性与工具理性的双重考量》,载《国家行政学院学报》,2011年第4期,第55—59页。

[13]《公开选拔党政领导干部工作暂行规定》第一条。这里虽然提出了"三化",但科学化、民主化显然是其内核,制度化是其制度建设的结果。

[14] 吴瀚飞:《论公开选拔领导干部制度的孕育、产生及其历史条件》,载《政治学研究》,2003年第2期,第112—117页。

[15]、[16] 吉林省委组织部:《关于采取"一推双考"的方式公开选拔副地厅级领导干部情况的报告》。

[17] 中共四川省委组织部课题组:《关于公选、直选乡镇领导干部与党的领导问题的调查与思考》,载《马克思主义与现实》,2003年第2期,第24—35页。

[18] 于亚博:《从公推公选起步——"江苏选拔干部新政"透视》,载《领导之友》,2005年第1期,第20—21页。

[19] 这里的公选主要参考的是江苏的做法,四川的做法与江苏的稍有不同,没有采用驻点调研,而是采用较为传统的考试考核。参见中共四川省委组织部课题组:《关于公选、直选乡镇领导干部与党的领导问题的调查与思考》,载《马克思主义与现实》,2003年第2期,第24—35页。赫广义:《公推公选:领导干部选拔制度的创新——以宿迁、昆明公共治理中人事制度改革为例》,载《湛江师范学院学报》,2012年第1期,第97—101页。

[20] 步云乡的直接选举引起了激烈的争论,反对者认为直接选举违反了法律,应该被停止;支持者认为步云选举虽然违反了某些具体的法律条款,但遵循了宪法精神,应该加以鼓励并在更多乡镇开展。按照现行法律的规定,乡镇长应由乡镇人民代表大会选举产生。2001年10月,中共中央向全国转发全国人大党组关于做好乡镇换届选举工作的意见,明文规定各地在换届中,不得对乡镇长进行直接选举。参见张锦明:《步云乡长直选的背景、过程与效果》,www.chinaelection.org;杨雪冬、托尼·赛奇:《从竞争性选拔到竞争性选举:对乡镇选举的初步分析》,载《经济社会体制比较》,2004年第2期,第78—91页。

[21] 直选乡镇党委、纪委班子成员分四个阶段:第一,制定方案,宣传动员。第二,推荐、确定正式候选人。主要是通过党委、纪委班子职数设置、结构要求和任职资格,初提候选人和资格审查等工作,报县委分类,差额提出正式候选人。第三,制定目标,宣传候选人。召开党员大会,由上届党委、纪委作党委、纪委的工作报告,提出今后三年"两委"工作目标,并介绍下届候选人情况。随后,分

支部讨论。第四，演讲答辩，直接选举。直选乡镇政府班子成员分四个阶段进行：第一，前期准备。主要是调查摸底、建立机构；召开乡人代会，形成直选正副乡长决议。第二，产生候选人。主要是公布政府班子职数、结构要求和候选人资格条件，宣传动员，公开报名，资格审查，竞职演讲和预选等六项工作。第三，正式选举。分选区同时召开选举大会选举正、副乡长。第四，人代会备案。参见中共四川省委组织部课题组：《关于公选、直选乡镇领导干部与党的领导问题的调查与思考》，载《马克思主义与现实》，2003年第2期，第24—35页。

[22] 按直选办法规定，党组织可不经选区联席会议推荐正式候选人。选区联席会议由村干部、村民小组组长和每个村3名村民代表共161人组成。按选区联席会议通过的《协商办法》，由15名报名者分别作了"立足步云实际，发展步云经济"的施政演讲，之后抽签轮流回答选区代表提出的问题，并现场回答参会者的提问。最后，选区联席会议正式代表以投票方式产生2名候选人。

[23] 李红、王运宝：《公选是政治生态建设的助推器——专访中共安徽省委书记王金山》，载《决策》，2009年第5期，第11—13页。

[24] 凌云：《合肥市竞争性选拔领导干部的实践与思考》，载《中国人力资源开发》，2011年第3期，第76—77页。

[25] 其中，公开选拔一般适用于专业性较强或本单位无合适人选的领导职位；公推、遴选和"两推一评"一般适用于专业性不强，且职位所在单位或本地区相关单位有3人以上符合条件的领导职位；竞岗方式一般适用于职位所在单位或本地区相关单位有2人以上符合条件的中层职位。参见人民论坛专题调研组：《阳光下的"赛场选马"——对广东江门市竞争性选拔干部的调查与思考》，载《人民论坛》，2011年5月上，第56—59页。

[26] 市委组织部干部调配处：《贵阳市竞争性选拔领导干部机制建设研究》，载《贵阳市委党校学报》，2010年第5期，第33—36页。

[27] 乌力吉：《竞争性选拔干部的新探索》，载《领导科学》，2011年1月下，第40—40页。

[28] 凌云：《积极探索竞争性选拔干部新方式》，载《党建研究》，2011年第4期，第28—29页。

[29] 南京市党建研究所课题组：《完善竞争性选拔干部方法机制研究——以南京市竞争性选拔干部的实践为研究对象》，载《中共南京市委党校学报》，2012年第1

期,第60—66。

[30] 据统计,截至2011年底,中国共产党党员总数达8260.2万名,党的基层组织总数达402.7万个。"全国党员总数8260.2万名,党的基层组织总数402.7万个",人民网,2012年7月1日。(http://politice.people.com.cn/n/2012/0701/c1001-18417196.html)

Abstract

Open selection is becoming more and more important political elite selection mode in China. Based on democracy and science, it should make a simple research framework. And based on this research framework, it has formed an open selection's theory pedigree that includes "one recommend two examination", "open recommend open election", "direct election", "open comparison and selection" as typical modes based on different types of positions. To advance the building of open selection, the key is to develop and fuse the democracy and science, and explore political elite selection modes' combination that based on classification and has different requirement for democracy and science.

Keywords

Political Elite; Open Selection; Democracy; Science

海外来稿 | Overseas Articles

多节点世界秩序中的中国未来

布兰德利·沃马克 著 张甲秀 译*

摘要： 尽管中国的最富裕人口还没有达到世界人口的五分之一，但在未来20年，中国很有可能成为全球最大的经济体。虽然美中两国都面临着相似的政治经济可持续发展的挑战，但是中国的人口力量和美国的技术力量仍旧存在本质的区别。如果全球化、受限的主权以及人口变革仍旧是世界大趋势的话，那么美中关系可能成为利益、冲突相交织的世界秩序的焦点，不过，没有任何国家或者组织可以从单边对抗中获取利益。

关键词： 全球化　多节点　中国

2008年以来持续的全球经济动荡结束了以美国为中心的盲目乐观的时代，未来的发展并不取决于这个时代的回归。这是历史的原状。但是，透过当前一些不确定和焦虑的因素，我们可以发现逐渐成形的世界政治经济大框架的几个特点。

首先，全球化是一个不可逆转的现实。国家面临的挑战是如何（而不是是否）与多维度的全球化建立联系。全球框架的最根本的现实特点是无限的互动性。然而，利益纠葛仍旧存在，在某些重要方面仍具竞争力。全球化使每个国家受外界因素的影响更大，同时使各国在一个更加广阔、间

---

* 布兰德利·沃马克，美国弗吉尼亚大学政治学教授，《中国政治》一书的作者。张甲秀，中央编译局信息部资源建设处主任科员。

接相互影响的交集网内陷入单边和多边关系的危险增加。

国家及其志同道合的民众对于外在的压力和威胁将更加敏感，但是，即使最强大的国家，对于侵略性或者孤立性的行为所带来的负面影响都要谨慎对待。大国单方面声明带来的间接损害和意外结果会被密集的国际组织和联盟加以放大。与此同时，自我孤立的成本也在增加。鉴于全球生产链的复杂性，以邻为壑的双边政策导致了更大的意想不到的结果。[1]例如，中国组装的每部苹果手机在出口总额中增加179美元，但是其中包括172美元的进口部件。[2]如果商标上的"中国制造"实际只意味着"在中国的最后一道工序"，那么锁定贸易制裁将变得更加困难。诚然，无论个人还是国家都是从自身利益最大化出发的，但是在全球化的世界中，侵略性是不太可能成功的，并且具有自限性。夸张一点来讲，康德的绝对命令原则已经在全球化互动中有所体现。简单来说，如果说善有善报，恶有恶报，那么在全球化背景下报应来得会更快。

第二，不平等的主权还将存在，但是它们会受到越来越多的限制。尽管跨国组织的重要性日益显现，但是欧盟的经验表明，政府不愿意将重大利益的最终控制权交到跨国组织手中。事实上，全球化更有利于小国的强大，因为它通过提高统治的占领成本使这些国家更安全。国家在未来可能会从内部崩溃，但是越来越不可能从外部被征服。相应地，小国也更加关注国外势力的决策对它们造成的威胁。由于人口、实力和资源等因素，国家之间仍旧存在不平等，所以国家之间的关系也是不对等的。因为国家独有的地域、身份和历史记忆等特质，全球化不会产生透明性或者相互理解。

与全球化相关的机遇和缺陷对于政治认同具有变革的效果，而且与连通性革命相结合后，公共舆论会越来越强大且不稳定。与此同时，为了共同利益的进一步发展并避免危机，国家将探索合作和监管框架。因此，主权将越来越多地受到国内舆论和国际承诺的约束。由于公共需求和被协议捆绑住的主权的自由裁量权的矛盾，以及冲动行为的负面影响，政权将越发不稳定。

第三，地域不平等将日益减少。从19世纪开始，当代的一个基本特性就是国家之间在生产力、财富和实力之间存在着不平等，此后，西方世界一直占主导地位。现在发达国家、中等收入国家间的人均收入差距越来越小。从全球视角来看，从个人的平均寿命，到教育，再到生产力，人的各层面的不平等都在发生变化。具有讽刺意味的是，当代造成国家之间实力和财富巨大差距的技术发展差距在可论证的目标、技术转移和扩大生产、消费和投资的外部机遇等方面赋予发展中国家越来越多的后发优势。[3]然而国家内部的个人不平等会有所增加，并引发国内压力，不过个人对出生地的依赖尽管不会消失，但也在逐渐减少。由于人与人之间越来越平等，国与国之间巨大的人口差距赋予了人口力量新的意义。

但是人口力量对国内也颇具影响力。健康水平的提升和生育率的下降使得全球人口的平均年龄在增长。联合国预计，到2050年，三分之一发达国家人口和五分之一发展中国家人口的平均年龄将达到65岁或以上。[4]全球年龄中间值预计从目前的29岁增加到38岁。预计中国将在2040年达到日本当前的老年人受供养比率，并在十年内超过美国。[5]因此，由于人口越来越多地影响到国家实力，而且人口转移给国内治理提出了一个很大的挑战，此外，富裕阶层及联系日益频繁的人群的需求越来越高涨，这种种因素都进一步影响了中央政府的自由裁量权。

综上所述，2008年以后可以配置的世界力量明显不同于前面的后冷战时期。当今的世界是开放的，包含着日益频繁的互动，国家主要的决策者们作为非常稳定的群体在非对称的关系中展开运作。生产力总和的主要标准从财富转向人口，但是人口和技术却是完全不同的两种力量形式。不管根据哪种标准，或强或弱的国家之间存在着不同的利益，其中规模相对较小的国家在互动中面临的危险和机遇会更多。然而，大国强行解决与小国的争端的企图，可以经由国际框架的连锁效应调节，也可以由长期成功统治的困难来缓冲。在这个结构化的世界里，差异很重要，但是却不存在能够消灭或者控制全球的某一个或多个"极"的势力。国与国的关系是非对称的，但是大部分都是可以协商的。因此，我将这个结构称为"多节点"的而非"多极"的。

以上描述的几个要素并不能决定未来走向。意外事故、领导层变动和决策冲动都可能导致完全相反的发展方向,这与潜在因素无关。而且,历史规划得越长远,越有可能遭遇"黑天鹅"事件,因为无法预料的意外之事往往更具颠覆性。[6]这种"黑天鹅"可大可小,每个事件的低概率必将由其相近的确定性去平衡,这样意外就会发生。但是,"黑天鹅"可以大到造成长期的全球化逆转,否定国家主权,改变全球人口趋势,当然,这只"黑天鹅"必须非常巨大才可以。较小的"黑天鹅"不需要挑战这些基本的大趋势,但是它们可以重塑这些趋势带来的变化。因此对合乎这些因素的力量的配置不单纯是最可能发生的设想。任何替代路径都要处理偏离那些布满节点的大致轮廓所导致的后果。

全球趋势赋予中国得天独厚的优势。诚然,1980年后中国取得的令人瞩目的经济增长得益于其高效的领导群体和适当的政策刺激[7],但是外部的环境对它的成功和影响是至关重要的。如果没有全球化,那么中国的劳动力优势只能是一个沉重的就业包袱。当前,中国与邻国的日益不对称状态,以及中美之间预期的对等状态正在重建它的对外关系。占全球五分之一人口的中国,通过了中上等收入的门槛,如今它享有非同寻常的全球话语权。但是,在遥远的未来,中国当前的优势将日益减少。届时,中国的劳动人口将锐减,它将面临着技术发展的需求,昂贵的革新必须取代廉价的技术转移,其他发展中国家将延续着中国经济高速发展的相似的路径。更何况,人口日益发展的多样性和日益增长的财富将引发国内治理的挑战,这也会限制中央政府的自由裁量权。中国将变成一个"保守的"力量,但是在全球化背景下,将与当前的情况有所不同。

我的目的是将中国的前景放入这个多节点的世界秩序大背景下,预测2030年及以后中国的未来发展。我首先进行中国的发展轨迹分析,然后转移到多极结构的批判。接下来是多节点世界秩序的替代模式及其可能的动力体系。

这是一篇预测性文章,但是其理念并不是预测未来,而是校正我们对未来的预期。未来不仅是不确定的,更是未定的。它的进程依赖于它的参与者们尚未作出的选择。可是,根据目前的发展势头和计划中的可能性框架,不论未来发展方向如何,其所提供的远景将变得没有意义。

2030年,中国的世界

2012年3月,世界银行联合中国国务院发展研究中心共同发布了大量对于2030年中国经济的全面预测。[8]这与其他主要的研究机构的预测大致相同。[9]世界银行预测,尽管中国的经济增长率将要回落到5%,但是中国的国民生产总值仍旧可能占全球国民生产总值总额的20%,而且贸易额将达到美国的两倍。世界银行援引一位分析家的预测,中国的全球经济地位将可以和1945年美国经济霸主时期的顶峰相媲美。[10]此外,中国并不是一个人在战斗。世界银行认为全球经济是由相关的中等收入国家驱动的。它们的国民生产总值占全球国民生产总值的一半,增速达到全球增速的三分之二,亚洲内部贸易量将赶超欧洲内部的贸易量。转型后的世界经济将集中于人均收入的顶端而非底部,而中国,由于超出绝大多数国家的人口数量,将成为最大的经济体。

发展的好处和代价

世界银行的预测并不是基于"中国模式"的特殊的成功经验。正相反,它将包括中国在内的中等收入国家的经济增长归功于全球化的大环境,包括这些国家大规模快速发展的制造业,技术转移的创新效率,以及与城市化相适应的增长潜力。发达国家已经完成城市化,并且存在更大规模、增长缓慢的服务业,它们必须付出创新的代价。从本质上讲,中国及其邻国正在缩小与西方的生产力差距,然而,当它们越接近发达国家的水平时,它们的增速就越发放缓,它们的后发优势也就越弱。世界银行建议中国像一个发达国家那样去履行自己的职责:加强市场,鼓励创新,绿色发展，提高社会福利，强化财政系统，做一个好的世界公民。

中国的经济活力将继续引领世界经济转型，但是它仍将是世界不平等的缩影。中国的五分之一世界人口中不是每个人都必须富有，才能证明中国的繁荣。不过，中国的增速是异乎寻常的。如果将中国分为31个省份，全球32个发展最为迅猛的省份中，31个都是中国的。[11]即便如此，到2030年，中国人均收入达到发达水平的省份数量将扩张到全球数量的四分之三。但是，巨大的城乡和个人之间的不平等仍旧存在，和大部分发展中国家一样，中国的基尼系数很高，但是自2008年后这一数值有所下降。[12]中国的经济总量将位列全球第一，其20%的经济份额和它所占的人口份额相当，所以它的基本情况和国内治理压力将和世界平均水平而非世界最发达国家水平相似。然而，作为世界上最大的单一经济体，中国将为其国内外协调创造独特的机遇。

中国从发展中获得了好处，也付出了同样比例的代价。高速发展改变了每一个人的生活。制造业发展升级可以创造更好的岗位，但是却减少了就业数量。城市化带来了巨大的身份认同、基础设施和政府治理等问题。此外，城市化最初产生的一大批富有成效的生产力也在骤减。农民们进入城市，赚取更多的钱，却生育更少的孩子。最终中国大陆将和日本、韩国、中国台湾地区一样，其最初的劳动力大潮变成了退休潮。中国实行的独生子女生育政策，在城市化进程中得以继续。联合国预计，到2050年，中国的中位数年龄将达到49岁，80岁及以上人群将达到1亿。[13]

中国的崛起在很大程度上得益于全球化，在中国这样一个人口众多并且实行党—国体制的超级大国，其所面临的挑战很具体。此外，其地缘政治局势与外交史的共鸣，为其今后的行动提供历史的参照对象。可是，全球化和技术改变了亚洲中心曾经的意义。在亚洲的领先地位意味着世界的领先地位，但是不管世界还是亚洲都不会以中国为中心。

政治经济的可持续性

中国下一个20年的根本政治经济挑战是在不失去对经济治理的最终

权利之下，将政府执政方式和社会的需求偏好联系起来。[14]自从1980年以来，这个政党国家实现了令人瞩目的成就，很难想象其他任一类型的政府能够取得同样规模的经济转型。然而，许多有利于治理结构的得天独厚的因素却因为以结果为导向而非以过程为导向的指导思想降低了成功的可能性。在一个多元化的社会里，目标的设定更为复杂，随着社会日益富裕，其需求也在不断增加，与此同时，独断的官场作风更易于以权谋私。从长远来看，一个可持续发展的国家，必须更具前瞻性、透明度、参与性、宽容和兼容性，否则，它将不自觉地发展成一个自满的、社会基础不断萎缩、意识形态合法性缺乏的寡头政治。有两个方案似乎可以作为具体的选择来展开，领导层更可能在僵化和改革两个极端之间选择一种可变通的道路。

连通性革命和中国的快速崛起的结合，向中国的外交政策提出了特殊的挑战。中国"走和平发展道路"的审慎的承诺，自下而上地被越来越多的网民推崇，并迫切希望中国尽快享受其威望，行使其新的权力。[15]民主国家都知道，公共舆论可能会因为冒险失败带来的挫折而发生变化，但是在政党国家这些却不是决定性的。[16]然而，中国国内民族主义日益膨胀的力量越来越多地影响到中国领导层的决策。

中国的经济形势也别具一格，世界银行利用更多市场力量的惯用秘方也许只是其可持续方案中的一部分。在一些重要方面，中国的人口经济领先于发达国家。它的农业是密集型的，农业用地、土壤和水都比较匮乏。鉴于中国的粮食需求规模及其日益增长的劳动力成本，它不能再满足于建立在破坏农业生产之上的全球市场力量。2009年广东省的人均粮食产量仅为其1956年的一半。[17]虽然广东省买得起粮食，但是如果中国的粮食安全变得和能源安全一样，都必须依赖于进口的话，其粮食需求的规模将会影响到全球粮食生产结构。

另一个根本的经济挑战是要求企业把所有外部因素体现在它的定价和实施中——主要指资源利用和环境破坏等因素。降低成本是人的逐利天性，但是这些代价却要由所有人共同承担。中国的人口分布于其领土的一半地区内，其中大部分人群又集中在少数大城市。其劳动力优势给制造业带去的卓越地位却对资源和环境造成了极大的伤害。通过提高资源价格、升级和多元发展可以在某种程度上减轻一些压力，但是却不足以避免生态危机。

第三个不太可能通过市场来解决的挑战就是在一个不平等的老龄社会里提高福利。配给是一种理性地分配有限的重要商品的方式，这也是救生艇上存在配给的原因。一般来说，中国不再处于救生艇的状态，但是经济的不平等让很多人走入了绝望的境地，让更多人陷入波动性危险之中。与此同时，退休减少了盈利能力并提高了生活成本。如果预期的中国的老龄化在富裕之前就到来了，那么福利不再是附属于其他健康市场经济底部的安全网，而必将是经济治理不可分割的一部分。

世界银行对于改善中国市场功能的建议是适当的，与上文所提出的挑战也是不冲突的。事实上，成功带来的中国目前所面临的这些挑战，其前景是乐观的。可是，伴随成功而来的还有自满。在某种程度上，自满是基于保证中国政治经济存在继续向前发展的惯性，但是体制改革对于减少调整带来的危机是必不可少的。

中国外部治理的习惯

人们常说，中国新的卓越之处是回归到作为亚洲中心的现代以前的历史境况。的确，朝贡体制为中国新兴的角色提供了指导，和平共处五项原则提供了重要的连续性，作为在亚洲有着突出地位的中国，其前景和过去有着根本的差异。中国再次成为亚洲中心，但是这个中心的意义已经发生了改变。

历史地看，中国不仅是通常意义上亚洲最强大的力量，而且位于亚洲的中心地带，人口最为密集，生产面积也最广阔。即使当它被分裂和征服的时候，它仍旧是中心。与环绕地中海水域的西方帝国流动性的中心相比，中国就是坚固的东亚中心。团结和分裂在一个地区持续变动，征服者进入中国后，会选择适应当地的治理习惯，而不是在遥远的地区建立新的中心。

朝贡体制在明朝得以建立，但是在中国处理和邻国关系之时，逐渐发生了演变。其基本任务是通过建立稳定的对外关系减少外部纷争，具体来说，就是中国承认邻国统治的合法性，因此不干涉其内政，同样，邻国也要对中国表示尊重。由此生成的形式成为一个等级制度，但却不是统治。朝贡体制被儒家合法化，但也是建立在多次企图占领但收益小于成本的冲突经验之上的。[18] 由于这个体系是最小化的麻烦而非最大化的利益，所以它与商业关系无关。

虽然西方入侵亚洲粉碎了中国的朝贡体制，但是其中一部分原理和中国根本的外交政策"和平共处五项基本原则"存在共通之处。尽管中国的五项基本原则是建立在国家平等之上的，但是不干涉他国内政，承认他国主权的合法性等原则如同根植于西方威斯特伐利亚的主权概念一样也根植于中国传统之中，中国的外交惯例更接近于它的历史根源而非西方惯例。

在这个多节点的世界中，中国的对外政策和惯例越来越适用于其大部分关系。中国与小国之间的关系是非对称、激烈的，这些小国在被中国提供的利益打动的同时也为它们面临的更多危险而担忧。经五项基本原则确认，对朝贡体制合法身份的承认以及中国合作伙伴的利益考虑，中国可以提供一个安全的环境，合作伙伴于其中可以相互表达尊重，而非屈服于统治。由于全球化增加了统治的占领成本，同时增大了国家暴露于非对称关系下的危险，因此，实现让小国放心的制度化和建立大国之间合作的有序化特别必要。中国在对称关系的处理方面一直不太成功，比如和苏联以及日本的关系。

中国的新中心与其当代之前的情况不同，这个不同之处改变了它的国际关系背景。明显地，家长式的独断假设和对程式化交流的底线的限制在目前看来是不合时宜的。更重要的是，中国作为一个封闭的亚洲中心的时代一去不返了——不是因为英国的利炮，而是因为全球化交流。各国的选择都越来越多，中国的合作伙伴也在不断变化。中国重新成为亚洲关注的中心，它已经成为这个多节点全球政治经济中的一个较大的节点，未来成为最大的节点指日可待。中国潜在的关系的数量和范围都在扩大，其被支配的可能性也在降低。此外，社会和信息互相贯通对互动的多边框架提出了新的挑战。

头号分歧：人口力量和科技力量相适应

中国和它的大多数伙伴之间的不对称关系越来越明显，而美中两国之间的生产力总和的差距却在急速缩小。美国国家安全委员会预计，根据购买力平价和2030年之前的市场汇率，中国国民生产总值总和将在2022年赶上美国。[19]但是，接近平等的表象具有欺骗性。人口力量相对于技术力量来讲，二者的性质是不同的。中国的人口数量大于美国，但是美国在中国追平国民生产总值之后很长一段时间仍可以保持技术和财富的优势。虽然将国民生产总值作为衡量国家力量的基本方法是很便利的，但是人口和技术优势也密不可分，具有不同的说服力。

美国的技术实力，包括它的软、硬实力都达到了前所未有的水平。即使中国成为最大的经济体，美国以其不可预测的威胁和吸引力优势将仍旧成为全球关注的中心。它正在加强的人口基础及其丰富的国内资源为其未来的进一步发展奠定了基础。可是，全球份额的逐渐缩减，技术（尤其军事）的趋同，以及中国模式都意味着美国的全球优势递减。在经历冷战后刀枪不入的全能的错觉之后，全球经济危机的当头棒喝令美国难以面对。衰退或者脆弱都很容易被误认为过渡到一个更加复杂的世界。但是，在全球化世界中，"美国堡垒"的严阵以待方针，只能造成自我孤立，机会锐减。

中国似乎正处于世界强国的上行电梯之上，它必须管理好这个前进中的庞大家族。一旦中国顺利应对了以上提出的种种政治经济挑战，它将成为亚洲的主要生产力和主要市场。然而，同样的人口规模在创造能量的同时也产生了巨大的分配压力,经济的进一步发展增加而非减少预算需求。中国将在愈发壮大的中产阶级推动下,牵引着欠发达地区,从而到达首要地位。即使中国的国民生产总值赶上美国,它仍旧无法产生同样数量的中央预算。拥有1000元的十二口人家庭比拥有同样数量的三口之家的选择要少得多。如果面临致命威胁,大家庭可以全力防守,但是其他的必要花费会更高。而且,对于局外人来说,大家庭的面包车是无法和小家庭的赛车相媲美的,即使面包车的价格更贵,赛车的驱动不稳定。实话实说,人口力量是不可能对技术力量造成威胁的。

然而,长期来看,这会误导大家对美中各自势力类型形成刻板印象。目前美国人口数量达3.1亿,位居世界第三,联合国预计其人口数量到2050年将达到4亿。[20]伴随着移民,美国预计未来40年的人口增量将达到全球第三。此外,预计美国老年抚养比率明显低于中国。因为海外移民和人口老龄化,中国的劳动力人口也在锐减。联合国预计,中国的人口数量在2040年开始下降,到2050年人口数量将和当前一样达到13亿,占全球人口的14%而不是现在的20%。届时,印度人口数量预计将超过16亿。

国家在技术力量和人均财富方面的状况也很复杂。由于科技革新的复杂性和偶然性,科技前沿往往被描绘为宽广的创新领域。技术领先的优势是经验和对复杂进展的合成能力,但是对于个人创新来说,是不存在垄断的。从1995年至2008年,中国是全球专利申请量增长的最大贡献者,其知识产权增长率也是显著的。[21]在中国大量投资公共研究能力的同时,发达国家正在削减其高等教育预算。[22]此外,中国的发展规模已使政府能够集中资源用于诸如空间探索和核电等领域并实现突破。对于军事能力来说,中央资源尤为重要,因为安全问题是关系到国家层面的重要问题。

有趣的是,中国的崛起建立在其人口规模基础上,美国的主导建立在其技术和财富优势基础上,然而40年之后,中美之间的优势将转换,尽管无法预见它们各自的优势是否完全颠倒。此外,这些发展都发生在一个总体的全球环境下,两国各自的全球份额都有所减少。

超越极性

力量的不对称性在国际框架中有影响力,但是,在既定关系中,力量优势并没有赋予强势一方强加其意愿的权力。强势一方常常误判它们推动非对称关系的能力,前文介绍中提及的三个特点降低了其成功支配的可能性。全球化增加了占领成本,主权行动的制约限制了选择。人口变革使得对相关力量的判断更为复杂。不过,全球化不是平均化。较小国家在国际关系的每个层面都处于更加弱势的地位,大国则希望建立一个尊重它们能力和利益的国际框架。这个国际框架的稳定性取决于压力和张力的相互对抗和抵消。

国际体系的极性分析的前提建立在力量占优者的根本不同的假设之上。如果强者获胜,那么如肯尼斯·沃尔兹所言,"鉴于国家之间的不平等,相应地其所辖州的数量也较少。"[23]因此,美国的国际关系研究集中于大国关系(那些有能力彼此挑战的国家)和大规模战争(可以决定输赢的斗争)。全球国际关系的结构是由极权的数量,或者在较小程度上由联盟决定。只要能够保持一直强势,利益联盟也不是不可以存在,可是正由于同样的原因,国家间的实力之比要比联盟更稳定。

显然,只要国家主权占优,能力大的国家仍旧比能力小的国家重要。多极化的问题存在于以下假设中,即由一小部分力量通过要么合作要么竞争来左右世界秩序。相反,我认为世界秩序是一个位置不对称的串联,而不是一个"权力俱乐部"和"小朋友"的分叉点,全球构造伸展为超越区域的、纵横交错的、直接互动的队列。巴西和中国的贸易合作超过墨西哥,这不是因为中国是世界大国,需要贸易,而是因为全球化。它们之间的交易并不比与韩国的交易更能够取代或者挑战美国。而且,在人口日益决定能力的同时,人口老龄化也给大国带来沉重的福利负担,这将降低它们投射力量的能力。一个去极化世界会更加互动,因此也更不确定,但是这不是尼尔·弗格森所畏惧的混乱的黑暗世界。[24]多节点的世界并非没有权力或者结构，而是指单边行动的有限选择性和协商的必要性，为预期的后超级大国的权力真空吸入新鲜氧气。

不存在新冷战

在可预见的未来，美中两国将建立起全球最重要的双边关系。由于不同的政治体系和权力的异质性，这个关系让两国都面临更多的难题。美中之间的竞争在所难免，这让人想起冷战时期的两极。但是在一些根本方面是不尽相同的。首先，美中关系在国际社会经济的各个层面都深深地交织在一起。对双赢战略的替代不是零和，而是两败俱伤。其次，冷战对抗是基于军备和太空竞赛对等的假设。美中权力的异质性更易于形成不对称竞争。在军事方面，中国旨在确保其周边环境的安全，而非追求美国的全球影响力。中国的军事现代化对美国号称无隙可乘的太空领域、网络战争和西太平洋提出质疑，但是它却并不寻求取代美国的全球军事存在。[25]

第三，也是最重要的一点，冷战时期的阵营和阵营纪律已经消失。尽管美国仍旧在全球范围内维持联盟和军事基地，但是冷战世界的分叉点是由美国为遏制苏联（还包括1971年之前的中国）并辅以苏联的自我孤立形成的。阵营纪律由苏联以武力执行，苏联日益逼近的存在使欧洲和美国有必要成立北约组织。现在美国的亚洲联盟将中国视为首要贸易伙伴，而非华约中的"北京条约"，中国的地区关系，上海合作组织和中国—东盟自由贸易区都是建立在双方的承诺和经济发展的基础之上的。同时，中国也没有驻外部队。

美中实力的比较是非常复杂的，它们将是世界经济中的两个基本节点。其他国家很难在经济总量上和它们相媲美。不可避免地，它们会成为彼此比较和关注的对象，它们之间的分歧也将带来误解和猜疑。竞争的形式比较多样，可以是软实力的竞争，也有可能是充满敌意的斗争。在平静的竞争外围，提高对小国的关注度，可以作为利益竞争的基本点。例如，2009年美国效仿中国，试图加入中国早在2002年就已经加入的东盟友好条约。同样，中国在全球大力发展的孔子学院的文化软实力相对不足。在某种程度上，竞争从对相关立场的关注转移到零和对抗，那么这两个基本节点自身作为全球领导力量都将失去在双边联系和合作机会中本来可以获取的利益。但是李侃如教授和王缉思教授指出美中两国战略的相互不信任可能会持续，从而导致对冲合作和可能的敌意。[26]

对于其他国家来说，它们各自与美中的双边关系比美中关系本身更重要，但是美中关系对整个世界具有重要的影响力。因此各国可能考虑它们与这两个基本节点的战略三角关系，因为美中的关系将影响到它们的双边选择。它们更倾向于利用与一方的关系去缓冲与另一方的紧张，而不是与一方结盟去反对另一方。

多节点的世界

那么，我们期待的世界秩序又是什么样的呢？全球框架的互联性和稳定性以及主要战争的灾难性后果使得霸权和挑战者之间的绝对对抗成为不可能。目前美国采取参与和包围互补的政策可能还将继续，如同中国对世界秩序的承诺已经日益成熟。与此同时，日益发展的直接国际交往提高了小国加入排外联盟的成本。

简而言之，多节点的世界没有范围，具有互动性，建立在利益基础之上，各主权国家的实力和威胁都不对等，涉及日益重要的地区和全球政权。下面我将对这些特点依次进行介绍。

无范围，互动性，但是建立在利益之上

互联网和移动电话的连通革命增加了宣传、曝光等机会，并且能够对任意区域的人群产生影响。如果我们将范围定义为以一个给定区域为中心的有限的互动的话，那么就不存在更大的范围之说。其他的信息控制包括经济利益和关注等方面，这些都是变化着的。此外，电子参与具有零边际成本、无限的潜在受众以及瞬时传输等特点。与早期的运输革命协力，连

通性创造出一个从本质上来说全新的全球互动环境。

但是，利益仍旧存在，通过选择，利益共享的社区（家庭和国家，用最突出者命名）仍旧存在于每个密集交织的信息系统内。政治方面，连通性革命最显著的影响就是民意对国家领导者的约束。在媒体自由和反对党合法化的体制下，连通性革命不扩大意见范围，但是它可能出现诸如创建它们自己的信息化世界等极端想法的负面效果。在媒体受控和禁止反对党的国家，连通性使政治谱系更激进并促进区域反对势力的发展。这些影响力在中国尤为明显，因为中国的主流媒体被官方通讯所垄断。当政党国家失去信息控制力，其国际互动将重视民意和非官方的信息。

因此，国家领导者的随意裁量权日益受到外部密集的国际互动和内部多样的声音的限制。[27]这些限制都无法阻止暴力。事实上，尽管信息十分丰富，但是各国却常常不直接面对彼此以解决分歧，而是相互支持，同时将注意力集中于国内舆论和内部政治斗争上。同样，对外界的依赖感以及对牺牲的畏惧可以激发一种自信行为，表达更多的是对自卫的需求而非对于可能的成功的信心。

主权国家，却在实力和威胁方面不平等

我们可以将这个多节点的国际框架描绘为一个稳定的国家模式，每个轨迹都是双边关系伸展出的一束。鉴于它们之间规模和实力的巨大差距，大部分国家之间的关系都是非对称的。除了美国在其所有的对外关系中都处于强势地位之外，大部分国家的合作伙伴规模都或大或小。此外，邻国是无法选择的，邻国的结构也是不可改变的，每个国家的对外关系都有其独特的历史记忆。在国家身份、地理位置和对外关系史方面，这个框架是比较稳定的。

在每个双边关系中，非对称性构造起各方的视角、关注点和互动。较小的国家相应地会面临更多的机会和风险，因此它将更加细致。较大的国家则相反，面临的机会和风险都较小，而且易于受到其他更重要的对外关系的干扰。因此，较小的国家调整政策更快，更加焦虑于消极的可能性，

而较大的国家除非在危机情况下，一般是比较随意的，即使处于危机时刻，它的关注点也会转移到其他更重要的事务中。一般来说，国家总是倾向于关注更大的合作伙伴，而不会将注意力放在没有风险或者收益较少的关系上。

当利益发生冲突时，较大国家往往利用其占优的实力逼迫较小国家致其破产，而较小国家因不断放大的恐惧将给大国带来旷日持久的阻力。如果战争爆发，大国常常高估了胜利的可能性，因为它低估了小国绝望时的抵抗力。对于强势一方，也许只是一场目的有限的"小规模战争"，而对于弱势一方则是性命攸关的，由于弱势一方无力还击，因此它就会采取旷日持久的抵抗，这种抵抗能够让强势一方受挫，双方陷入僵持，最终以协商结束战争。[28]

在多节点世界中，"小规模战争"的发生率在降低。由美国预设的单边全能的错觉因对伊拉克和阿富汗的占领变得不太可能，同时也不可忽略伴生的占领成本。对合作伙伴的任何高压行动都会带来反作用，付出的代价将依据试图占领的程度和持续的时间而增加。较大的国家常被诱导参与更加鬼祟和限制性的军事行动。中国与印度（1962年）和越南（1979年）的军事行动就是军事冲突战略的例证，减少了草率和限制性行动伴生的影响。所有这些军事行动无一能动摇政权。同样，类似于禁运、无人机攻击以及秘密行动的目的都是为了改变政策或者非主权地区的领导者。因此，无需预测一个更加和谐的世界，我们可以期待在现有的国际框架内解决冲突，争端将越来越多地通过稳定的合作伙伴协商解决。成吉思汗时代已经一去不返了。

尽管全球化增加了高压政治的成本，但同时也加剧了国家之间关注点的不对称。通常情况下，全球经济的瞩目程度倾向于根据经济排名。获得瞩目的地区和力量被默认为当然的领导者，也是软实力的基础。可是，与关注度相比，大国需要更强的说服力。其他国家确信通过合作它们的利益将得到进一步发展。因此，软实力带来的效益是情人眼里出西施。

涉及日益重要的地区和全球政权

全球化产生的共同利益可以调节互动，共同利益也可以组织化和制度化。即使在没有整体的机构或协调的情况下，共同利益也可以产生共同的解决方案。交通信号灯的普及及其标准化就是很好的例证。在底特律发明信号灯初期，在没有采纳任何权威机构意见的前提下，对信号灯的颜色（红、绿和黄）的武断分配而今已经成为全球标准。随着全球"交通"的日益发达，对于监管、质量控制和标准化的需求变得和国内国际问题一样迫切。[29]比如说，我们对于食品安全的需求可能来自于贸易伙伴，但是食品安全的压力却始于家庭。此外，非政府组织可以跨越国界从事特定任务，加速标准化的普及。

也有一些与全球性和地区性政权相捆绑的共同利益，但是关于这些利益制度化的看法受到相关国家实力的影响。如预防流行病或者应对全球变暖的共同利益问题因日益紧密的全球联系变得更加迫切，其他诸如保护野生动物问题还有赖于全球的关注和行动。在多节点环境下，对抗共同利益的自私自利的流氓行径逐渐减少，通过共同利益的程序化以避免冲突的积极性在增加。可是，大国往往希望避免受到多边机制的约束，受到一国一票的控制，而小国仍旧试图搭便车。与此同时，既得利益政权竭力维护那些已被它们控制的国际协定，而新兴崛起的政权迫切希望对协议进行重新评定。承认共同利益的存在可以打开一个合作的话语领域，但是形成有效的契约还有很长的路要走。

多节点的动力

尽管美中两国以及它们的关系有可能成为世界瞩目的中心，但是在全球范围内，即使美中两国加在一起，也是人口、科技和财富不断缩减的少数派。在这个非对称却主权各自独立的世界，每个国家都会有建立在它们自己利益和关切之上的关注进程。例如，对于柬埔寨来说，泰国和越南可能比其他更遥远的国家重要。在某种程度上，一个国家对于主要节点的态度是由这个节点对于此国环境的直接影响力决定的。同样道理，墨西哥和中国或者越南和美国的关系是以它们各自最近的主要节点的关系为条件的。然而，更多地接触一个主要节点有益于形成与另外一个节点的良好关系。因此，一点也不奇怪为什么墨西哥和加拿大早于美国与中国恢复正常化关系，或者越南自1979年之后与美国建立良好的关系。

由于小国会面临超出它们控制的更大的风险，因此降低风险和稳定预期是它们的主要外交目标。如吕冠一（音译）所说，较小的国家之间的特惠贸易协定扩散的原因是多元化可以使它们在面对大国的威胁时得以缓冲。[30]同样，较小的国家通过缓冲它们与其他国家的关系，降低它们与区域性和全球性政权的单一关系中相应的风险。缓冲关系不需要退缩，的确，如果一个小国没有感到被过多地孤立，那么它就可以安全地展开其所有关系。对于小国来说，在全球化世界中，自我孤立是很糟糕的政策，所以大部分国家都尝试将多边互动最大化，并且和主要节点保持良好关系。

当主要节点尝试发展软实力时，小国往往受益，但是当主要节点之间的竞争变得排外时，小国就会处于危险之中。如果小国必须选择站队的话，那么就意味着它拒绝了目前敌对一方给予它的机会，而与缓冲关系不同的是，它将更加依赖于其靠山的力量。此外，由于靠山的利益源自与其他大国力量的对抗，所以小国需要承担着矛盾正面交锋或者当全球形势变化时被遗弃的风险。另外，靠山还有可能插手小国的国内政治。因此，小国在希望得到大国关注的同时，倾向于避开排外的联盟。在双节点竞争中，大国往往用"追随我抑或反对我"的最后通牒对小国施加压力，事实上这个最后通牒成了更大的威胁。

在多节点世界中，主要节点追求独占联盟将是一种自限性战略。对抗会导致更高的安全成本，并与对手两败俱伤，建立独占联盟力量的企图类似于为对手买单。如果一个主要节点追求建立独占联盟，而其他节点不愿意，那么这个排外的节点有可能通过强加其利益企图离间其他国家之间的关系，而包容性节点为了避免风险会采取和谐相处的姿态。如果两个主要节点达成的排外外交逐渐升级，那么一些国家将被迫选择一方，但是大部分国家会避免进行选择，而寻求降低对抗中的风险。在冷战中，双节点对抗将成为世界关注的中心，但是大部分国家的主要关切不是选择哪一方，而是如何能够在冲突中独善其身。因此双节点对抗往往会削弱双方作为主要节点的力量，同时增强区域和次级节点的关系。在一个无界限的多节点的世界中，很难建立并维持一个人为的排外联盟。

结论

预期未来的挑战是当意外出现时，不是所有可能性都均等，糟糕的决策可能会导致自限性的后果。对事物发展的实际过程进行预测是一种赌博，然而人类的选择是由他们已知的现实决定的，选择导致的结果却是由已知和未知的现实共同决定。因此预测的任务不是对事物作线性发展的估计——这正是"黑天鹅"的盲区——而是对考虑到连续性和变化的期望值进行管理，从而为普遍的行动领域奠定基础。

本文的前提是全球化将继续发展，国家继续作为国际互动中受约束却有决定性的节点，当代技术力量、财富和各国不同的人口背景导致的人口力量等方面的不平等会日益减少。所有这些前提都存在争议。可是，否认其中的任一假设都将在当今的动力和未来之间形成一个更深的假想的鸿沟。中国的崛起既是这些结构变化势头最突出的证据，又是将它们的影响具体化的重要焦点。

如果全球化继续发展，那么国际交流的迫切性和多样性会大大增加，双边互动的间接影响力也更加重要。可是，全球化不是均等化，每个政治共同体都将为其面临的国际风险而忧虑。如果国家仍旧是国际行动的主要节点，那么尽管出现了一些地区组织、跨国组织和跨国交流，国际框架仍旧非常稳固。因此，中国面临的政治经济的可持续发展挑战对全球都会产生影响，因为这些挑战会将中国打造为世界的主要行动力量。

最后，人口革命改变了世界秩序，但同时也加强了各国的福利责任。

在过去的30年中,中国在发展其庞大人口的生产力、健康和财富方面作出了示范,显然,中国仍然保持着不断缩小与发达国家的人均差距的势头。中国凭借自身力量达到并超过美国的国民生产总值这个底线结果具有十分重要的意义。生产和消费的总量使中国名列首位,其规模使中央政府能够集中资源用于建设国家项目。然而,它的选择会受到其人口力量的影响。更加健康和富裕的人口不容易管理,也不可能被长期忽视。此外,中国仅仅是在人口力量的演进方面处于领先的国家。它的国民生产总值很有可能超过美国,但是在人口总量方面可能会被印度超越,同为发展中国家,中国和印度人口力量的转变不过是减小发展鸿沟的技巧而已。

关于前提条件的影响已经详细阐述了,对期望值的管理也逐步接近变幻的预测领域。难以想象全球化会逆转,但是可以想象的是中国未能迎接其政治经济可持续发展的挑战。然而,我认为,有两个原因可以证明对根本趋势的预测是很必要的。首先,它强调了所有国家都可能面对的决策点的广泛意义。比如自我孤立,这是一项选择,但是通过全球化,自我孤立被重新定义并被赋予更重要的影响力。第二,决策可以使反面的基本事实受到它们意料之外的结果的影响。对领导者的选择无法预测,但是任何选择都不会致命到无法得以进一步修正。即使存在致命的选择,其致命性对于制定它的个人或者组织的伤害要远高于广阔的全球环境。正如黑格尔所说,不管是和平发展还是冲突发展,"理性的狡诈"都是显而易见的。

【注释】

[1] 保罗·施赖尔:《经合组织—世界银行贸易增殖数据库》,日内瓦:经合组织,2013年1月16日。

[2] 克莱尔·琼斯、克里斯·贾尔斯:《世贸组织和经合组织贸易争端的附加值》,载《金融时报》,2013年1月16日。

[3] 贾斯廷·林:《揭秘中国经济》,纽约:剑桥,2012年。

[4] 联合国:《世界人口展望》,纽约:联合国,2011年。

〔5〕 该比率即65周岁以上人口与劳动人口（15—65岁）之比。美国预估的当前移民比率。

〔6〕 尼古拉斯·塔勒布：《黑天鹅》第二版，纽约：企鹅出版社2010年版。

〔7〕 埃兹拉·傅高义：《邓小平与中国改革》，剑桥：哈佛大学出版社2011年版。

〔8〕 《中国的2030：建设现代、和谐、创新的高收益社会》（会议文章），华盛顿：世界银行，2012年。此文标记"不可引用"，但是互联网上可以自由获取。本文刊发前需对这个引用进行审查确定。

〔9〕 见美国国家情报委员会：《2030年的全球趋势：轮流交替的世界》，华盛顿：网络信息中心，2012年12月；卡伦·沃德：《2050年的世界》，汇丰银行，2011年1月；亚洲开发银行：《2050年的亚洲：实现亚洲世纪》，新加坡：亚洲开发银行，2011年。

〔10〕 阿尔温德·苏布拉马尼亚姆：《蚀：在中国经济主导的阴影下生存》，华盛顿：彼得森国际经济研究所，2011年。

〔11〕 载《中国的2030》，第4页。

〔12〕 据中国官方估计，基尼指数从2008年的49.1下降到2012年的47.4。马建堂：《国新办就2012年国民经济运行情况举行新闻发布会》，2013年1月18日。访问http://www.china.com.cn/zhibo/20101/18/content_27692231.htm?show=t。

〔13〕 联合国：《世界人口展望》，第109页。

〔14〕 布兰德利·沃马克：《中国的政治改革和可持续发展》，载《复旦大学人文与社会科学学报》，2010年3月，第32—54页。

〔15〕 戴秉国：《坚持和平发展道路》，载《中国日报》，2010年12月10日。

〔16〕 吉尔·梅隆（Gil Merom）：《民主如何失去小规模战争》，纽约：剑桥大学出版社2003年版。

〔17〕 根据国家统计局数据，2009年广东省人均谷物产量为156千克，1956年这一数据为309千克。大跃进时代最低的数据是人均238千克。以上数据由订购的中国在线数据计算而来。

〔18〕 周方银：《朝贡体制的均衡分析》，载《国际政治科学》，2011年第2期第4卷，第78—147页。

〔19〕 美国国家情报委员会：《可供选择的未来》，第15页。

〔20〕 联合国：《世界人口展望，2010版》，纽约：联合国，2011年，http://

esa. un. org/wpp/Excel-Data/population. htm。

[21] 世界知识产权组织:《世界知识产权指标》,日内瓦,2011 年,http://www. wipo. int/ipstats/en/。

[22] 基思·布拉德舍:《下一个中国制造潮:大学毕业生》,载《纽约时报》,2013 年 1 月 16 日。

[23] 肯尼斯·沃尔兹:《国际政治概论》,纽约:麦格劳希尔集团 1979 年版,第 131 页。

[24] 尼尔·弗格森:《没有权力的世界》,载《外交政策》,2004 年,第 143 期。

[25] 迈克尔·斯韦因:《美国的挑战:21 世纪中国的崛起》,华盛顿:卡内基国际和平基金会,2011 年,第 49 页。

[26] 李侃如、王缉思:《应对美中战略的不信任》,华盛顿:布鲁金斯研究所 2012 年版。

[27] 多米尼克·莫伊兹:《情感的地缘政治》,纽约:双日出版社 2009 年版。

[28] 安德鲁·麦克:《大国如何失去小规模战争》,载《世界政治》,1975 年第 2 期,第 175—200 页。

[29] 克雷格·墨菲:《国际标准化组织:通过自愿共识的全球治理》,米尔敦园:劳特利奇出版社 2009 年版。

[30] Guan-Yi Leu(音译:吕冠一):《多元化的合作:东亚特惠贸易协定合作伙伴的选择》,夏洛茨维尔:弗吉尼亚大学哲学博士论文,2012 年。

Abstract

Over the next twenty years China is likely to become the largest national economy, though not the richest one-fifth of the world's population. Chinese demographic power will be qualitatively different from American technological power despite bottom-line similarities in GNP, and it will face challenges of political and economic sustainability. But assuming that globalization, constrained state sovereignty, and demographic revolution continue as basic world trends, the US – China relationship is likely to be the focus of a world order in which concerns about conflicts of interests drive interactions, but no state or group of states believes that it is capable of benefiting from unilaterally enforcing its will against the rest.

Keywords

Globalization; Multi-Nodal; China

案例研究 | Case Studies

关于"乌坎事件"的调研报告
——中国地方政府创新的特殊案例

黄卫平　冯秀成　陈文[*]

摘要： 2011年广东省"乌坎事件"的发生引发了国人的普遍关注和海内外媒体的广泛报道。以悲剧开始的"乌坎事件"在广东省官方独特的处置方式下，得以戏剧性落幕，为深入解析中国的社会管理体制改革创新和基层民主政治发展提供了生动案例。本文试图在实证调研基础上还原事件真相，解读事件发生的必然原因，分析戏剧性结果的偶然因素，以及目前陷入的困境，由此观察中国政治发展的微观动态。

关键词： 抗争性政治　群体性事件　维权　维稳

每年3月召开的"全国人大"和"全国政协"会议（简称"两会"）是当今中国民主政治的最高制度化平台，在2012年3月3日至14日召开的"两会"期间，国家最高决策层对两个最新发生的重大事件[1]的反应，引发了全世界的普遍关注和海内外媒体的广泛报道。其中之一就是发生在广东省汕尾市陆丰市东海镇乌坎村的所谓"乌坎事件"。该事件不仅是2011年广东社会建设十大舆情焦点，还在2012年北大公民社会发展论坛上被评选为2011年度影响中国公民社会发展的十大公共事件，其中广东

---

[*] 黄卫平，深圳大学当代中国政治研究所所长，深圳大学中国地方政府创新研究中心主任、教授。冯秀成，东莞理工学院工商管理学院助教。陈文，深圳大学社会管理创新研究所副所长、副教授。

"乌坎事件"以45票全票通过位列榜首。[2]可以毫不夸张地说,"乌坎事件"是近年来中国"抗争性政治"或"群体性事件"的典型案例。

本文试图在实证调研基础上,解析该事件发生的必然原因和导致戏剧性结果的偶然因素,从而探索在中共中央"科学发展观"指引下中国政治发展的微观动态和地方政府创新的特殊案例。

一、事件过程:乌坎村发生了什么"事件"?

广东省南海边上的乌坎村约有户籍人口12000多人,暂住人口约2000多人,主要就业人群以海上渔业和养殖业为主,有近千人在相关产业链上谋生。另有400多人从事建筑业和工业,以及约400人从事商业、服务业和运输业,还有200多人从事农业,从事其他行业者约100人。在校学生3500多人,其中就读于乌坎村内学校的约1500人。另有医疗卫生、文化教育、基层管理人员约50人。此外有约1500人在外地经商、打工,在广州、深圳、珠海等地由乌坎村民开设的服装店就有300多间。其余是待业人员、老人、妇女和儿童,有将近5000人。详情见表1。在香港也有一定数量(约4000人)的原籍乌坎人士。[3]

表1 乌坎村户籍人口构成简表[4]　　　　　　　　　　(单位:千人)

待业人员、妇女、老人、学前儿童	在校学生	打工、在外经商	海上渔业	建筑业、工业	商业、服务业、运输业	农业	医疗、文教、基层管理	其他行业	户籍总人口
约5	约3.5	约1.5	约1	约0.4	约0.4	约0.2	约0.05	约0.1	约12

所谓"乌坎事件"可以分为狭义和广义两个层面来理解:

狭义的"乌坎事件"是指乌坎村的村民因长期不满原村党支部和村委会在处理村集体土地和其他资源方面严重侵犯村民权益,在2009年以来多年不断向各级地方政府投诉和上访未果的情况下[5],发现又有企业在村内土地上开工后,积蓄已久的愤怒终于爆发,2011年9月21日约有

200名村民[6]在村内聚集，在村民杨色茂、孙汉场、庄烈宏等人的带领下，手持横幅到相关企业、村委会和陆丰市政府抗议请愿，其中部分村民情绪失控，毁坏相关企业财物，暴力冲击村委会和派出所。22日上午，村民试图再次集会时，上百名汕尾市的武警、特警奉命前来驱散集会村民，维持秩序，引发警民冲突，村民用砖块袭击警方，警方以警棍、盾牌和消防水炮应对，期间双方共有数十人受伤，六辆警车[7]遭打砸、被掀翻，有数位村民因暴力抗法被拘[8]，引发国内外广泛关注。

而广义的"乌坎事件"则是由2011年9月21、22日开始的长达三个月的乌坎村民群体性有组织的抗争。9月23日，村民林祖銮站出来呼吁村民捐款资助受伤村民，号召村民坚持理性抗争，制止打砸行为。9月29日，村民按姓氏推举117位村民代表选举产生了"乌坎村村民临时代表理事会"[9]。10月22日，乌坎村部分妇女组织了"乌坎村妇女代表联合会"，进一步有组织地向地方政府投诉和请愿，并在提出清查乌坎村集体土地买卖情况和公开村务、财务状况等经济诉求外，村民们还揭发村党支书薛昌当年9月在人大代表选举时的舞弊行为，明确要求查清2011年2月村委会换届选举情况，真正落实《村民委员会组织法》，进而提出由村民一人一票直接选举村委会的政治诉求。由于乌坎村警民冲突事件吸引了境外媒体的关注，不少海外媒体记者进入该村，境外传媒广泛报道[10]，对党和政府产生了巨大压力。

在9月21、22日之后的近两个月的时间里，村民和村民临时代表理事会对政府处理乌坎问题的进度非常不满，上级临时委派的村党支部代理书记也因曾卷入土地买卖而不被村民信任，基层政府还在村内派工作人员发传单游说村民放弃抗争。在一系列诉求仍看不到希望的情况下，11月21日，在林祖銮等人的精心组织下，乌坎村民将近4000人[11]到陆丰市政府进行和平集会上访。村民在得知官方媒体报导当日上访人数约400人后，又一次感到自己的诉求被地方政府漠视，更大的愤怒继续蔓延、发酵。

而地方政府一方面在11月17日立案查处原村党支部书记薛昌（从1973年至2011年11月1日任中共乌坎村党支部书记）和原村党支部副书

记、村委会主任陈舜意（从1971年起至2011年11月1日任乌坎村党支部副书记）[12]，另一方面在12月10日宣布"乌坎村村民临时代表理事会"、"乌坎村妇女代表联合会"为非法组织，予以取缔，公布通缉名单，并拘捕到其中五人[13]，有意识地将事件的性质往部分村民"勾结境外敌对势力"的"阶级斗争"的传统套路引导。不料，12月11日被捕的"乌坎村村民临时代表理事会"副理事长薛锦波在被拘留期间意外死亡，官方鉴定为"心源性猝死"[14]，由此更加刺激了乌坎村民的抗议浪潮。警方为防止更多的外部势力进村声援村民和阻止村民发动更大规模的抗议活动，包围了村子；村民则设置路障，封锁村子各路口，白天由妇女守村，晚上由青壮年守村，试图阻止警方进村抓捕通缉名单上的"乌坎村村民临时代表理事会"顾问林祖銮和理事长杨色茂等人。村民在村内不断组织抗议活动，扬言再次发动更大规模的抗议请愿，除了重申原来的基本诉求外，还增加了要求交还被警方拘留期间猝死的薛锦波遗体和公开验尸，释放其他被捕村民等诉求。

就在双方高度戒备、严重对峙，各种信息和谣言在互联网上广泛传播，更大规模和更为严重的冲突随时可能一触即发之际，突然峰回路转。时任中共广东省委副书记朱明国率省工作组到陆丰市，在12月20日的陆丰市干部群众大会上，朱明国首次明确肯定乌坎村群众的主要诉求合理，大多数群众的过激行为是可以理解和原谅的，只要村里不再组织与政府对抗，警方不会进村抓人，林祖銮和杨色茂等人用实际行动悔过自首和争取立功，政府可考虑从宽处理。此新闻在当晚广东卫视播出后，村民和警方开始各自撤除路障，村民取消了原定于次日的游行示威活动。[15]

12月21日上午，林祖銮和朱明国以及汕尾市市委书记郑雁雄在陆丰市信访办会面，政府接受村民的主要诉求，同意交还薛锦波遗体[16]，承认"乌坎村村民临时代表理事会"的村民代表地位，并以朱明国为组长，时任副省长林木声为副组长，率领由省政府各相关部门组成的工作组进村清查和解决村民提出的各项问题。次日，省工作组进村受到村民欢迎，朱明国在村办公室与林祖銮会谈，当天被拘留的村民陆续被"取保候审"，释放回村。由此长达整整三个月的乌坎村民群体性抗争的所谓"乌坎事件"结束，村民在体制外的长期维权诉求开始纳入体制内有序释放。

2012年1月15日，中共广东省委组织部宣布正式成立乌坎村党总支，由林祖銮任总支书记和村委会的重新选举筹备小组组长，领导村委会重新选举工作，原党支部自行解散。此后的一个月左右时间内，乌坎村村民前所未有地经历了四场较为规范的"选举民主"的洗礼：

（1）2月1日，全体符合资格村民一人一票直接选举产生村民选举委员会，选出以杨色茂为主任的11位委员（后因杨色茂报名竞选村委会，于2月29日按规定辞职，由洪天彬接任主任）。

（2）2月11日，在村党总支和村民选举委员会的领导下，由全体村民无记名投票方式顺利选举产生109名村民代表，然后选举7个村民小组长。

（3）3月3日，由全体合资格村民重新选举乌坎村第五届村民委员会，从23位自荐参选的候选人中竞选产生7人，组成村委会。林祖銮在与曹镇才的竞选中，以90%以上选票的绝对优势当选村委会主任，杨色茂在与薛健婉、陈少领、洪锐潮、张德家等人竞选中，以过半数选票当选为副主任，由于其他候选人均未得票超过半数，依法次日再选。

（4）3月4日，全体村民在首轮选举中未过半数，但得票最多的两位候选人中竞选产生一位副主任，首轮选举得票最多的两位妇女候选人中竞选产生一位委员（妇女主任），其他得票较多的三位候选人竞选产生两位委员。

最终村委会选举结果如下：

原"乌坎村村民临时代表理事会"顾问、陆丰警方通缉名单头号人物、现中共乌坎村党总支书记林祖銮为主任。

原"乌坎村村民临时代表理事会"理事长、陆丰警方通缉名单二号人物杨色茂为副主任。

原"乌坎村村民临时代表理事会"理事，曾因维权过激有"打砸行为"被警方拘捕、"取保候审"的洪锐潮为副主任。

原"乌坎村妇女代表联合会"主要代表陈素转为委员（妇女主任）。

原"乌坎村村民临时代表理事会"理事，曾因维权过激有"打砸行为"被警方拘捕、"取保候审"的张建城为委员。

从2009年首次到省政府上访的发起、参与者之一，网络QQ群网名"乌坎热血青年团"主要成员，陆丰警方通缉名单四号人物，曾因维权过激有"打砸行为"被警方拘捕，"取保候审"的庄烈宏为委员。

原乌坎村上访组织者之一孙文良为委员（任村会计）。

至此，2011年9月21、22日数百名乌坎村村民群体性游行上访，引发数十人受伤的严重警民冲突这一悲剧性事件，经过5个多月的多方博弈，在中共广东省委的正确领导下，在乌坎村村民团结、理性的有组织长期抗争中，史无前例地戏剧性落幕。由此开启了在广东省工作组主导下，由乌坎村党总支和村民委员会作为村民代表，与党和政府以理性精神和在法治基础上，通过体制内协商来解决长期困扰村民的集体土地等利益纠纷问题的新阶段。

回顾"乌坎事件"的全过程，可以发现有如下特点：

第一，村民维权有较长的酝酿和发动时间。早在数年前就有村民在网络QQ群上以网名"乌坎热血青年团"的名义宣传和动员村民起来维权，并事实上多次成为上访群体的骨干，从而决定了"乌坎事件"绝非意外的偶发事件，村民的维权诉求已有广泛的群众基础，并由于地方政府官僚机器的长期拖延、推诿和打压，而不断地集聚能量，等待着"压垮骆驼的最后一根稻草"出现。因此，"乌坎事件"的爆发有其必然性。

第二，村民维权的组织化程度较高。如果说"9·21"和"9·22"事件是部分村民自发、无序的违法暴力维权，引发了严重的警民冲突，基本上属于临时起意的"反应性抗争"，也就是针对原村党支部和村委会持续"卖出"集体土地后，村民的随机反应，维护和争取挽回的是物质或经济利益；那么，以林祖銮为典型代表的村民"意见领袖"在"9·23"事件迅速站到了前台，组织广大村民广泛捐款救助"9·22"事件受伤村民，推选并组成了"乌坎村民临时代表理事会"，开始有组织、有领导地坚持理性维权和"依法抗争"，最大限度地争取媒体和舆论同情，以及尽可能避免多数村民"搭便车"的行为选择，其"政治行动的真正导因却往往是伦理和情感"，"只有在他们感到忍无可忍、不能不为他们的正当利益而奋力一争的时候,他们才会决心卷入短兵相接、情绪激昂的集体行动中"[17],从而极大地提升了抗争的合法性和正当性。"这种反抗形式是一种公开的、准制度化的形式,农民通过诉求上级政府和法律权威来对抗基层干部的曲解、滥权和枉法行为,捍卫自己的人格尊严,进行集体利益的抗争。也只有这种抗争才能使农民的集体行动显得理直气壮"。[18]这表明"乌坎事件"之所以持续时间较长,对抗强度较烈,组织程度较高,很大程度上源于领袖威望和能量较大,这又有一定的偶然性。

第三,村民不仅有经济诉求,更有政治诉求。从持续为村土地问题到各级政府上访、投诉村干部,发展到为了查清村里的土地交易和财务状况,不惜制造"群体性事件"向地方政府施压,再升级到组成"非法组织",推选产生"村民临时代表理事会",代表村民明确要求真正落实《村民委员会组织法》,重新选举村委会,主动为中共广东省委省政府依法解决"乌坎事件"预留了空间,这不仅需要村民领袖有非凡的勇气,更要有高度的智慧。为了使有组织的群体性抗争能够取得成效,组织者往往并用合法和半合法手段,尽可能使用"踩线不越界"的行动策略,"即在向政府诉苦的同时运用有节制的群体聚集手段,边缘性地触响秩序的警铃,有分寸地扰乱日常的生活,以危及社会稳定秩序的某些信号来唤醒政府出来解决他们问题的诚意。但这种手段是一把双刃之剑,它既可能很管用,也可能马上给他们带来灭顶之灾。正因为这种策略的高度危险性,更使集体行动的组织者要加强对集体行动的控制,以免授人以柄"。[19]其实陆丰市政府还是正式发出了通缉令,只是未能在第一时间成功抓捕到林祖銮、杨色茂等村民领袖,薛锦波在被捕后又意外猝死,更是令地方政府进退失据,这才最后导致广东省委以非常举措来应对和化解危机,这更是极其偶然的。如果陆丰警方及时成功地拘捕林祖銮等人,而薛锦波也没有意外猝死,"乌坎事件"完全可能结果迥异。

二、原因分析:为什么会发生"乌坎事件"?

"乌坎事件"的发生有着独特的背景和诸多深层次的原因。对"乌坎事件"发生的解读也是林林总总,见仁见智。笔者认为,中共广东省委省政府对"乌坎事件"的正确处置方式,与引发该事件的原因及定性直接相关。

(一)究竟是"境外敌对势力"煽风点火、兴风作浪所致?还是基层政府行政失当或政治错误引发?

当地基层政府曾以村民欢迎海外媒体采访、报道为由,竭力想将事件描述为少数不法村民勾结"境外敌对势力"所致,一些境外媒体也在报道中煽风点火,兴风作浪,唯恐天下不乱,似乎也给了地方政府"合法"使用国家专政机器,以暴力镇压"暴乱"的充分理由。而乌坎村民从2009年起就开始持续向各级政府上访(共计赴广东省信访局6次,赴汕尾市信访局1次,赴陆丰市信访局1次,赴东海镇政府1次)[20],却没有得到政府有效重视,长期拖延和相互推诿导致村民对政府的不满情绪逐步升级、官民矛盾日积月累,此事实却往往被基层政府所刻意回避。

但中共中央政治局委员、时任广东省委书记汪洋却从村民长期抗争、宁折不弯的现象中看到了问题的本质,明确指出:"乌坎事件的发生有其偶然性,也有必然性,这是经济社会发展过程中,长期忽视经济社会发展中发生的矛盾累积的结果,是我们工作'一手硬一手软'的必然结果。"[21]这实际上正视了"乌坎事件"是政府工作失误所致的事实,断然拒绝简单动用国家专政机器来掩盖政府失误,从而避免了给党和政府引发更大的合法性危机,从而也揭示了"乌坎事件"的必然性。

(二)究竟是在海陆丰地域特殊民风条件下的偶发现象?还是经济社会发展中系统性、结构性矛盾长期累积的必然结果?

在"乌坎事件"发生后,有一种舆论认为海陆丰地区(汕尾市)"素以民风强悍或逆反闻名,换帖结拜和结社聚义的风气很盛",有所谓"天上雷公,地上海陆丰"之称。但早在2010年3月("乌坎事件"爆发前一年),就有署名"幽壹"的网文《汕尾还有多少"定时炸弹"待引爆?》,披露当年3月"陆丰碣石镇又出事了"[22],作者认为"对于这类因土地纠纷而引发的大型冲突,近年来在汕尾大地上已不是一次两次的事情了……例如去年(2009年)的'3·11'陆河县河口特大械斗事件,还有去年(2009年)的陆丰村民悬赏百万法办贪官事件,都是因为土地纠纷而起",作者当时就判断"这肯定不会是最后一起因土地纠纷而起的恶性事件。事实上,因为地方政府的长期不作为,在汕尾大地上还暗藏着不少这样的'定时炸弹',它们只待有了合适的'导火索',立马就会接二连三地引爆"。十分不幸的是,"幽壹"的预言在一年后的"乌坎事件"中再次被证实。正如"幽壹"所述:"为什么在海陆丰大地会屡屡发生这类恶性流血冲突事件呢?除了以往所谓海陆丰民风彪悍的解释之外,是否还有其他更深层次的内在原因?"

只要人们认真反思一下在"乌坎事件"中被多数村民深恶痛绝、反复投诉的那位严重侵犯村民利益的原村党支部书记薛昌,居然是在乌坎村"执政"长达近40年,长期深受地方政府信赖的"老先进"、"老模范"[23],就不难发现乌坎村村民与地方政府的矛盾是经济社会发展中系统性、结构性矛盾长期积累的必然结果,深刻反映了地方政府的"偏好"早已与基层群众相距甚远,乃至完全对立了,其彻底颠覆了传统政治文化中代表群众利益、公正无私的"老支书"形象,而村干部们也早就与基层政府构成了利益共同体。长此以往,乌坎村民的集体抗争就势在必然了。[24]

(三)究竟是市场化改革引发的利益冲突?还是市场改革还不彻底、不完善的弊端所致?

有人认为,乌坎村的问题主要是村内利益纠纷和近年来经济高速发展、市场经济不断发展引发的矛盾,由于当年为了开发经济,吸引外商,村委会以优惠价格转让土地,并得到地方政府支持,后来经济发展了,土地价格飙升,村民才突然醒悟,要求追讨已经按法定程序转让的土地,从而引发冲突。但是只要稍加分析就不难发现,这恰恰是市场化改革不完善的弊端所致,也是政治体制改革滞后所引发的。由于作为村集体土地的共同所有者的全体村民维护和保障自己利益的经济权利和政治权利不清,市场交易行为不能有效地在相关权益者之间公开,在透明的制度平台上运作。村干部既不经过全体村民选出,又不经过多数村民同意就能把集体的资源变卖,恰恰表明在市场化改革的进程中,中国农村土地制度的产权不清,市场与公权力的关系暧昧,由此酿成严重的农村治理危机。

1992年以来,在市场化改革的大潮中,由于乌坎村党支部和村委会在兴办集体企业"陆丰市乌坎港实业开发公司",以及将该企业与港商陈文清[25]的合作经营中,长期罔顾村民利益,未经规范程序,在多数村民并不知情和同意的情况下,大量转让土地,引发村民极度不满。原乌坎村党支部和村委会的主要领导近40年连续任职,长期把持村企业的经营、管理、权力分配,与港商和基层官员的利益关系扑朔迷离,从而使该村企业的集体产权事实上被虚置,多年来村民从中所获利益微乎其微,村集体企业事实上成为村党支部和村委会主要负责人的私人企业,大量的村集体土地被转让,并履行了法定的转让手续,从而给现在合理、合法解决乌坎村的土地问题设置了巨大的障碍,其深刻地暴露了中国农村在市场化改革中没有及时、有效地推进政治体制改革。作为村民自治组织的村民委员会的自治程度很低,在传统体制下村民委员会的选举往往在"组织"安排下,事实上是走过场;而党内民主机制又运行不畅,从而导致村党支部、村委会与村集体经济组织之间严重地"党政不分"和"政企不分",这种现象不仅在乌坎村,而且在珠江三角洲乃至我国经济发达地区普遍存在。因此,如薛昌、陈舜意那样在一个村长期垄断性执掌党、政、财权长达近40年的案例也决非个案。乌坎村的案例只是以较极端的方式证明了只搞不彻底的市场化经济改革,不搞涉及权力结构体制的政治改革,在"党政不分"、"政企不分"的传统体制下,村民在所谓"集体经济"中的产权不明,土地未经"确权",他们在当年"联产责任承包制"改革中所获得的经济利益,最终只能付诸东流,以致他们为了维护自己对村土地的收益权、处分权,付出了极其惨痛的代价。

（四）究竟是改革开放以来政府官员的"权力一天比一天小，手段一天比一天少，责任一天比一天大"，"老百姓胃口一天比一天大，一天比一天难管"？还是部分官员的观念、能力、素质还停留在全能政治时代，不适应民主法治的时代趋势？

在"乌坎事件"中汕尾市的主要领导有一番很令人玩味的讲话，作为地方党和政府的代表，面对在改革进程中法治意识、权利意识不断觉醒的群众，要贯彻中央高层呼吁建设民主法治的"和谐社会"和"群众利益无小事"的精神，却又承担着长期信任、重用薛昌等人的难以推卸的政治责任，他情不自禁地感叹道："（官员）权力一天比一天小，手段一天比一天少，责任一天比一天大。然后呢，老百姓一天比一天胃口高，一天比一天聪明，一天比一天难管。国家这样的政策，一天比一天对老百姓好，但对现在当干部的可就艰苦，这一点我承认，我自己也深有感受。"[26]

很显然，汕尾市领导在应对和处置"乌坎事件"时，表现得十分无奈，他们很希望能够用传统"阶级斗争"的思维习惯来解释"乌坎村民"的"维权抗争"是如何得到"境外敌对势力"的支持，以及动用"专政机器"通缉"首要分子"，这是他们驾轻就熟的手段。但时代不同了，党的执政基础和执政理念正在改革开放中经历着重大转变，胡锦涛关于"权为民所用，情为民所系，利为民所谋"[27]和习近平关于"权为民所赋"[28]等重要论断，深刻表明了新时期党的执政理念与时俱进。"建设社会主义法治国家"[29]，"建设一个民主法治、公平正义、诚信友爱、充满活力、安定有序、人与自然和谐相处的社会主义和谐社会"[30]，正成为新时期党执政的合法性基础。正如俞可平教授所总结的那样，中国全部的政治生活正沿着五条主线发生相应的重大变化：即从斗争到和谐，从专政到民主，从人治到法治，从集权到分权，从国家到社会。[31]这也正是广东省委创新性地处置"乌坎事件"的时代背景。但我们也必须看到，以汕尾市为代表的一些地方政府官员在执行广东省委决策的过程中，思想上是很痛苦的，相当一批官员的观念、能力、素质还停留在全能政治时代，他们并没有真正认识到权力来源于人民，而哀叹自己"权力一天比一天小"；他们不习惯行使权力要受到法律制约，而感慨"手段一天比一天少"；他们没有责任政治的概念，缺乏承担责任的勇气，害怕"责任一天比一天大"；他们把老百姓视为自己管理、统治的对象，抱怨他们"一天比一天难管"；他们不懂得"追求幸福，是人民的权利；造福人民，是党和政府的责任"[32]，以为"人民幸福是党和政府恩赐"，害怕"老百姓一天比一天胃口高，一天比一天聪明"。全能主义政治和官本位所造成的强国家、弱社会的状况，使民间难以生长出监督政府和官员的舆论力量，全能主义的政治传统也养成了政府官员对民众的傲慢与偏见，这就决定了他们对村民长期上访投诉的官僚主义态度和对村民集体抗争的必然打压。[33]

三、个案特色："乌坎事件"戏剧性结果的原因何在？

"乌坎事件"以悲剧开场，戏剧性落幕，得益于中共广东省委省政府在国内外复杂局势中审时度势，反复权衡利弊得失，在警民冲突、官民对峙的千钧一发之际，解放思想，果断决策，以创新性举措一举扭转被动局面，为我国解决此类事件开拓了新思路，提供了新经验。但相较于目前中国大多数"群体性事件"和"抗争性政治"的处置结果，这却有着相当的偶然性。究其原因，大致有如下三大方面：

（一）改革开放以来党的执政理念重大转型为广东省委指明了正确方向，但这远没有成为全党共识

改革开放以来，党在理论上逐步否定"以阶级斗争为纲"，彻底否定"无产阶级专政条件下继续革命理论"，强调"建设社会主义法治国家"，"实行依法治国的基本方略"，提出构建"民主法治、公平正义、诚信友爱、充满活力、安定有序、人和自然和谐相处的社会主义和谐社会"[34]；党在实践中逐步由"阶级斗争为纲"的"阶级性"革命党，向在民主法

治条件下领导国家现代化建设的执政党转型，从"三个代表"重要思想到"科学发展观"，党正在按照"科学执政、民主执政和依法执政"[35]的要求，坚持以提高执政能力为重点，全面加强和改进党的思想、组织、作风和制度建设，为经济社会发展提供政治保证。正是党中央这一系列顺应时代发展、与时俱进的重大意识形态的理论创新，为广东省委省政府在民主法治基础上，理性妥善应对"乌坎事件"确立了正确的指导思想。

但党中央重大执政理念的转型要逐步转化为地方党委和政府的具体实践，不仅有相当的时间差，而且还存在广泛而复杂的歧义，主要原因如下：其一，由于我国对以"文革"为登峰造极表现的传统极左意识形态并没有经过系统的价值清理，某些地方党和政府不仅习惯，而且倾向于用传统"阶级斗争"的观念来应对复杂的利益纠纷，以便简单化地"合法"动用暴力手段和专政机器来解决问题。其二，我国在文本制度上关于公民和党员政治权利的相关规范，在现实生活中具体落实不仅有差距，而且事实上还难以得到司法救济，宪法和党章规定的权利不必真正落实，对某些地方党委和政府早已司空见惯，习以为常。其三，复杂的现实利益纠葛。盘根错节的特殊利益网络，也使地方党和政府中的部分人对于中央精神阳奉阴违，选择性执行。其四，某些似是而非、有着强烈意识形态"话语霸权"的观念也一直困扰着许多官员，正如当时省委领导同志所指出的，"必须破除人民幸福是党和政府恩赐的错误认识"[36]，我们以为还应加上"必须破除地方党和政府天然代表人民利益而没有自己利益，而普通民众素质差，文化低，没有能力代表和管理自己的错误观念"；再如"专政"的概念虽早已不在官方文献中公开宣示，据林尚立教授统计："中共十四大报告中有四处提到'人民民主专政'；十五大报告中减少为三处；十六大报告中没有一处用'人民民主专政'一词，'人民民主'成为唯一的标准提法；十七大报告明确指出：'人民民主是社会主义的生命。'这个变化过程是逐渐的，但却是深刻的。"[37]但笔者以为中国官方并未正式宣布放弃过"人民民主专政"的提法，某种意义上毋宁说中国政治语境中的"人民民主"只是"人民民主专政"的某种隐晦表述，中国的地方官员往往更愿意相信"专政"的暴力，而不是"民主法治"的权威。

广东省委的指示是"乌坎事件"转危为安，化"危机"为"机遇"的关键，体现了党的正确领导，他从地方党委和政府的失误找问题的根源，而不是纠缠于境外媒体的兴风作浪，推波助澜，避免简单粗暴地用专政手段解决问题。广东省工作组承认了"乌坎村村民临时代表理事会"是村民利益的真正代表，通过落实《村民委员会组织法》，将原来体制外的"乌坎村村民临时代表理事会"主要成员通过合法程序转变为村民委员会成员，将体制外村民政治参与的诉求纳入到我国政治制度的体制内来有序释放，创造性地贯彻落实科学发展观，化解了社会危机，体现了高超的执政智慧。

广东省委处理"乌坎事件"的方式表明，党和政府相信村民有能力代表自己的利益和实现村民自治，基层党组织和政府并不必然代表村民利益，如没有群众监督，不仅可能行政不作为，而且可能以权谋私。

但党在改革开放以来执政理念的重大转型还远没有完成，更没有成为全党共识，在社会利益关系高度分化和对立的当下，笔者在调研中发现，即使在广东，仍有不少地方政府官员对省委处理"乌坎事件"的举措不以为然，颇多微词。笔者在与各地部分党政官员的访谈中，逐步意识到多数官员本能反对广东省委向"暴力抗法"的"造反"村民妥协、退让，而主张坚决镇压。一方面，从维护政权稳定角度而言，地方官员更多从微观和个人利益考虑，他们与乌坎村民事实上分属于不同的利益集团，而广东省委显然是从宏观和全局角度来研判、权衡如何处置"乌坎事件"更有助于维护、巩固执政党的政治合法性基础；另一方面，地方基层党政官员相对缺乏灵活应对治理危机的能力和资源，广东省委的处置方式令他们有在以暴力"维稳"前线被"出卖"的感受。

（二）广东省委创新性贯彻中央精神为妥善解决"乌坎事件"奠定基础，但这并不具有法治化、制度化改革的趋势

亨廷顿曾指出：现代性孕育着稳定，而现代化过程中却滋生着动

乱。[39]中国现正处于现代化的过程中，迅速而重大的社会转型中，产生一些不稳定因素是不可避免的，重要的是为了维护社会稳定，巩固执政基础，执政党必须避免"透支"自己的执政资源，尽最大限度挖掘现行体制的吸纳空间和制度弹性，因势利导地将不稳定因素化解在现行制度的框架内，从而避免引发更大的社会冲突。"乌坎事件"的有效处置，很大程度得益于广东省委创新性地贯彻落实中央的"科学发展观"，通过支持村民"维权"来实现基层"维稳"，通过落实《村民委员会组织法》赋予村民的政治权利，来有效维护和逐步实现村民的经济利益诉求。

长期以来，地方政府在应对基层群众抗争的群体性事件中涉及暴力抗法的相关事件时，比较通行的做法一般是严惩组织者、煽动者，以刑事犯罪追究其责任，然后对多数参与者和相关利益群体的经济诉求给予一定程度的回应，从而在表面上平息事态。也就是以让多数人一定程度地"搭便车"，而让组织者、煽动者承担风险和责任的方式，来分化、瓦解基层抗争性群体，寻求事件的迅速平息，而避免真正触及引发事件的体制机制原因，特别是忌讳群众的相关政治性诉求，从而往往为下一次类似事件埋下祸根。

而中共广东省委在处理"乌坎事件"中却率先打破常规，不是就事论事地严厉打击有"暴力抗法"现象的"维权"群众；也不是简单动用国家暴力机器来给基层政权"维稳"；更不是将基层群众对政府的不满和抗议笼统视为"阶级敌人"或"境外敌对势力"的破坏、捣乱，来掩盖地方政府的过失；而是正面、主动、积极地回应"抗争群众"的诉求，特别是政治诉求，从而试图通过"维权"来实现"维稳"，从体制机制的改革中寻求解决问题的新途径，这不仅具有高度的政治智慧，也表现了巨大的政治勇气，是改革开放以来，在应对基层群众的"抗争性政治"中一次重要的思想解放和创新探索。

但这事实上又是在地方政府动用国家专政机器压制乌坎村村民抗争失效后，广东省委理性预判更大规模的暴力冲突将导致更严重的政治后果的前提下，作出的紧急危机处理，而非法治化、制度化趋势的改革。

（三）乌坎村村民政治智慧和维权能力显著提升为有效化解危机提供了可能，但这些要素在当下大多数群体性事件中还不具备

首先，经过市场经济洗礼的新一代村民的综合素质全面提高，公民社会逐步成长。在市场经济的发展中，长期在外经商、打工的经历，开拓了村民的视野，促使他们的权利意识、法治观念和公民精神逐步觉醒，他们长期抗争，坚持不懈，逐步走上了高度组织化维权的道路，从"乌坎热血青年团"QQ群[40]广泛发动和联络村民，到"乌坎村村民临时代表理事会"的出现；从充分借助传统媒体和网络新媒体表达诉求，到娴熟运用现代视频技术记录维权过程，收集、保留原始物证；从提出清查村集体土地买卖问题和村财务问题等经济诉求，到提出落实《村民委员会组织法》的政治诉求，无不反映了新时代村民的素质与能力。

其次，在新一代村民中涌现出以林祖銮为典型代表的"意见领袖"。林祖銮[41]是一位有着几十年党龄的复员军人，长期接受党的教育，曾担任过村委会的副主任，有较强的组织管理能力，对党的政策和国家法律有较深入的理解，又在市场经济大潮中经商致富，年近70岁高龄，站出来领导维权，被多数村民本能地视为完全不是出于私利，而是为了公益和公平、正义，也因此在群众中享有很高的威望和公信力，能够较有效地集中反映村民的诉求，并具有理性约束多数村民合法维权的能力。特别是他一度被陆丰市政府列为头号被通缉者而承担了极大的政治风险，其所体现的为村民公共利益而自我献身的公共精神，被视为"小村曼德拉"。他从乌坎村村民有组织抗争的"精神领袖"，逐步转变为中共广东省委妥善处置"乌坎事件"的理性谈判对象和有效合作者，以及最后成为中共在乌坎村实现有效领导的正式代表，身份多次转换，这既是中共广东省委与时俱进、因势利导地创造性化解基层治理危机的成功体现，也是新时期村民素质和能量的体现。

再次，新一代村民的政治经验和政治谋略在不断累积。在维权的艰难进程中，乌坎村村民不断总结经验教训，他们一方面认为在基层政府长期

推诿拖延、对村民诉求无所作为的情况下，只有不断扩大事态，吸引媒体关注，才能引发高层政府的重视。因为多年的上访实践和与基层政府的博弈表明，在一些利益纠纷错综复杂的地方，对底层民众的诉求事实上存在着"大闹大解决，小闹小解决，不闹不解决"的现象；而有效借助境外媒体的报道，来对地方政府施加压力，往往是村民津津乐道的成功经验。在他们看来，在现行体制下，基层政府官员并不在乎民众的诉求，而只在乎掌握他们"乌纱帽"的上级官员，因此，村民只有不断扩大事态，迫使高层政府介入，才有可能实现诉求。但另一方面，他们又懂得必须将自己的行为尽量控制在法律允许的范围内，尽可能"踩线而不越界"，特别是必须善于将境外媒体的负面作用降低到最低限度，村民们坚决否认有所谓"乌坎起义"，无论境外媒体如何煽风点火，推波助澜，村民秉承中国农民传统的"只反贪官，不反皇帝"的政治智慧，坚定相信"中共有青天"，反复打出"拥护共产党，拥护党中央"、"要求中央政府正视乌坎诉求"的标语，并不断通过微博向外表示他们都是共产党员、共青团员，从而为高层政府出面收拾残局预留了台阶，也体现了中国农民的政治谋略，他们不仅具有强烈的"权利意识"，并开始拥有了初步的"责任意识"。笔者在调研中发现，在广东和其他地方仍有不少官员对广东省委处置"乌坎事件"的手法表示不以为然的同时，乌坎村现在的村民委员会主要成员则自觉地意识到乌坎村村民的命运已经不可避免地与省委的决定紧密联系，他们有责任积极与省工作组协调合作，努力遵循民主法治的轨道，通过体制内的博弈来逐步解决历史上长期积累的问题。

四、现实困境：乌坎村村民自治面临新挑战

从2012年3月4日乌坎村选举产生新的村委会以来，乌坎村的治理进入了崭新的阶段。广东省委应对"乌坎事件"的创新举措虽很受媒体好评，但一些地方政府官员也颇多微词。而要有效解决村民的土地诉求问题，新成立的村委会则面临更为严峻的挑战，而这在现行体制内又是必然的。

（一）非制度化的官民博弈中，政府的妥协缺乏法治提升与制度改良的空间，只能使村民暂时停止抗争，却并未能真正消弭引发冲突的根源

我国地方政府在处理群体性事件时，往往以"维稳"为基本目标，只追求"摆平"冲突，并不真正重视，也没有能力消弭引发冲突的根源。常见的方式是两个极端：其一，能拖则拖，能堵则堵，为了不引起上级不满，尽可能堵塞群众利益的表达渠道，想方设法"截访"，将麻烦留给下任。其二，为了摆平事态，避免上级政府的追责，脱离法治，不按制度，尽可能"花钱买太平"、"买平安"、"买稳定"、"用人民币解决人民内部矛盾"。

从对"乌坎事件"的处置来看，不难发现关键原因也是由于高层政府的妥协和善意，虽然事后乌坎村村民进行民主选举，维权领袖林祖銮被纳入体制内，成为乌坎村新的党政领导人，使得"乌坎事件"更富有传奇色彩。但在事件爆发过程中，地方政府先是对村民多年上访再三推诿，后又想动用国家机器通缉维权领袖，最后实在是为了摆脱大规模流血冲突必然带来的巨大危机，才决定"化干戈为玉帛"，可以说对于"乌坎事件"的处理依旧是政府在特殊时期为了平息事态的"摆平式"机会主义的行政行为，不仅表明现行信访制度的失败，也完全缺乏司法救济机制。特别是引发事件的主要原因，土地问题实在太棘手，"乌坎村已被上届村委会转让的土地有一万两千亩左右，其中已经履行法定程序办理国土证的有七千亩，要收回的难度很大。"[42]而且此类现象在广东，乃至全国都不胜枚举。广东省政府只能不断运用行政手段和财政资源来投资乌坎村的民生建设，诸如修路、铺设自来水管道、完善村学校的设施等，试图以此缓解村民对收回土地的诉求，依赖的还是现行体制内较少受到监督制约的行政权力，并非法治手段。从当地政府的角度看，违反规则和法治的事情积累多了，现在即使想用法治的方式来解决都越来越困难，因为弄不好就会引起连锁反应，其他存在土地纠纷的村庄也会效仿乌坎，这样将会产生不可预料的政治后果。

正如孙立平教授认为，现在无论体制内外，对于一些问题长期得不到解决，甚至越陷越深，有许多抱怨。如果仔细分析，这个问题背后，实际上是我们在解决这些问题时面临的一种深深的困境，一种进退维谷的困境。孙教授将其称之为"纠错困境"[43]。这种困境也意味着乌坎村村民试图收回"失地"的原始诉求几乎是无解的难题。

（二）乌坎土地问题的复杂性与部分村民对土地的激进诉求，使新一届村委会陷入困境

乌坎"失地"村民的抗争性维权，从表面看是直接针对原村党支部书记薛昌和原村委会主任陈舜意未经村民同意，未经规范程序"变卖"集体土地，但实际上如果没有基层政府的介入与支持，大量土地的转让并已履行法定程序是根本不可能的。从根本上讲，如果没有更深入的农村土地制度的改革，不真正解决农村土地"确权"问题，类似乌坎村的土地纠纷就难以杜绝。因此，乌坎村村民要求收回"失地"的诉求，在合法选出新的村委会后，就转化为对新一届村委会的压力，新村委会也自觉地意识到他们有与政府合作，妥善解决乌坎土地问题的责任。为了取得村民的持续支持，2012年9月21日，林祖銮告诉村民，目前已有3853.41亩被非法转让和分配的土地确定归还乌坎村。此外，由广东省、汕尾市、陆丰市等各级政府支持建设的6项总投资达6000万元的民生工程进展顺利，乌坎村土地权属界线核定工作有效推进[44]。但不少村民对此还是不满意，他们要求收回所有"失地"，要求新一届村委会分钱、分地，认为村委会没有满足他们的要求，没有给他们带来明显的利益，因此，不断对村委会施加压力，甚至扬言还要改选村委会，酝酿再次向政府示威。从这个意义上，可以说，广东省委处置"乌坎事件"的创新举措，在全面落实村民自治后，已经使政府成功地将来自村民的压力转移给了新一届村委会。

乌坎土地问题直接牵扯到村民、村委会、投资商和政府等多方面的复杂关系。村民关切的土地问题就是要求收回从上世纪90年代开始陆续被原村委会"有偿"转让的村集体所有的土地。而投资商当初则是由地方

政府招商引资而来，并在地方政府支持下有偿获得土地。原村委会则是配合地方政府招商引资，有偿转让土地，并在地方政府支持下履行相关法定程序。

村民要求收回已被转让土地的诉求能否实现，从法律上来讲，关键是涉及原村干部出让土地的合同是否有效。对于有效合同中出让的土地，在法律法规的框架下已经无法收回，村民对于这部分土地的诉求实际上是难以满足的。村民如要收回此类土地或者政府对村民进行赔偿，全国范围内会产生难以预料的连锁反应。所以村民只能收回无效合同中出让的土地，而很难收回有效合同中出让的土地。当然，对于无效合同中出让土地的收回也需要一个处理过程，如果土地尚未开发，则可以恢复原状归还村民，如果已经开发的话，就只能利用政府赔偿的方式，政府赔偿又存在很多法律和政治障碍。

所以，乌坎的土地问题是复杂历史条件下长期形成的矛盾，需要包括村民、村委会、投资商和政府多方博弈，才可能逐步解决，问题的复杂性决定最后解决不仅需要一个较长期的过程，而且有待博弈各方的进一步妥协和交易。但部分激进村民一味要求全部收回"失地"的极端诉求，正不断使试图与政府理性合作的新一届村委会陷入困境。

（三）乌坎的村民自治正在经受严峻的挑战

首先，中国高层决策层发展基层民主、推进村民自治的政治决心正在受到严峻的考验。中共十八大报告所作出的"加快推进社会主义民主政治制度化、规范化、程序化，从各层次各领域扩大公民有序政治参与，实现国家各项工作法治化"，"健全基层党组织领导的充满活力的基层群众自治机制，以扩大有序参与、推进信息公开、加强议事协商、强化权力监督为重点，拓展范围和途径，丰富内容和形式，保障人民享有更多更切实的民主权利"[45]等表述，是中国执政党对基层治理发展的理想原则，能否在现实中不断得以实现，正在挑战着各级地方政府。由于汕尾市、陆丰市等地方政府在"乌坎事件"的应对过程中处境尴尬，本来就对广东省委处置事件的特殊举措颇多微词。为了尽可能妥善处理乌坎事件的遗留问题，广东省委省政府曾频频向乌坎村释放善意。2012年4月18日，广东省委副书记朱明国到访乌坎时，承诺为村民们解决诸多影响生产生活的困难。20日，广东省委工作组列出2012年乌坎村基建设施配套援建项目汇总表，需要修建整改的项目共计十几项，包括自来水供应设施改建、村道建设、村居绿化、乌坎教师住宿楼、学校图书馆，以及避风港和航道清理等。目前，已确定图书馆总投资133万；村道建设项目总投资1004万；自来水建设项目总投资2000万，已进入设计阶段；乌坎避风港项目建设总投资600万；该村教师宿舍项目总投资787万。2012年4月23日，查处和收缴原村干部违纪款共计106.77万元。其中，按规定拟退回乌坎村46.3万元，退回乌坎港公司3万元。[46]但乌坎村部分村民似乎对此并不领情，还在不断扬言如果不能完全收回"失地"，将重新示威抗议游行。随着原广东省委书记汪洋升任国务院副总理和副书记朱明国兼任省政协主席，新一届广东省委将如何处理"乌坎事件"的遗留问题值得关注。

其次，乌坎村村民能否理性、负责任地有效实现村民自治也正在经受严峻的考验。广东省委处置"乌坎事件"的方式，实际上是对村民维权压力的重大妥协，是高层政府为缓和冲突，寻求在制度框架内依法妥善化解危机的创新性举措，其本来也面临体制内传统观念的非议，因而承受着极大的政治压力。而部分激进村民却误以为是自己逼得政府退让了，不懂得理性妥协，但部分村民只有权利意识而缺乏责任意识，一味要求收回全部"失地"，而且对政府，特别是基层政府极不信任，他们那些难以满足的诉求正在使与政府理性合作博弈的新一届村委会进退维谷。由于乌坎土地问题的复杂性，少数激进村民失去耐心，在"乌坎事件"发生一周年之际，乌坎村再次爆发抗议游行，大约100人走上街头，表达对政府和村委会的不满，引发舆论对乌坎前景非常担忧的声音出现。如《华尔街日报》所称"乌坎的幻灭感象征着中国自下而上的基层民主面临的局限"，"现在，乌坎的希望已经破灭"。[47]这是很令人忧虑的，乌坎村村民只有在与政府已经达成的谅解的基础上，在现行法律框架内，以建设性的方式追求可实现的有限目标,争取体制内更多力量的支持,才可能真正实现乌坎村村民利益的最大化。

最后,乌坎村新一届村委会能否在政府与村民之间有效斡旋,既最大限度理性代表大多数村民的合法利益,又配合政府保持社会稳定,成为乌坎村村民自治是否成功的严峻考验。由于2012年2、3月间,乌坎村民主选举村委会得到国内外广泛关注和赞赏,海外媒体高度评价,如《华尔街日报》称"乌坎村民选举试水中国草根民主","乌坎选举带给中国的新思路"[48],国内还有网友和学者把"乌坎选举"与1979年"小岗村"的"包产到户"相提并论,称"乌坎已经成为中国政治变革的小岗村"[49],乌坎选举被广泛看作对于中国基层治理改革具有重大的指标意义。2012年2月6日《中国青年报》发表祝华新的文章,认为"这说明中国人配得起搞民主,中国民主素质论者可以休矣"。[50]《新京报》发表社论:公开透明的选举开启乌坎未来。[51]甚至有学者还运用了"乌坎模式"的提法。而《环球时报》则发文:外媒拔高乌坎选举很蹊跷。[52]社会舆论的高度关注,一度也曾让新一届村委会踌躇满志,他们天真地相信,只要推翻了原来的村委会,就可能通过清查账目和土地交易,为村民追回重大利益。但以后的经历很快就让他们陷入尴尬,一方面清查出来的被原村委会非法占有的利益远不像村民们想象的那么大,另一方面是大量由原村委会有偿转让的土地,很多已履行法定程序,不可能追回了。广东省委省政府希望动用公共财政大量投资村的民生工程来和村民置换利益,却得不到村民特别是一些较为激进的村民认同,新一届村委会在激进村民和政府之间处境难堪。2013年2月14日搜狐网上一篇题为"广东乌坎民主自治陷入困境,维权骨干分子渐分化"的记者采访,反映了村党总支书记、村委会主任林祖銮深感压力巨大,心力交瘁,而又得不到村民理解的感慨。笔者在乌坎村的调研中也发现,村委会成员、代表激进村民的庄烈宏已辞职,表明新一届村委会正面临分裂趋向。一些村委会成员也承认缺乏经验,部分村民的急功近利和诉求激进的言行、宗族矛盾、原村委会势力的处处阻挠以及现行体制机制的巨大运行惯性,往往使他们内部意见分歧,不知所措。林祖銮曾向笔者表示，不后悔领导村民维权，但后悔出来担任村官。村委会副主任杨色茂也表达了他只希望能坚持最后一年的任期，时刻准备将困境留给下一届村委会来应对。

五、观察思考："乌坎事件"证明了什么？

中共广东省委有效处置"乌坎事件"的生动案例与时下一些地方政府"为创新而创新"的"假创新"、"伪创新"相比，是不折不扣的体制机制变革意义上的地方政府创新。

首先，它事实上推进了有助于体制机制变革的思想解放和观念创新。中共广东省委明确提出要改"权力维稳"的思路为"权利维稳"，认为党和政府要通过尊重和保障公民权利的"维权"来实现政治上的"维稳"；汪洋更是明确表示，"必须破除人民幸福是党和政府恩赐的错误认识"，肯定"追求幸福是人民的权利，造福人民是党和政府的责任"。广东省委肯定乌坎村村民的主要诉求合理，多数群众的过激行为可以理解和谅解，事实上承认"乌坎村村民临时代表理事会"的村民代表地位，并严格按照法定程序将其主要领导成员依法选为村民委员会成员，实际上肯定了基层群众有权利自己组织起来代表自己的利益。这些都是可能极大地推动体制机制改革的观念创新。

其次，它事实上已经实现了体制机制的改革创新。虽然乌坎村2012年重新选举村民委员会的实践是完全按照《村民委员会组织法》和《广东省村民委员会选举办法》进行的，在文本制度意义上"没有任何创新"，但在实际操作的体制机制上，却是一改传统"确认式选举"惯例，充分激活了文本制度内在的自由竞争式选举的基因。其选举程序的规范、选举规则的公正、选举过程的透明，是多数地方村民委员会选举所难以望其项背的，以实践纠正了以往村民委员会选举"走过场"现象，体现了广东省委对推进村民自治的诚意。而广东省委处置"乌坎事件"的特殊举措和乌坎村村民自治的实践，也有效地分化了乌坎村村民，不仅争取和团结了多数理性的村民,并成功地将部分激进村民对地方党和政府的"维权压力"转移到新一届村委会,有效地使村民自治成为激进村民与地方政府之间的"防火墙"。这些都有着鲜明的体制机制改革创新的特色。

中共广东省委有效应对和成功处置"乌坎事件"的案例证明:

第一,在改革开放进程中,只搞经济体制改革,不深入进行政治体制改革,经济体制改革取得的成果不仅难以巩固,而且可能得而复失。正如时任国务院总理温家宝 2010 年 8 月考察深圳时所强调的:"不仅要推进经济体制改革,还要推进政治体制改革。没有政治体制改革的保障,经济体制改革的成果就会得而复失,现代化建设的目标就不可能实现。"[53] 乌坎村村民事实上丧失了对村集体所有土地的应有权利,深刻地反映了中国农村权力结构体制和土地制度的弊端。

第二,对于在市场经济条件下出现的社会利益分化和利益矛盾,只有通过发展民主法治,才是文明合理的治理之道和唯一可行的出路。2012年 5 月 9 日,中共广东省第十一次代表大会上的报告指出,"我们要以自我革命的勇气,坚决打破背离社会主义市场经济改革方向的利益格局","坚持社会主义市场经济的改革方向,必须强化民主法治"[54],这正是成功处置"乌坎事件"的重要经验。

第三,民主政治的发展是广大人民群众在市场经济基础上权利意识、法治意识、参与意识和责任意识不断提高前提下逐步推动的,是民众努力、积极争取的结果。正如 2012 年 3 月 5 日下午,十一届全国人大五次会议广东代表团开放团组会议上,汪洋回答记者问题时所说,"乌坎的民主选举是按照村民委员会的《组织法》和《广东省村民委员会选举办法》进行的,没有任何创新,只不过我们把选举法和组织法的落实过程做得非常扎实,让这个村子在过去选举中走过场的形式作了纠正,如此而已"。[55] 而乌坎村村民民主权利的实现恰恰证明了即使是依法实行民主选举,也是他们付出了十分沉重的代价才努力抗争得到的成果。

第四,在缺乏民主政治传统的新兴发展中国家,市场经济发展所催生的社会力量的参与和分享诉求,是可能得到国家公权力积极回应的。只要国家理性认识到使用暴力去压制社会力量成长所需支付高昂的政治"成本",会极大地透支党和政府的"政治合法性"资源,就可能理性拓宽民众政治参与的空间,民主政治就可以在社会与国家的良性互动中逐步发展。"乌坎事件"的有效化解生动地证明了这一点。

第五,我国目前文本形式的民主制度已达很高的程度,宪法和党章规定的公民和执政党党员享有的政治权利是很充分的,只要将现行文本制度的民主基因充分激活,强化执行细则,落实违法追究机制和司法救济程序,最高决策层率先垂范,全面纠正如乌坎村过去那种"走过场"的选举模式,我国的民主政治就有极大的上升空间。

第六,民主选举只是民主治理的重要组成部分,而不是全部。作为缺乏民主传统政治文化的超大规模多民族国家,不仅各级党和政府必须长期经受民众政治参与诉求不断增长的挑战,而且广大群众也有个学习民主政治、熟悉民主程序、养成民主习惯、培育民主精神的长期过程,只有坚持以文明的方式来解决利益冲突的价值取向,才可能逐步使官民双方和各种政治力量在不断沟通、充分协商、理性表达、妥协交易的相互博弈中累积经验、创造条件、培育基础,探索一条有中国特色的民主政治发展道路。

第七,现阶段我国多数地区基层民众的主要诉求还是经济性质或民生福利性质的,除了少数"先进分子",绝大多数群众如果有政治性诉求或"公民权利诉求",也主要是试图通过伸张自己的政治权利来维护或保障自己的生存权利或经济权益。乌坎村现在的困境是村民更多地想要"钞票"胜过要"选票",给了"选票"却没给够他们想要的"钞票",部分激进村民仍意犹未尽。如果国家在今后相当一段时期内,在民生福利方面给民众更多的期待和想象,以给民众更多"福利"和"钞票"的希望,有可能延缓民众对"选票"的强烈诉求。

第八,作为超大规模国家,只要没有高度组织化的全国性反对力量及标志性人物与外部敌对势力里应外合,执政党和政府在时间和空间上均有机会、能力与时俱进地开拓高度灵活的政策回旋空间和超强政治吸纳能力,以拓展和扩大执政基础,改善和提升执政能力。

附表

附表 1　乌坎村村民维权（信访、上访）简要历程

时间	地点	事项
2009年6月21日	广州中山纪念堂	上访村民商讨上访之事时，遭乌坎村干部等20余人联合广州当地警察的恐吓与驱赶
2009年6月22日	广东省信访局	7名村代表赴广东省信访局上访，上交信访资料后接到《广东省信访局信访事项介绍信》
2009年6月26日	陆丰市信访局	4名村代表赴陆丰市信访局，上交信访资料并会谈后，市委书记陈增新亲笔批签接访登记表，同时表明15天内答复
2009年7月14日		乌坎一村民接到了陆丰市东海镇工作人员的来电回复，并约定3天后在陆丰市东海镇镇政府会议室会谈
2009年7月17日	东海镇镇政府	村民们组织了5名代表赴陆丰市东海镇镇政府进行会谈（陆丰市委某常委和东海镇书记参加），上交信访资料；会谈后镇政府承诺全力关注与清查，且在一个月内给予答复
2009年9月9日	汕尾市信访局	村民们组织了5名代表去汕尾市信访局上访，上交信访资料会谈后，信访局表明会督办此事，且在两个月内给予答复，若无答复建议直接上访广东省信访局
2009年11月30日	广东省信访局	村民们组织了7名代表赴广东省信访局上访，上交信访资料会谈后，接待人员表示对此事进行督办
2010年4月15日	广东省信访局	村民们组织了7名代表赴广东省信访局上访，上交信访资料会谈后，接待人员表示对此事进行认真督办与关注
2010年8月2日	广东省信访局、广东省人大信访办	村民们组织了5名代表赴广东省信访局上访，上交信访资料；当天下午5名代表再赴广东省人大常委部门信访局上访
2010年11月24日	广东省信访局	村民们组织了5名代表赴广东省信访局上访，接访领导深感同情与愤怒，表示将进一步跟进
2011年3月14日	广东省信访局	村民们组织了5名代表赴广东省信访局上访，接访领导表示大力督办

附表2　乌坎村村民临时代表理事会主要成员情况

姓名	当选票数	职务	事件中的遭遇	现任职务
林祖銮		顾问	陆丰警方通缉名单头号人物	村党总支书记、村委会主任
杨色茂	78票	理事长	陆丰警方通缉名单二号人物	村委会副主任
张德家	73票	副理事长、秘书长		
薛锦波	63票	副理事长	2011年12月9日被刑事拘留，12月11日死亡	
孙楚浩	63票	副理事长		
黄金奇	60票	理事		
庄汉碧	57票	理事		村委会治安队队长
蔡礼调	56票	理事		村监事会主任
曾昭亮	49票	理事	2011年12月9日被刑事拘留，至今仍被关押	
李永平	48票	理事		
林水清	43票	理事		
刘水森	39票	理事		
洪锐潮	39票	理事	2011年12月9日被刑事拘留	村委会副主任
张建城	38票	理事	2011年12月9日被刑事拘留	村委会委员

附表3　原乌坎村干部出让土地简要历程[56]

出让时间	具体内容
1992年7月	东海经济开发区管委会与乌坎管理区办事处签订征地土地协议，统征东海大道的土地及其两边各60米的土地，面积329.52亩
1993年5月	东海经济开发区管委会与乌坎管理区办事处签订统征土地协议，统征幸运岛（原名虎舌）土地1890亩，其中175亩已付清征地补偿款，并办理用地手续
1992年—1993年	东海经济开发区协议统征乌坎村范围内土地面积3580.72亩，其中未办理用地手续且未建设使用的用地为2100.96亩
1996年8月	乌坎管理区与陆丰市鸿祥港务有限公司签订协议，出让土地40255平方米

（续表）

出让时间	具体内容
1997 年	将约为 434.8 亩土地分配给村民建住宅，并未办理任何用地手续
1997 年 10 月	1997 年 10 月，陆丰丰田畜产有限公司与东海镇乌坎管理区签订《国家建设用地征用土地协议书》，征用土地 402.51 亩（即 268340 平方米），用于建设养殖基地，期限为 15 年（1995 年 10 月 25 日至 2010 年 10 月 24 日）；2010 年 2 月 28 日双方修改合同，延长期限 5 年
1998 年	经省国土资源厅批准，出让 402.5 亩土地给丰田畜产公司，用途为畜产养殖业及成品加工基地，并存在少批多用土地 52 亩
1999 年 2 月	1999 年 2 月，乌坎管理区与深圳正明企业有限公司（陈良怡）重新签订《征地协议》，出让土地 452280 平方米
1999 年 5 月—2002 年 9 月	乌坎村、实业公司与广东亿达洲集团公司签订征地协议 5 宗，土地出让面积 456694.7 平方米，办证面积 551647 平方米
2002 年	乌坎港实业公司出让给富荣公司 37.42 亩土地的国有建设用地使用权，租期为 20 年
2003 年 3 月	实业公司与陆丰酒店（陈文清）签订协议，出让海滨大道北侧征地 18192 平方米
1993 年—2011 年	除了以上所说的出让土地外，乌坎村委会（乌坎港公司）还涉嫌非法转让土地 241 宗，面积 396.6 亩

附表 4　薛昌治下乌坎村获得的部分荣誉简表[57]

时间	荣誉名称	颁发单位
1996 年 7 月	"全国先进基层党组织"	中共中央组织部
1999 年	"全国文明村镇先进单位"	中央文明委
2006 年 6 月	"全国先进基层党组织"	中共中央组织部
2009 年 1 月	"全国文明村镇"	中央精神文明建设指导委员会
2010 年 7 月	"全国妇联基层组织建设示范村"	中国全国妇女联合会
1993 年—2001 年	"文明单位"（连续五次）	广东省委、省政府

附表5 原乌坎村干部不同时期出让的部分土地价格简表[58]

时间	土地出让情况	出让面积	土地补偿费	单价
1996年8月	乌坎管区与陆丰市鸿祥港务有限公司签订土地出让协议	40255平方米	1200000元	约29.8元/平方米
1999年2月	乌坎管区与深圳正明企业有限公司签订征地协议（南海庄园用地）	452280平方米	7361713元	约16.3元/平方米
1999年5月	乌坎村委会与东海镇民营企业管理委员会签订征用土地协议书（东海大道西侧、亿达洲南侧）	254720平方米	2929280元	11.5元/平方米
2001年1月	乌坎村委会与东海镇民营企业管理委员会签订征用土地协议书（合泰工业园）	159200平方米	1830800元	11.5元/平方米
2002年3月	乌坎实业公司与陆丰酒店签订出让土地协议（海滨大道北侧）	18192平方米	1091550元	约60元/平方米
1999年—2002年	乌坎村、实业公司与广东亿达洲集团公司签订征地协议5宗	总计456694.7平方米	总计9968682元	15—60元/平方米不等

附表6 乌坎村界限范围内土地现状[59]

	土地状况	面积（亩）
1	未办理国土证、已收回	3928.41
2	已纳入处置范围、暂未收回	1617.12
3	已处理与邻村争议土地	177.96（171.32归还乌坎）
4	闲置、且已经办理国土证	7273.99
5	无争议的土地	4882.44
6	滩涂与公共用地	4119.49
总计		21963.41

【注释】

〔1〕 本文中所指的两个重大事件，其一是 2012 年 2 月 6 日重庆市副市长王立军进入美国驻成都总领事馆，滞留一天后离开引发关注的"王立军事件"，其二是本文所解读的"乌坎事件"。

〔2〕 刘素楠：《2011 年度"公民社会十大事件"揭晓》，载《南方都市报》，2012 年 2 月 20 日，A30 版。

〔3〕 根据乌坎村提供的资料数据和与村民的访谈资料整理。

〔4〕 此表根据乌坎村提供的资料数据和与村民的访谈资料整理绘制，数据比较粗略。

〔5〕 乌坎村村民维权（信访、上访）简要历程详见附表 1，该表根据村民提供的资料整理。

〔6〕 国内官方媒体汕尾党政信息网报导数据为 200 名，见 http://www.shanwei.gov.cn/160506.html，2011 年 9 月 22 日。香港媒体报道中的数据是近 3000 名村民。根据村民提供的影像资料，算上围观的村民，直观估测起码有千人聚集在村内旧电影院广场附近。

〔7〕《陆丰东海镇乌坎村发生少数村民聚众滋事故意毁坏财物案件》，http://www.shanwei.gov.cn/160506.html，2011 年 9 月 22 日。另有村民称掀翻警车数量为 9 辆。

〔8〕 据村民称，当天被拘捕到村边防派出所的村民有三名，于次日（22 日）晚释放。

〔9〕 乌坎村共有 47 个姓氏，各个姓氏推出 1 到 5 名代表作为临时代表，由 117 人组成了乌坎村村民临时代表大会，最后在这些村民临时代表的秘密投票下，产生出一个由 13 人组成的村民临时代表大会理事会，这个理事会便是乌坎非常时期的最高议事机构。乌坎村村民临时代表理事会主要成员情况详见附表 2。

〔10〕 在整个事件发生过程中，美国、日本、英国、法国、德国、新加坡、中国香港地区、中国台湾地区等国家和地区的约 30 余家媒体进行了报道，如《华尔街日报》、《纽约时报》、BBC、NHK、法新社、《联合早报》、香港 TVB、台湾中天电视等知名媒体。《香港明报》、《旺报》甚至将"乌坎事件"称作是"乌坎起义"，引起国际舆论关注。

〔11〕 当日的官方媒体南方网和汕尾党政信息网报道，到陆丰市政府上访的人数为约 400 人，见 http://news.southcn.com/dishi/shanwei/swyc/content/2011-11/21/

content_ 33593015. htm，2012 年 12 月 21 日和 http：//www. shanwei. gov. cn/162786. html。

〔12〕2011 年 12 月 17 日公布的陆丰市政府新闻办公室的通报：东海镇乌坎村原党支部书记薛昌，原副书记、村委会主任（已辞职）陈舜意因严重违纪问题，于 2011 年 11 月 17 日被市纪委立案查处。为进一步查清薛昌、陈舜意二人的有关问题，根据《中国共产党纪律检查机关案件检查工作条例》的规定，市纪委对薛昌、陈舜意二人实施"两规"措施。摘自陆丰宣传文化网。

〔13〕此处五人指村内维权集会的积极组织者薛锦波、庄烈宏、洪锐潮、张建城和曾昭亮。

〔14〕12 月 14 日下午，汕尾市委、市政府召开的媒体见面会上，官方通报了薛锦波死因调查情况及其他有关情况。中山大学法医鉴定中心法医刘水平在通报会上指出，薛死因系心源性猝死。法医初步确定，排除死亡是由外力导致的可能性。参见《乌坎事件嫌疑人死因调查结果 排除薛锦波外力致死可能》，载《南方日报》，2011 年 12 月 15 日。

〔15〕《乌坎村民欢迎省工作组进村，村民 20 日晚自拆路障，省工作组 21 日进村调查》，http：//www. shanwei. gov. cn/164011. html，2012 年 12 月 22 日。

〔16〕据村民透露，2012 年 2 月 10 日，陆丰市民政局与薛锦波的妻子达成协议，协议表示村民诉求合法无罪，政府以不同名义给予薛家 380 万元经济赔偿。2 月 16 日，汕尾市在汕尾殡仪馆，交还薛锦波的遗体给其家属，后遗体被运送至陆丰市永安殡仪馆亲友举行告别仪式。

〔17〕应星：《村庄集体行动的"反应性政治"逻辑》，载人民论坛《学术前沿》，2012 年 9 月上，第 38—43 页。

〔18〕同上。

〔19〕同上。

〔20〕乌坎村村民维权（信访、上访）简要历程详见附表 1。

〔21〕在 12 月 20 日举行的陆丰市干部群众大会上，关于乌坎事件的成因和性质，广东省委副书记朱明国传达汪洋书记关于"乌坎事件"的指示时提出。

〔22〕《汕尾还有多少"定时炸弹"待引爆？》，http：//blog. tianya. cn/blogger/post_read. asp？BlogID = 171120&PostID = 22314030，2010 年 3 月 10 日。

〔23〕据不完全统计，从 1993 年以来乌坎村党支部多次被省市评为先进基层党组织，

村委会五次被评为省文明单位，1996 年和 2006 年村党支部还被中组部评为"全国先进基层党组织"，"固本强基"先进党支部。薛昌 1995 年被评为省优秀党员；1996 年获"汕尾市劳动模范"称号，2005 年被评为"全国劳动模范"。薛昌治下乌坎村获得的部分荣誉简表见附表 4。此外，据村民反映，村民长期上访无效的一个重要原因是原东海镇党委书记是原乌坎村副书记薛祖专的亲外甥，是村副书记孙来国的堂兄弟。东海镇原纪委书记薛某是乌坎村原党支部书记薛昌之子。

〔24〕为平息民愤，化解危机，2012 年 4 月广东省有关方面依法对原乌坎村"两委"干部进行了查处：2012 年 4 月 23 日，广东省工作组专项小组对乌坎村原村两委干部涉嫌违纪违法问题的调查处理情况进行了通报，查出原村干部涉及非法转让土地、利用职务侵占村集体财产、非国家工作人员受贿、违反廉洁自律收受红包、违规购买小汽车、违规操作村民委员会选举等违纪问题。对原村支部书记薛昌予以开除党籍处分，收缴其违纪所得 18.92 万元；对村委会原主任陈舜意予以开除党籍处分，收缴其违纪所得 8.6 万元，如还发现涉及非法转让土地使用权等问题，进一步发现薛昌、陈舜意等人有违法行为，将与上述涉嫌违法的问题一并移送司法机关依法处理。详细内容见《乌坎原村干部被查处 收缴违纪款 106 万元》，http://politics.people.com.cn/GB/14562/17726981.html，2012 年 4 月 23 日。2012 年 8 月 10 日，原陆丰市委书记、汕尾市市委常委、政法委书记陈增新也涉嫌严重违纪被查处，见《广东汕尾政法委书记陈增新涉嫌严重违纪正在接受组织调查》，http://politics.people.com.cn/n/2012/0810/c14562-18718485.html，2012 年 8 月 10 日。这些都一定程度表明了广东省当局对乌坎村村民诉求的特定回应。2012 年 12 月底，广东省陆丰市法院作出判决，追究了薛昌、陈舜意等人的刑事责任。2012 年 12 月底，陆丰市法院作出判决：原村党支部书记薛昌被判有期徒刑 2 年 8 个月，监外执行 3 年；原村党支部副书记陈舜意被判有期徒刑 2 年 6 个月，监外执行 3 年；原村委会副主任庄景根被判有期徒刑 6 个月，监外执行 1 年；原村委会副主任孙来国被判有期徒刑 6 个月，监外执行 1 年。

〔25〕陈文清是上世纪 60 年代初乌坎村民兵队队长，1962 年和李秉记、薛锦标等带领一帮人偷渡到了香港，通过走私迅速发家，80 年代回到陆丰投资创办丰田畜牧有限公司。因为对本地经济建设发展有功，李秉记做了全国人大代表，陈文

清做了广东省第七、第八届政协委员。陈文清购得大量土地后,又联系碧桂园购买乌坎的大片土地,包括购买他此前在该处的土地资产。李秉记买了 30 万平方米的土地并在地方办理了土地使用证。1993 年至 2000 年 8 月,实业公司与港商陈文清合作经营。1993 年 4 月,实业公司与香港佳联置业有限公司(法定代表人:陈文清)签订《协议书》,合作经营开发乌坎港区道路建设和各项工程配套设施、房地产等项目。1997 年 10 月,实业公司与香港东鸿企业有限公司(法定代表人:陈文清)签订了《关于合作经营开发乌坎港区的协议》,2000 年 8 月双方通知终止合作。合作期间,实业公司由港商陈文清任董事长,乌坎村支书薛昌任副董事长和总经理,村委会主任陈舜意任副总经理。随后的十多年中,乌坎村先后引进了香港佳联置业有限公司、陆丰丰田畜产有限公司、陆丰市富荣针织有限公司、广东亿达洲集团公司、深圳正明企业有限公司等企业。除了开办企业外,乌坎村干部还以实业公司之名出让土地使用权。根据广东省工作组阶段性统计和通报,1993 年至 2011 年 9 月,乌坎村村委出让土地高达 267 宗,详见附表 3。

[26] 摘自汕尾市委书记郑雁雄于 2011 年 12 月 18 日在陆丰市干部群众大会上关于"乌坎事件"的讲话实录。

[27] 胡锦涛总书记在中宣部召开的学习贯彻"三个代表"重要思想理论研讨会上提出。

[28] 时任国家副主席习近平 2010 年在中共中央党校秋季开学典礼上提出"权为民所赋"。

[29] 1996 年 3 月召开的八届全国人大四次会议的一系列重要文件,和 1997 年党的十五大报告,依据邓小平关于民主与法制的理论和总结新的实践经验,将"依法治国,建设社会主义法治国家"作为党和国家的治国方略和奋斗目标确定下来。

[30] 《省部级主要领导干部提高构建社会主义和谐社会能力专题研讨班》,http://dangshi.people.com.cn/GB/151935/176588/176941/177536/10682309.html,2005 年 2 月 19 日。

[31] 俞可平:《中华人民共和国六十年政治发展的逻辑》,载《马克思主义与现实》,2010 年第 1 期,第 21 页。

[32] 2012 年 5 月 9 日,广东省委书记汪洋在中国共产党广东省第十一次代表大会上

有一个重要论断:"追求幸福,是人民的权利;造福人民,是党和政府的责任。我们必须破除人民幸福是党和政府恩赐的错误认识,切实维护并发挥好人民群众建设幸福广东的主动性和创造性,尊重人民首创,让人民群众大胆探索自己的幸福道路。"参见《汪洋:必须破除人民幸福是党和政府恩赐的错误认识》,http://www.chinanews.com/gn/2012/05-09/3875084.shtml。

[33] 2012年年底该官员的认识有发展,公开发表了"只有刁官,没有刁民"的言论,算是对以前言论的反省与修正,从而表现出他们对待民众、媒体、网络的态度正在适应民主法治的时代要求而有所改进。见《汕尾书记郑雁雄:没有天生的刁民 只有刁官》,http://www.gd.chinanews.com/2012/2012-11-14/2/215693.shtml?bsh_bid=190145398,2012年11月14日。

[34]《省部级主要领导干部提高构建社会主义和谐社会能力专题研讨班(2005年2月19日)》,http://dangshi.people.com.cn/GB/151935/176588/176941/177536/10682309.html。

[35] 摘自2004年9月召开的十六届四中全会作出的《关于加强党的执政能力建设的决定》。

[36]《汪洋:必须破除人民幸福是党和政府恩赐的错误认识》,http://www.chinanews.com/gn/2012/05-09/3875084.shtml。这一观点是2012年5月9日汪洋在中国共产党广东省第十一次代表大会上提出的。

[37] 林尚立、赵宇峰:《中国发展的政治基础——以人民民主为中心的考察》,载《学术月刊》,2012年5月,第19页。

[38]《温家宝总理就政府工作在广东听取基层群众意见》,http://cpc.people.com.cn/GB/64093/64094/17024978.html,2012年2月6日。

[39]【美】塞缪尔·P.亨廷顿:《变化社会中的政治秩序》,王冠华等译,生活·读书·新知三联书店1989年版,第38页。

[40] 据村民称,"热血青年团"是一个QQ群的名称,2009年清明节,一张题为"我们不做亡村奴"的传单在村中散开,传单揭发自1993年成立"乌坎港实业开发有限公司"后,乌坎村村干部就开始私下变卖村中的土地,呼吁全村人守土问责,落款是"爱国者一号"(网名)。然后"爱国者一号"组建乌坎"热血青年团"QQ群组,并开始在QQ群组相约,促成了2009年6月21日乌坎村村民到广州省政府集体上访的开始。

〔41〕 2011年林祖銮67岁，18岁参军，入伍仅8个月后加入中国共产党，上世纪70年代担任过乌坎的村干部，后在东海镇商业系统当过干部，1983年下海经商，在东莞市经营服装贸易，90年代末退休回村居住。

〔42〕《对话林祖銮：乌坎自治短期内或有反复 但不会倒退》，http://news.ifeng.com/exclusive/fangtan/special/linzu/#pageTop。

〔43〕 孙立平：《乌坎模式的意义》，载《经济观察报》，2012年2月23日。

〔44〕 詹奕嘉：《乌坎事件一周年见闻：探索破解基层治理难题》，http://www.chinesetoday.com/zh/article/665436。

〔45〕 参见胡锦涛：《坚定不移沿着中国特色社会主义道路前进 为全面建成小康社会而奋斗——在中国共产党第十八次全国代表大会上的报告》，人民出版社2012年版。

〔46〕《乌坎原村干部被查处》，http://news.southcn.com/g/2012-04/23/content_43858292.htm，2012年4月23日。

〔47〕《乌坎民主梦幻灭突显基层民主局限》，http://cn.wsj.com/gb/20121109/bch093711.asp，2012年11月9日。

〔48〕《乌坎选举带给中国的新思路》，http://cn.wsj.com/gb/20120305/bch105548.asp?source=NewSearch，2012年3月5日。

〔49〕《袁伟东：乌坎已成中国政治变革的"小岗村"》，http://www.21ccom.net/articles/zgyj/dfzl/2012/0202/52961.html，2012年2月2日。

〔50〕 祝华新：《乌坎选举填平民众心中的沟壑》，载《中国青年报》，2012年2月6日。

〔51〕《公开透明的选举开启乌坎未来》，载《新京报》，2012年2月3日。

〔52〕 单仁平：《外媒拔高乌坎选举很蹊跷》，载《环球时报》，2012年2月3日。

〔53〕《温家宝：不仅要推进经济体制改革 还要推进政治体制改革》，http://finance.ifeng.com/news/20100822/2538602.shtml，2010年8月22日。

〔54〕《汪洋：以自我革命的勇气，坚决打破背离市场经济改革方向的利益格局》，http://gd.people.com.cn/n/2012/0509/c123953-17021039.html，2012年5月9日。

〔55〕《汪洋：乌坎民主选举按照法律进行并无创新》，载《南方日报》，2012年3月5日，http://gd.nfdaily.cn/bl/content/2012-03/05/content_39637764.htm。

〔56〕该表根据乌坎村委提供的 2012 年 4 月 26 日广东省工作组《关于乌坎村涉土地问题处理意见阶段性通报》等资料整理而成。

〔57〕该表根据乌坎村委会会议室荣誉陈列牌内容整理。该表中所列为较高规格的荣誉，此外该村还获得很多镇、县级市、地级市和省级荣誉，共 50 余项。

〔58〕该表根据乌坎村委提供的资料整理。

〔59〕该表根据笔者 2013 年 2 月赴乌坎村调研收集资料整理。

Abstract

"Wukan Incident" in 2011 attracted tremendous attention both at home and abroad. Starting as a miserable incident, "Wukan Incident" ended up in a dramatic way thanks to the "unusual" handling of Guangdong authorities. In this sense, "Wukan Incident" provided a vivid case for researchers to deeply examine social management innovation and local democratic experiments in China. In this article, the authors presented lots of first-hand information about "Wukan Incident", based on which they attempted to dig deep by exploring both the eventualities and contingency of the dramatic ending of "Wukan Incident" as well as reasons behind the impasse in today's Wukan village. By doing so, the authors tried to present the micro dynamisms of China's political development.

Keywords

Resisting Politics; Mass Incidents; Safeguarding Rights; Maintaining Stability

技术反腐的创新实践：经验及其局限[*]
——N市"e路阳光"建设工程网上招投标平台报告

肖唐镖　王艳军　肖龙[**]

摘要：近年来N市政府耗资甚巨，构建"e路阳光"建设工程平台，进行"技术反腐"的创新实践。该工程确实提高了寻租和腐败行为的技术门槛，但其实际绩效并不理想，未能真正实现腐败行为的根本性改善，已经出现边际效应递减，所谓"道高一尺，魔高一丈"的局面。从本质上来说，技术反腐实践只是政府管理过程内部的科学化、精密化革新，在缺乏外在必要而严格的约束与压力的条件下，难以消除"内部人控制"或内外勾结等弊端。要真正把权力关进笼子，切实治理腐败行为，就必须将技术创新与机制、体制制度创新相结合，不仅要注重以科学精神推进技术反腐，更应注重以民主与法治精神推进制度机制创新。

关键词：政治腐败　技术反腐　制度创新　权力约束　政府管理

多年来，中国大陆政府一直强调反腐倡廉建设，然而，毋庸置疑的是，政治腐败现象似乎并未获明显好转，反而呈现"越反越多且越恶劣"

---

[*] 本文为国家社会科学基金重点项目"健全农村民主管理制度对策研究"的成果，感谢香港城市大学公婷教授、S省及N市相关部门同志对本报告的调查设计与研究给予的大力支持和建议。

[**] 肖唐镖，南京大学公共事务与地方治理研究中心教授。王艳军、肖龙，南京大学公共事务与地方治理研究中心硕士研究生。

的趋势，大案要案所涉情节日益严重，其间缘由十分值得深入而科学的探讨和研究。本报告拟以政府曾高度赞誉的一个反腐实践案例——S省N市[1]"e路阳光"建设工程网上招投标平台的实践——为例，讨论并评估正流行于中国大陆的"技术反腐"实践。

一、缘起与发展

与注重体制制度改革或机制创新的反腐实践不同，作为对一种创新性反腐实践的概称，"技术反腐"强调从管理技术与程序创新并完善的角度，预防与遏制腐败。所谓"技术创新"，即创新有关管理的规则、程序和技术，实现管理的科学化、程序化和制度化。[2] "技术反腐"，也就是在制度与机制创新之外，采取特定科技手段，规范权力的运作程序，监督权力的运作过程，防范潜在违法犯罪人员利用职务之便以权谋私。周学荣和张哲在《技术防腐问题研究》专文中提出，"技术防腐是把防治腐败与科学技术紧密地结合起来，运用网络、计算机、信息、通信、电子等技术手段来制约公共权力、监督贪污腐败、规范政府行为等，在'公开、公平、公正'原则的指导下，不断提高党的领导水平和执政水平，提高拒腐防变和抵御风险的能力。"[3]

目前，"技术反腐"这一概念已为国内同行广泛使用。2010年9月，在中央纪委和国家监察部于河北唐山曹妃甸召开的"提高反腐倡廉建设科学化水平"理论研讨会上，最高人民检察院职务犯罪预防厅的一名干部提交了一篇名为"职务犯罪技术预防：反腐科学化的一种趋势"的论文，明确倡议"技术预防腐败"的理路。该文称："可以预见，在不久的将来，随着职务犯罪预防专业化、职能化水平的不断提高，技术预防也将在反腐倡廉建设和职务犯罪预防工作中居于越来越重要的地位。当职务犯罪预防与日新月异的技术手段结合后，职务犯罪预防的天地毫无疑问将进一步拓宽，职务犯罪技术预防将会呈现出蓬勃生机。"

实际上，长期以来中国大陆反腐败的常规实践主要集中于思想道德教育和犯案惩罚两个方面，前者着眼于预防，后者着眼于惩治。很显然，思想道德教育强调自律，系改造思想观念的软工程，从腐败的初始源头下工夫；后者则强调打击的及时与力度，两者的实际收效均不高。为此，众多学者呼吁反腐实践的改革创新，尤其强调引入民主、法治与科学的精神。但在实际操作层面，建立一个民主法治的政治体制却是一项浩大而艰难的工程。相比之下，从科学或技术层面着手，规范权力的运作以达到预防犯罪的目的，也就是所谓的"技术反腐（创新）"，更易于操作。这或许是其被学界和政界普遍关注的重要原因。

正是在上述背景下，技术反腐实践被引入工程招投标领域。从国内所披露的信息看，在权力寻租和腐败方面，工程建设领域可谓是重灾区。2011年5月17日，中纪委、监察部在新闻发布会上通报工程建设领域专项治理情况时称：2009年9月到2011年3月，纪检监察机关共受理工程建设领域违纪违法问题举报3.31万件，给予党纪政纪处分11273人，其中厅（局）级干部78人，县（处）级干部1089人。中央工程治理领导小组办公室主任、监察部副部长郝明金通报了20起典型案件，这些案件发生在20个省（区、市），出现在工程决策、土地出让、招标投标、工程发包、物资采购、资金运作、工程款结算等多个环节，涉及廉租房建设、地铁建设、水利建设、征地补偿、矿产开发、房地产建设、学校工程、公路工程等多个领域。这20起案件最突出的特点仍然是领导干部违规插手干预工程建设项目，收受贿赂、进行权钱交易的占多数。据其说法，工程领域的腐败多发生在一些重点领域和关键环节，如项目决策、土地审批、规划调理、环境影响、招标投标、项目实施、工程质量、资金使用等。[4]

上述情况在S省及N市也不例外。2007年，N市就发生了系列相关案例，如N市工程学院基建处副处长周坤在学校工程采购招标环节的受贿案，市政公用局市政业务处原副处长张军、X区市政工程管理所原所长王文、B区市政工程管理所原所长程木根等"团伙腐败"案，J区建设局原局长邵华案等工程建设领域的重大案件。[5]基于此，针对工程项目招标投标环节出现的问题,近年来 S 省 Z、N 市等市开始探索运用信息化手段积极推进网上招投标,破解"围标串标"、评标不公等突出问题。2007 年,Z 市率先开展建设工程远程异地评标工作,省里及时总结经验,扩大试点,全面推广。2009 年 6 月,举行全省建设工程远程异地评标暨远程评标网上监察系统(即"e 路阳光",以下简称之)开通仪式,在省辖市全面推行远程异地评标,并在全省交通、水利、政府采购等领域实施。2010 年 8 月,S 省又以召开现场会的形式,全面推广 N 市"e 路阳光"工程建设项目网上招投标全程运行模式,努力推动全省全面实现建设工程网上招投标。

据 N 市公共资源交易中心负责人介绍:"e 路阳光"平台网络于 2009 年 7 月正式开通运行,总投入 800 亿元。之所以将这套网络系统命名为"e 路阳光",是基于以下四个方面的考虑:(1)字母 e 是英文中"电子"一词的首字母,意指这是一套电子信息网络;(2)字母 e 是英文中"工程"一词的首字母,意指这是一套适用于工程领域的网络;(3)字母 e 同"易"字是谐音,意指这是一套用于交易的网络;(4)字母 e 同"易"字是谐音,也可以指代"容易"之意,象征着这套网络能简化工程交易环节,使得工程交易工作更加便捷。

N 市"e 路阳光"网络平台的建立,源于 2006 年 5 月 N 市公共资源交易中心提出的电子网上招投标构想。从此起一直到"e 路阳光"工程的正式建成,全部过程分为三期:自 2006 年 5 月至 2007 年 6 月结束的一期工程,完成了部分环节,从纸质化办公向电子化办公转变;2007 年 6 月到 2008 年 6 月的二期工程,实现了全过程的电子化办公;2008 年 6 月至 2009 年 7 月三期工程的结束,标志着全流程网上招、投、开、评标活动的实现。至此,该市建设工程招投标领域全面实现"全流程无纸化、全流程电子化、全方位规范化"。如今,"e 路阳光"工程网络平台得到不断发展完善,其设计与运行理念已经突破建设工程招标投标领域,向政府采购、货物招投标等领域扩展。

二、运作机理

按照项目管理者的说法，"e 路阳光"工程的运作机理可以概括为"1488"，即"构建一个网络、整合四大系统、具备八项功能、具备八项创新"。

（一）构建一个网络

这个系统承担省、市、区、县四级工程项目的投标（S 省属工程和 G、L 两个区县的工程已被纳入"e 路阳光"工程系统），年交易额达 800 亿元。目前，全市范围内的工程招投标实现了一网运行、统一规范。在这个基础上，实现项目招投标的"五个统一"：统一信息发布、统一评委抽取、统一交易运行、统一行政监管、统一行政监察。而且，"e 路阳光"工程正计划吸纳铁路（上海铁路局）和水利（长江航运段建设管理）两个专业工程。

（二）整合四大系统

"e 路阳光"将"工程交易、信用平台、行政监管、行政监察"四大系统整合一体，形成整体合力。"工程交易"是这一平台的主体功能，建筑工程的招标、投标、评标、开标等环节均通过这一平台展开。"信用平台"是这一平台一项重要的附属功能，工程交易的全过程均在这一系统留痕。政府的招标行为和开标行为、企业的投标行为、专家的评标行为都被置于网络系统的监管之下，这督促参与交易过程的各个行为主体践行诚信，而且其不诚信的行为会在曝光台公示，且永久保存。"行政监管"系统的主体是招投标的业务主管部门，"e 路阳光"平台的铺设大大方便了政府部门对工程招投标业务的监管工作。"行政监察"系统的主体是纪委和监察局，在公共资源交易中心 N 市纪委和监察局直接入驻，在工程交易的过程中直接伴随着行政监察。

（三）具备八项功能

一是所有招标备案文件均无纸化递交、备案和审查。"e路阳光"工程的前两期建设都着眼于"无纸化办公"，2008年6月第二期工程的结束即标志着实现了全过程的电子化办公。

二是资格审查文件、招标文件和投标文件均电子模板化工具制作。招投标文件的模板化，突显和固化通用条款，是规避"明招暗定"现象的重要手段。

三是实现数字认证、电子印章、可信时间戳。这三项技术的运用，使得在网上进行招、投、评标活动成为可能。如此，在网上进行的所有文件的填写和确认均可获得同现场一样的效果。

四是实施网上报名、资格审查、开标、评标、异地远程评标。这项功能是"e路阳光"的主要功能，这意味着工程招投标的全过程均实现了网上办理。

五是建立信用信息库。"信用平台"收录了所有参与过或有资格参与工程投标活动的企业的业绩信息和信用信息。信用信息库不仅记录了各家企业的业绩和信用信息，而且对于业绩较差和信用缺失的企业自动设置障碍，限制这类企业的行为资格。

六是实现各流程、环节、节点监控和评价。"e路阳光"全程记录各个环节，并且通过系统监督系统，可以实时监看各个环节的进展情况。

七是实现网上支付和短信平台。工程交易过程中需要缴纳的行政费用可以通过网络平台支付，而且对于交易过程中的重要信息，系统会以短信的形式通知相关当事方。比如，评标专家的选择就由系统从专家库中随机选择后，以短信的形式通知相关中选专家。

八是实现标后数据使用、分析和管理。系统自动保存每一次招投标活动的数据信息，可以通过网络平台对这些数据信息进行有效管理，而且，这些数据信息随时可以调阅和分析。

（四）具备八项创新

第一，公开透明。全过程阳光运行，从项目登记、发出招标公告，到评标结果公示、合同备案，全程12至14个环节的参与单位、人员、经办事项、时间节点、数据交换等关键信息全部"网上留痕"。而且，所有有资格参与招投标的企业其基本信息都可以在网上查询。

第二，诚信记录。构建良性运行环境，在N市建设工程信息网上，汇集了15000多家企业、47000名各类人员的基本信息。在信息网上开设的不良行为公示栏查询专区，对于各企业的违规违法行为作出黄、红牌的处罚。通过"曝光台"这样的信用平台，使违规违法企业"一处受罚，处处受罚"；在处罚期间，系统会自动限制违规违法企业新的投标资格。

第三，多维监督。通过招投标管理的"电子眼"，使得招、投、开、评标"全过程留痕"，如此使得权力监察有根有据，以此来规范招投标的运行。通过这种典型的"机器管人管事"，消除了人情腐败的漏洞。"e路阳光"考核评委到位，通过量化评委的行为过程，如通过专家看标书的时间展开专家评标的纪律检查，加强对专家评标行为的监控；系统连接"封闭评标区"门禁指纹识别设施，自动记录评委参加评标活动的次数、签到时间，并对评委迟到、早退等异常情况自动记录。同时可以按照评委考核办法，记录评委评标时的评标质量、工作态度、专业水平等综合情况，定期汇总统计后报送监管部门。如果多次"异常"评标，相关部门将对该专家按照规定进行处理。在"e路阳光"的总监控室，可以看到任何一个专家的评标行为。在封闭的评标区，评委的每个举动，每讲一句话，都会完整地记录下来，就连评委阅读标书的时间、时长，电子系统都全程记录并存档。"e路阳光"平台根据评委打分的偏离情况，利用专门开发的数学分析模型对评委的打分偏差进行离散度分析，并形成结果，供监管部门考核评委时参考。

第四，预防腐败。首先，文件编制模板化，固化"通用条款"，凸显"专用条款"。在传统方式条件下，招标人很容易改动"通用条款"，监管部门也很难控制和发现。平台将国家发改委等九部委编制的标准施工招标文件范本编入专用标书制作模板工具，可供招投标人自动编辑和生成招标公告、资审文件、招标文件等相关文件，既统一了文件编制格式，又利于监管部门的备案审核。同时，针对招标人需要根据工程特点编制的"专用条款"，"e 路阳光"平台的使用工具将这部分内容集中在文件的相关位置，以不同颜色字体进行反映。其次，围标、串标难度明显增加。通过技术性地规避公平招投漏洞和加大对围标、串标的打击力度，使得围标人感到不值得冒此风险，由此防止了投标人之间的相互串通；此外也使得以"明招暗定"为主要形式的政企串通腐败难以展开；而且，投标人与评委串通的难度也大大增加。再次，发现围标行为能力增强。通过对标书的相似度分析、语义分析、设参数分析、各特征码对比分析、IP 地址追踪等多种技术手段，可检测、发现围标行为。

第五，评标客观公正。"e 路阳光"平台通过现代信息、网络技术加强对专家评委的监管，促其评标更趋客观、公正。规范评标行为，解决了评标不公问题。通过远程异地评标，扩大了评委选择范围。全省优选3661名专家，组建统一的评标专家库，通过远程语音通知系统随机抽取，不仅解决了各地评委人数偏少等问题，而且切断了投标人与评标专家的串通渠道。通过网上实时监测，促进了评标过程规范。系统对标书相关内容进行自动检测，防止评委为保护"意中人"而"选择性废标"；实行流程控制，在关键部位设置节点，防止漏审和随意性；自动生成评标报告，避免人为疏忽。通过远程视频监控系统，实时录音录像，将评标过程中的 8 个环节、23 个监控点数据及时传送，发现异常自动提醒，并自动对评委打分偏离情况进行离散度分析，促进了评标质量的提升。

第六，节约环保。通过全过程的网上电子化办公，形成了绿色招投标的新模式。负责人向我们介绍说，通过全过程网上电子化办公所节省的纸张，使得 200 万棵大树得以幸免。

第七，便捷高效。这是网上办事最明显的优点。在以往纸质办公的时代，每进行一次招标活动，文件都会堆积如山，而今政府工作人员只要轻点鼠标，就可以轻松办公，而且文件查找快捷，文件保存方便。对于企业来说，原本参与一次投标竞标活动需要跑许多部门，而且每个部门都要往返多次，如今，大部分活动都可以在网上办理，而且与招投标相关的部门都在政务大厅开设办公窗口，所以，参与企业只需要往返政务大厅两三次即可完成整个过程。

第八，数据挖掘全面提升市场专业化水平。企业业绩在系统内永久保留，这既记录下业绩优良企业的优秀表现，也留下了违法违规企业的不光彩行径。如此形成了一个极为有效的淘汰机制，使得诚信、专业化水平高的企业被系统自动识别，获得更多的得标机会，同时系统自动将不诚信、专业化水平较低的企业排除在外。这种淘汰机制无疑有益于整个建筑工程市场的诚信化和专业化水平。

三、绩效评价

"e路阳光"自运行以来，引起了全国范围内的广泛关注，中央纪委和多省市政府多次前来考察调研，得到政府极高的评价。2011年3月24日，中央纪委某副书记曾率中纪委惩治和预防腐败体系工作检查组，到N市建设工程交易中心调研"e路阳光"网上招投标工作，充分肯定了"e路阳光"在创新建设工程招投标监管模式上发挥的作用。他说："e路阳光"是N市加强工程建设领域监管的创新成果，走在了全省乃至全国的前列，希望N市住建部门进一步总结经验，完善、提升"e路阳光"，加大推广力度，加强队伍和制度建设，为N市建立健全惩治和预防腐败体系作出更大贡献。

中央电视台、《人民日报》等中央媒体和多家地方媒体也作了大量报道，均对其成效给予充分的肯定。2010年9月7日《N日报》以《N市"e路阳光"：探路科技防腐》为题，对"e路阳光"的运行效果作出评价称："以现代信息技术为依托，以监控行政权力运行为重点，在全国首建'e路阳光'全流程无纸化网上招投标平台，开辟了工程招投标领域科技防腐新途径。去年（2009年）9月，中央纪委领导来N市调研，听取了

'e 路阳光'情况介绍并给予充分肯定。同年 11 月，国家预防腐败局领导专门听取这一招投标平台发挥源头防腐作用的汇报，予以高度评价。"尤其引人注意的是这篇报道的总结，它说："事实证明，权力行使过程越透明，腐败空间就越小；暗箱操作空间越大，各种腐败现象越容易滋生蔓延。'e 路阳光'的亮点就在于应用现代信息手段，让更多'阳光'照进工程建设领域。它通过信息技术优化、固化招投标流程，推动招投标监管监控从'局部、事后'向'整体、实时'转变，权力制约由'人盯人'向'机盯人'转变，进一步提升了工程建设领域监管的针对性、实时性、实效性。没有阳光就没有生命，没有阳光就容易滋生腐败。'e 路阳光'平台的成功实践启发我们，运用科技手段预防腐败，将网络化、数字化、智能化等现代信息技术引入监管之中，无疑是源头防腐有效路径。"这个评价不可谓不高。2012 年 10 月 26 日《人民日报》以《S 省 N 市"e 路阳光"新探索》为题也作了专门报道，将这一实践称为"技术反腐"方向一次新的极有意义的探索。

上述赞誉性评价和报道均以前述平台管理者的自我评估为基础。不过，我们依据自身调查，却对"e 路阳光"工程的成效有着不尽一致的意见。按有关部门的说法，近年来当地群众对工程招投标过程中违法行为的举报率已越来越低，但我们认为，这并不意味着"e 路阳光"工程预防并控制腐败的功能已臻佳境。

首先，从工程招投标领域的腐败发案情况看。以 2009 年年底为中间时点，比较"e 路阳光"工程实施前后的情况可见，工程招投标领域的腐败发案情况并未有显著改善，反而有上升趋势。2007 年至 2009 年，N 市检察机关共立案查处重大工程建设领域的职务犯罪案件 132 件，涉案 136 人，占同期职务犯罪案件立案总数的 31%，涉案金额达上亿元。

2010 年上半年，检察机关查办 N 市的工程建设项目贪污贿赂案件和人数达 35 件 41 人，分别占立案总数和总人数的 53.85% 和 56.94%。[6] 2010 年至 2012 年，N 市检察机关立案查处工程建设领域职务犯罪案件共 107 件，占同期立案总数的 39%。随机抽取其中 54 件受贿案件，通过评阅案卷、同职务犯罪服刑人员面对面访谈等形式的综合分析,发现发案情况呈现"涉案领域广、环节多、金额大"的特点。工程建设领域职务犯罪几乎遍及所有工程建设领域,在高架道路工程建设、高速公路建设、基础设施建设、交通信息基站建设、城市道路绿化建设、拆迁工程补偿、市政工程建设等领域均有职务犯罪发生。54件案件均为大案,其中10万至50万元的案件37件,50万元以上的案件12件,涉案金额总值高达8000余万元,有的单笔贿赂就达100万元。[7]N市G区检察院检察长说,"我们联合某大学犯罪预防与控制研究所,选择了其中的54起案件作为调查样本进行了深入的分析。"调查发现,发案环节贯穿工程建设的全过程——立项审批、土地征用、房屋拆迁、工程设计、工程发包和转包、招投标、材料设备选购、施工管理、工程项目变更和追加、工程监理和质量验收、工程款预付和结算等各个环节都存在腐败犯罪的发生。[8]

其次,从工程招投标领域腐败行为的变化看。客观而言,"e路阳光"工程的确提高了围标、串标等违法行为的难度和成本,提高了对串标围标行为的识别能力,如从2010年到2013年4月,通过技术分析已经识别出涉及300家企业的一两百起串围标行为。不过,这些被系统过滤掉的只是一些技术水平较低、整体实力较弱的市场实体,而对于技术水平较高、实力较为雄厚的市场实体而言,"e路阳光"工程不过是促使犯罪方式更加隐秘化而已。相比于对2007至2009年间发生的54起案例的分析,对2010年至2012年间54起案例的分析结果显示,大腐败案中的行为方式并没有多大改变。主要的腐败行为依然如故:一是规避招标。按照相关规定,单项合同估算价在50万元以上的工程,必须通过招投标的方式决定施工单位,择优中标。而相关单位在确定工程建设项目时,通常以工程时间紧,减少设计、监理费用等为借口,将一些本应该公开招投标的建设项目故意肢解为小型工程,然后以邀请招投标的方式选择施工单位,从而为相关人员和施工单位进行权钱交易打下了基础。二是低价中标,高价决算。为承揽工程,有的施工单位故意以低造价中标,到了工程实施过程中,他们为了实现"堤外损失堤内补"以谋取更大的利润,往往采取多报、虚报、变更设计等手法，增加工程量，提高合同造价。在此过程中，为使变更设计项目获得审批，施工单位人员便对工程监理、业主人员行贿。三是套用项目，套取资金。所谓工程建设中的"套用项目"，就是在原做过的项目基础上扩大范围，上报一些莫须有的项目套取资金。如某案件中业主管理人员和施工单位共同利用工程变更、增加工程量之机，非法套取国家建设资金26万元；另一案例中，被告人以虚增工程量、多开工程费发票等手段套取国家土地复垦专项资金8万元，占为己有。四是公开串标。相关建设单位在邀标过程中，以有长期合作关系为由，致使邀标单位限于与其有关系的几家施工单位，表面上看似合法的邀标形式，实际上却成了几个人商量的"圆桌会议"，从而为他们串标创造了条件。

总之，上述腐败方式多数是绕开"e路阳光"平台，即使进入这一平台，也可以通过类似上述第四种方式进行公开串标。在某种程度上，这一平台反而使得"大鱼"们的违法行为有了更为美丽、更为有效的包装。在调查中，有关方面同志表示：当地建设工程腐败行为的揭发情况也反映了这种变化，即群众对工程招投标过程中违法行为的举报率越来越低，2013年侦破的多数案件系权钱交易的当事方举报、交代的结果。这也说明群众对于工程招投标领域违法犯罪行为的辨识能力被相对削弱。

四、结论

近年来，N市政府耗资甚巨，构建"e路阳光"建设工程平台，试图实现"技术反腐"实践的创新。该工程确实提高了寻租和腐败行为的技术门槛，但其实际绩效并不理想，未能真正实现腐败行为的根本性改善。更为严重的是，这种限于技术层面的创新实践，在为众人熟悉和掌握后，已经出现边际效应递减，甚至所谓"道高一尺，魔高一丈"的局面。

"技术反腐"之所以出现上述局限性，一方面源自这一实践本身的特点，从本质上来说，技术反腐实践只是政府管理过程内部的科学化、精密化革新，在缺乏外在必要而严格的约束与压力的条件下，难以消除"内部人控制"或内外勾结等弊端；另一方面，更源于缺乏制度、体制和机制创新的基础性条件支持，在社会政治管理或治理领域，如果说体制制度是其基本内核和规则框架，那么，机制就是运行载体，技术则是程序编排，三者相辅相成，不可偏废。如果只有治理技术层面的创新，缺乏机制创新与体制制度革新的结合与衔接，不注重将技术创新的成果巩固、转化为机制与体制制度，同时以机制和体制制度的创新为技术机制的提升开辟空间、提供保障，那么，技术层面的创新实践必将难以收获应有的成效并持续下去。

从反腐败实践来说，在缺乏程序性民主授权，缺乏民意和司法机关对行政权力有力制约，缺乏必要的司法自主与法治，缺乏来自新闻和言论自由而形成的强力监督，缺乏健全的公民社会等宏观条件下，试图仅从管理技术创新层面推进反腐败实践，只能出现短暂而有限的即时效应，更多的只会沦为昙花一现的"政治秀"。换言之，要真正把权力关进笼子，切实从根本上治理腐败行为，就必须将技术创新与机制、体制制度创新相结合，不仅应注重以科学精神推进技术反腐，更应注重以民主与法治精神推进制度机制创新。

【注释】

[1] 按学术研究规则，本报告有关地名和人名均已作技术处理。

[2] 肖唐镖：《乡村治理创新的动力、理念和空间分析》，载《国家行政学院学报》，2009年第2期。

[3] 周学荣、张哲：《技术防腐问题研究》，载《领导科学》，2013年第8期，第12—14页。

[4] 《中国一年半内78名厅局级干部因工程腐败案落马》，http://news.cnwest.com/content/2011-05/18/content_4600715.htm,2011年05月18日。

[5] 《N市反腐剑指危害民生民利犯罪》，载《S省法制报》，2011年6月21日，第A02版。

[6] 《N市反腐剑指危害民生民利犯罪》，载《S省法制报》，2011年6月21日，第A02版。

〔7〕《工程建设领域职务犯罪综合分析》,http://www.nbcp.gov.cn/article/lltt/201207/20120700018144.shtml,2012年7月20日。

〔8〕《N市调查显示:工程领域"黑白合同"隐藏腐败》,http://news.jcrb.com/jx-sw/201004/t20100428_349355.html,2010年4月28日。

Abstract

In recently years, N city spent a large amount of government funds in constructing a platform called "e-road in sunshine" in order to launch "technical anti-corruption" innovation. This construction dose technically heightened the thresholds for rent-seeking and other corruptive actions. However, the practical performance was far from satisfactory because it didn't change corruption situation from the very root. Rather, it caused the diminishing marginal utility that some people were seeking for new ways to conduct bribery beyond this technological restriction. In essence, this technical anti-corruption innovation is on large a scientific innovation on governmental managerial process, thus it cannot diminish the corruption featured by "insider-control" or "internal and external collusion" situations on the account that necessary restrain mechanism from the society haven't been built. In order to control corruption on the practical level and "seize the power into the cage", a combination of technological innovation and institutional innovation should be implemented. Governments should not only pay attention to technical anti-corruption innovation, but should also put more efforts in digging the essence of democracy, executing rule by law and putting forward institutional innovation.

Keywords

Corruption; Technical Anti-corruption; Institutional Innovation; Power Restriction; Administration

学术动态 | Academic Events

重要会议回顾

"中韩合作与东北亚地区和平发展"国际学术会议在吉林大学举行

1月15日,由吉林大学东北亚区域研究协同创新中心与韩国庆熙大学国际地域研究院主办,教育部人文社会科学重点研究基地——东北亚研究中心、东北亚研究院和韩国研究所协办的"中韩合作与东北亚地区和平发展"国际学术会议在吉林大学召开。

此次会议主要围绕东北亚地区国际环境的新变化、地区各国间的交流以及中韩合作与发展等三个议题进行深入探讨。会议主要就中韩建交20年来的成果以及出现的问题进行了回顾和分析;对中韩战略认同以及在东北亚地区的战略合作进行了展望;对东北亚新安全环境下的中国外交政策和美国的东亚外交政策进行了深刻研究;对中国如何协调与周边国家的关系、推进地区合作进行了深入探讨。

中国人口政策改革研讨会召开

由北京大学社会学系和中国社会与发展研究中心主办的"人口政策改革研讨会"于2013年3月1日在北京大学英杰交流中心召开。来自北京大学、清华大学、中国人民大学、中国社会科学院、上海社会学院等单位的专家学者围绕中国人口政策改革为何如此困难以及后计划生育时代公共政策如何建立与完善进行探讨。

与会学者认为当前的中国人口政策亟待改革。学者们不仅关注了生育政策调整可能带来的人口数量问题，更关注到了中国人口结构与经济发展的关系。学者们还从法律角度对公民的生育权及法律保障、失独家庭及生育反弹势能、中国人口政策改革面临的特殊问题等进行了探讨。一年一度的"两会"即将召开，社会各界对民生问题的关注度也在不断升温，生育政策更是关系着每一位公民的民生大事，与会学者、全国政协委员王名也在积极准备关于人口政策改革的提案。与会学者寄希望于提案能够引起政府重视。

"中国民主化进程"学术研讨会成功举行

2013年3月23日下午，由北京大学宪法与行政法研究中心主办的"中国民主化进程"学术研讨会在北大法学院四合院三进院会议室成功举行，来自社科院、清华大学、中国人民大学、北京师范大学、北京航空航天大学、中央社会主义学院、对外经济贸易大学、北京大学政府管理学院的十余位法学、政治学者参加了会议。

此次研讨会的主题有两个：一是民主的一般理论及发展，二是现代民主与政权建设。会上，与会学者依次作了精彩的主题发言，各位参会者从政治学、法学等多学科视角对中国的民主化进程中协商民主和地方政权建设作了深入探讨。研讨会由北京大学法学院副院长沈岿教授作总结，沈教授认真总结了此次研讨会取得的成效，并对所研讨的主题作了自己的思考，还提出了他自己对于该课题研究的建议。

"首届世界农村和农民学论坛"在华中师范大学隆重举行

2013年6月初，由华中师范大学中国农村研究院和农村改革发展协同创新中心主办的"首届世界农村和农民学论坛"在华中师范大学隆重举行，来自英国、美国、日本、印度、法国、新加坡、韩国以及中国台湾地区和中国香港地区的海外学者和中国社会科学院、浙江大学、北京大学、中国农业大学、复旦大学、中国人民大学、武汉大学、中国国际扶贫中心、江西财经大学等学术科研机构的80余名学者与会。

论坛以"现代化进程中的农村和农民之命运"为主题，旨在推进世界各国学者、尤其是发展中国家的学者与发达国家的学者之间的对话和交流，了解和借鉴不同国家或地区农村现代化的经验与教训，拓宽学者的学术视野，提升学术研究的质量，并推动世界关注现代化进程中的农村和农民之命运。与会专家学者就"现代化进程中的农村贫困问题与反贫困战略"、"现代化进程中的农村城镇化与农民流动"、"农村和农民学研究的理论与方法"等重要议题进行了深入探讨。

在此次会议期间，国际农民学学者进行了一系列的学术演讲，广受师生欢迎。以会议为平台的协同创新取得了多重成果，开创了协同科研、教学的一种新模式。

2013年第二届"农村社会学"论坛在贵阳举办

7月20日至21日，第二届"农村社会学"论坛在贵州省贵阳市隆重召开。本届论坛由华中农业大学文法学院、中国人民大学社会学理论与方法研究中心和华东理工大学社会学系联合举办。

本届论坛围绕"新时期的中国农村发展"，重点探讨了"农村城镇化"、"农村社会建设"、"农村社会管理"、"农村社会文化"、"农村社会保障"、"农村家庭与性别"等主题。中国社会学会名誉会长、中国人民大学社会学理论与方法研究中心主任郑杭生教授作了"迈向未来的中国农村社会学"的主题报告。他认为，推进农村社会学的未来发展关键在于要推动研究范式的创新，抓"真问题和大问题"和增强理论自觉意识。其他与会专家学者也作了精彩发言，华中科技大学社会学系雷洪教授、中央财经大学社会发展学院杨敏教授、华中农业大学社会学系阙祥才副教授、中南大学社会学系潘泽泉教授分别对报告作了精彩点评。

据悉，本届论坛被评选为中国社会学会2013年学术年会优秀论坛。

"转型与创新：中国经济社会学发展的新阶段"论坛在贵阳举办

7月21日，由中国社会学年会经济社会学专业委员会、中国人民大学社会学理论与方法研究中心、贵州大学人口社会法制研究中心联合主办的"转型与创新：中国经济社会学发展的新阶段"论坛在贵州举办。本次论坛是继2011年南昌社会学年会、2012年银川社会学年会之后连续第三次举办的以"经济社会学"为主旨的专业论坛，也是第一次以中国社会学会经济社会学专业委员会为名主办的专业学术论坛，对于推进中国经济社会学的学科建设具有重要意义。

本次论坛的基本宗旨是推进中国经济社会学、民族经济学的学术研究和学科建设，探索和回答新形势下各民族在经济社会发展中面临的重大问题，为热心于经济社会学、民族经济学研究的学者提供重要的交流平台，为理解中国经验和中国社会转型中的重大经济社会现象、人口经济、农业经济、民族经济和市场经济秩序提供广阔的视野，以此促进经济社会学、民族经济学研究的理论与方法创新。

大家一致认为，论坛涉及内容涵盖了经济社会学关注的所有领域，对提升国内经济社会学理论与方法的创新、带动国内经济社会学的学科发展和学科本土化历程，提升国内经济社会学的品质与学科地位具有重要意义。同时，论坛为热心于民族经济、农业经济、网络经济和市场经济研究的学者提供了重要的交流平台。

中国城市管理高峰论坛（2013）暨第三届"变迁中的中国城市社会和城市治理"学术研讨会成功举行

中国城市管理高峰论坛（2013）暨第三届"变迁中的中国城市社会和城市治理"学术研讨会于2013年6月22—23日在广州中山大学成功举行。会议由中山大学中国公共管理研究中心城市治理与城市发展研究所、中山大学政治与公共事务管理学院、复旦大学国际关系与公共事务学院共同主办,旨在推进中国城市管理研究领域各学者之间的对话。

本次会议共举行了五场研讨会,就"中国城市公共服务供给模式创新"、"国际城市公共服务供给模式比较"、"中国城乡及区域基本公共服务均等化"、"中国城市管理体制改革"、"中国城市化及城市发展趋势与转型"等话题进行了深入讨论,并举行了"跨学科城市治理研究"圆桌论坛。

本次会议共有来自美国、中国香港地区、中国台湾地区和中国内地的学者约 30 人参加,共同针对城市管理特别是中国城市管理的理论和实践问题进行深入对话。本次会议的成功举行有助于推进我国城市治理领域各学者之间的对话,进一步推动美好城市、美好生活的建设。

土地管理与城市建设的中国道路——第三届城市与土地管理研究生论坛成功举办

由中山大学中国公共管理中心城市治理与发展研究所、中山大学政治与公共事务管理学院主办,中山大学政治与公共事务管理学院研究生会、城市与土地资源管理专业研究生班承办的第三届城市与土地管理研究生论坛于 2013 年 6 月 23 日在中山大学成功召开。

本次论坛聚焦于"土地管理与城市建设的中国道路"。在论坛过程中,来自北京大学、浙江大学、中南财经政法大学、中国海洋大学、鲁东大学、华中农业大学、中山大学的 20 多位博士生、研究生围绕"土地的逻辑"、"城市的过程"、"发展的落脚"、"寻找安全"、"在地行动"等议题进行了热烈对话。

本次论坛旨在提供国内城市与土地管理方向青年学者交流学习的平台,共谋专业发展、共享学术妙趣、共现城市治理梦,并将继续探究土地管理与城市建设的中国道路、中国风格、中国气概。

"转型与创新·和谐与繁荣"——新型城镇化与房地产业可持续发展国际研讨会在京举行

2013年7月5日至7日,以"转型与创新·和谐与繁荣"为主旨的新型城镇化与房地产业可持续发展国际研讨会在京召开。来自国内外城镇化和房地产学界及业界的专家学者、企业家和政府相关部门的代表及青年学子,通过大会主旨报告、圆桌论坛、学术报告、专题学术报告等形式,共同研讨了新型城镇化与房地产业可持续发展这一热点议题。

大会从全球化视角出发,紧密结合我国经济社会发展,选取新型城镇化这一未来中国经济社会发展的大战略为重点,围绕"城镇化与中国西部城市发展新机遇"、"城镇化下房地产业发展机遇与挑战"、"房地产金融创新和资本市场运作"、"房地产数据的挖掘、集成和利用"、"文化旅游地产"和"住房制度与住房保障"等6个圆桌论坛,对新型城镇化,住房、社区与环境,住房抵押贷款,保障性住房,住房经济学与城镇化,住房按揭与房地产金融,土地市场与土地政策,房地产市场,住房与收入,房价及地价,租赁物业与商业房地产,城镇化进程,房地产税收及评估,房价泡沫,商业房地产及地价,物业租金与物业税等36个专题进行了深入和广泛的学术交流。

2013复旦管理学国际论坛隆重举行

2013复旦管理学国际论坛于7月22日上午在复旦大学光华楼开幕。此次论坛的主题为"转型中的中国企业持续创新",论坛汇聚了企业管理者、政府官员和国内外一流学者,共谋应对之策,为中国企业逆势突破、乘势而上寻求解决之道。

中航工业集团董事长林左鸣、香港永隆银行行长马蔚华、复旦管理学奖励基金会副理事长、瑞安集团主席罗康瑞等知名企业家和复旦大学管理学院院长陆雄文教授围绕中国企业持续创新的主题分别发表了演讲,并与现场听众进行了互动交流,深入探讨了中国企业转型创新的经验、途径及其所面对的困难和阻力。

中国社会学会 2013 年学术年会在贵阳举行

7月20—21日,以"美丽中国:城镇化与社会发展"为主题的中国社会学会2013年学术年会在贵州省贵阳市举行。

有学者指出,中国的城镇化水平已经超过52%,按照国际城镇化的经验,在今后一个相当长的历史时期,中国的城镇化率仍会保持较高的增长态势。中国快速的城镇化和社会转型,将发达国家曾经用上百年甚至数百年时间经历的工业化和城镇化过程,压缩在短短的几十年内进行,很多发展问题也集中凸显。新型城镇化是注重生态文明的城镇化,是绿色的城镇化,贵州省在生态文明建设方面堪称典范,希望社会学人从贵州的实践中汲取经验。

与会代表对此次年会的主题给予了高度的认同,认为这也是一个很好的实践主题,具有重大的理论及现实意义,并结合大会主题介绍了贵州省在建设美丽贵州、加快城镇化和社会发展等方面的努力与成效。

书刊信息：环境治理

Latest Books and Papers: Environmental Governance

中文论文

1. 阿尼斯:《重新改造治理:公私伙伴关系为城市环境治理的重要性、机遇和挑战——尼泊尔为案例》,载《中国外资》,2013年第12期。

2. 安祺、王华、胡诗沫:《环保CSO如何参与全球环境治理大格局》,载《环境保护》,2013年第5期。

3. 安祺、王华:《环保非政府组织与全球环境治理》,载《环境与可持续发展》,2013年第1期。

4. 白燕茹:《农民参与农村环境治理的行政法研究》,载《山西农业大学学报(社会科学版)》,2013年第1期。

5. 曾丽红:《我国环境规制的失灵及其治理——基于治理结构、行政绩效、产权安排的制度分析》,载《吉首大学学报(社会科学版)》,2013年第4期。

6. 曾粤兴、崔庆林:《走出环境公害治理模式的误区——来自美国环境公害治理模式的启示》,载《昆明理工大学学报(社会科学版)》,2013年第1期。

7. 杜辉:《论制度逻辑框架下环境治理模式之转换》,载《法商研究》,2013年第1期。

8. 胡艳、吴振鹏:《中国区域环境治理投资效率的实证分析——以28个省市(地区)为例》,载《当代经济研究》,2013年第5期。

9. 林美萍:《环境善政走向环境善治:我国环境治理的路径创新》,载《牡丹江大学学报》,2013年第1期。

10. 刘琦：《财政分权、政府激励与环境治理》，载《经济经纬》，2013年第2期。
11. 娄立：《从国际环境法的发展看全球环境治理——兼评国际法院等组织的角色定位》，载《创新》，2013年第1期。
12. 卢洪友、祁毓：《日本的环境治理与政府责任问题研究》，载《现代日本经济》，2013年第3期。
13. 倪咸林、杨志云：《环境治理的制度创新与逻辑——以山西省为例》，载《天津行政学院学报》，2013年第1期。
14. 冉冉：《"压力型体制"下的政治激励与地方环境治理》，载《经济社会体制比较》，2013年第3期。
15. 尚宏博、王华：《建立推动机制应对全球环境治理面临的挑战》，载《环境与可持续发展》，2013年第1期。
16. 谭九生、杨建武：《生态环境治理价值理性的解构》，载《求索》，2013年第4期。
17. 王春荣、韩喜平、张俊哲：《农村环境治理中的社会资本探析》，载《东北师大学报（哲学社会科学版）》，2013年第3期。
18. 王国聘、李亮：《环境伦理学视域中的国际环境治理》，载《学术交流》，2013年第1期。
19. 王淑英、方姝亚：《县域环境治理中生态补偿机制的构建》，载《郑州大学学报（哲学社会科学版）》，2013年第1期。
20. 谢伟：《司法在环境治理中的作用：德国之考量》，载《河北法学》，2013年第2期。
21. 张彬、李丽平：《国际贸易和跨国投资与全球环境治理》，载《环境与可持续发展》，2013年第1期。
22. 张金香、付素静、王德轩：《农村环境治理中地方政府的职能研究》，载《中国环境管理》，2013年第3期。
23. 赵峥、宋涛：《中国区域环境治理效率及影响因素》，载《南京社会科学》，2013年第3期。

中文书目

1. ［美］C. D. 伊狄梭、［美］R. M. 卡特、［美］S. F. 辛格主编：《气候变化再审视：非政府国际气候变化研究组报告》，张志强、曲建升、段晓男等译，科学出版社2013年版。
2. 程明道：《人性与社会发展：兼论气候变化等对文明发展的影响》，人民出版社2013年版。
3. 解振华：《中国应对气候变化的政策与行动》，中国环境科学出版社2013年版。
4. 科技部社会发展科技司编著：《应对气候变化国家研究进展报告》，科学出版社，2013年版。
5. 蔺雪春：《绿色治理》，齐鲁书社2013年版。
6. 潘志祥、廖玉芳、彭嘉栋等著：《适应气候变化湖南战略研究》，湖南大学出版社2013年版。
7. 任晓娜：《气候变化与中国粮食生产贸易政策》，中国农业科学技术出版社2013年版。
8. 王树平、王灿、许益民等：《知识产权与气候变化》，社会科学文献出版社2013年版。
9. 王铮等：《中国碳排放控制策略研究》，科学出版社2013年版。
10. 徐鹤等：《气候变化新视角下的中国战略环境评价》，科学出版社2013年版。

英文论文

1. Andrews, David, "Merged into One: Keystones of European Economic Governance, 1962 – 2012", *Journal of European Integration*, Vol. 35, No. 3, 2013.

2. Asselt, Harro van, "Climate Governance at the Crossroads: Experimenting with A Global Response after Kyoto", *Environmental Politics*, Vol. 22, No. 2, 2013.

3. Baccini, Leonardo, Lenzi, Veronica, and Thurner, Paul W., "Global Energy Governance: Trade, Infrastructure, and the Diffusion of International Organizations", *International Interactions*, Vol. 39, No. 2, 2013.

4. Bernauer, Thomas, Böhmelt, Tobias, and Koubi, Vally, "Is There A Democracy-civil Society Paradox in Global Environmental Governance?", *Global Environmental Politics*, Vol. 13, No. 1, 2013.

5. Blühdorn, Ingolfur, "The Governance of Unsustainability: Ecology and Democracy after the Post-democratic Turn", *Environmental Politics*, Vol. 22, No. 1, 2013.

6. David Ciplet, J. Timmons Roberts, and Mizan Khan, "The Politics of International Climate Adaptation Funding: Justice and Divisions in the Greenhouse", *Global Environmental Politics*, Vol. 13, No. 1, 2013.

7. de Graaf, Thijs Van, "Fragmentation in Global Energy Governance: Explaining the Creation of IRENA", *Global Environmental Politics*, Vol. 13, No. 3,

2013.

8. Dirix, Jo, et al. "Strengthening Bottom-up and Top-down Climate Governance", *Climate Policy*, Vol. 13, No. 3, 2013.

9. Duffy, Rosaleen, "Global Environmental Governance and North-South Dynamics: the Case of the CITES", *Environment & Planning C: Government & Policy*, Vol. 31, No. 2, 2013.

10. Garmestani, Ahjond S. and Benson, Melinda Harm, "A Framework for Resilience-based Governance of Social-ecological Systems", *Ecology & Society*, Vol. 18, No. 1, 2013.

11. Godsäter, Andréas, "Regional Environmental Governance in the Lake Victoria Region: The Role of Civil Society", *African Studies*, Vol. 72, No. 1, 2013.

12. Harris, Paul G. and Symons, Jonathan, "Norm Conflict in Climate Governance: Greenhouse Gas Accounting and the Problem of Consumption", *Global Environmental Politics*, Vol. 13, No. 1, 2013.

13. Hickmann, Thomas, "Private Authority in Global Climate Governance: the Case of the Clean Development Mechanism", *Climate and Development*, Vol. 5, No. 1, 2013.

14. Irth, David A., "Engineering the Climate: Geoengineering as a Challenge to International Governance", *Boston College Environmental Affairs Law Review*, Vol. 40, No. 2, 2013.

15. Jin, Myung, "Does Social Capital Promote Pro-Environmental Behaviors? Implications for Collaborative Governance", *International Journal of Public Administration*, Vol. 36, No. 6, 2013.

16. Karlsson-Vinkhuyzen, Sylvia I., and McGee, Jeffrey, "Legitimacy in an Era of Fragmentation: the Case of Global Glimate Governance", *Global Environmental Politics*, Vol. 13, No. 3, 2013.

17. Kostka, Genia & Mol, Arthur P. J., "Implementation and Participation in

China's Local Environmental Politics: Challenges and Innovations", *Journal of Environmental Policy & Planning*, Vol. 15, No. 1, 2013.

18. Luque, Andres, Edwards, Gareth A. S., and Lalande, Christophe, "The Local Governance of Climate Change: New Tools to Respond to Old Limitations in Esmeraldas, Ecuador", *Local Environment*, Vol. 18, No. 1, 2013.

19. Mikler, John, ed. "Global Companies and the Environment: the Triumph of TNCs in Global Environmental Governance", *The Handbook of Global Companies*, Wiley-Blackwell, 2013.

20. Oberthür, Sebastian, and Pożarowska, Justyna, "Managing Institutional Complexity and Fragmentation: the Nagoya Protocol and the Gobal Governance of Genetic Resources", *Global Environmental Politics*, Vol. 13, No. 3, 2013.

21. Palmujoki, Eero, "Fragmentation and Diversification of Climate Change Governance in International Society", *International Relations*, Vol. 27, No. 2, 2013.

22. Perkins, Harold A., "Consent to Neoliberal Hegemony Through Coercive Urban Environmental Governance", *International Journal of Urban and Regional Research*, Vol. 37, No. 1, 2013.

23. Ringquist, Evan J., Neshkova, Milena I., and Aamidor, Joseph, "Campaign Promises, Democratic Governance, and Environmental Policy in the U. S. Congress", *Policy Studies Journal*, Vol. 41, No. 2, May 2013.

24. Søreide, Tina and Truex, Rory, "Multi-stakeholder Groups for Better Sector Performance: A Key to Fighting Corruption in Natural-resource Governance?", *Development Policy Review*, Vol. 31, No. 2, 2013.

25. Stigt, Rien van, Peter P. J. Driessen, and Tejo J. M. Spit, "Compact City Development and the Challenge of Environmental Policy Integration: A Multi-level Governance Perspective", *Environmental Policy and Governance*, Vol. 23, No. 4, 2013.

26. Toly, Noah, "Risk and Responsibility in Global Environmental Governance", *Christian Scholar's Review*, Vol. 42, No. 3, 2013.
27. Zelli, Fariborz, and van Asselt, Harro, "The Institutional Fragmentation of Global Environmental Governance: Causes, Consequences, and Responses", *Global Environmental Politics*, Vol. 13, No. 3, 2013.

英文书目

1. Achilles, Manuela, and Elzey, Dana, *Environmental Sustainability in Transatlantic Perspective: A Multidisciplinary Approach*, Palgrave Macmillan, 2013.

2. Green, Jessica F., *Rethinking Private Authority: Agents and Entrepreneurs in Global Environmental Governance*, Princeton University Press, 2013.

3. Methmann, Chris, Delf Rothe, and Benjamin Stephan, *Interpretive Approaches to Global Climate Governance: Deconstructing the Greenhouse*, Routledge, 2013.

4. Mori, Akihisa, ed., *Environmental Governance for Sustainable Development: East Asian Perspectives*, United Nations University Press, 2013.

5. Murota, Takeshi and Ken Takeshita, ed., *Local Commons and Democratic Environmental Governance*, United Nations University Press, 2013.

6. Nanda, Ved P., *Climate Change and Environmental Ethics*, Transaction Publishers, 2013.

7. Stripple, Johannes, and Bulkeley, Harriet, *Governing the Climate: New Approaches to Rationality, Power and Politics*, Cambridge University Press, 2013.

8. Weston, Burns H., and Bollier, David, *Green Governance: Ecological Survival, Human Rights, and the Law of the Commons*, Cambridge University Press, 2013.

9. Wurzel, Rüdiger, Zito, Anthony R., and Jordan, Andrew, *Environmental Governance in Europe: A Comparative Analysis of New Environmental Policy Instruments*, Edward Elgar, 2013.

10. Young, Oran R., *On Environmental Governance: Sustainability, Efficiency, and Equity*, Paradigm Publishers, 2013.

11. Zhang, Joy Yueyue, and Michael Barr, *Green Politics in China: Environmental Governance and State-Society Relations*, Pluto Press, 2013.

12. Zia, Asim, *Post-Kyoto Climate Governance: Confronting the Politics of Scale, Ideology and Knowledge*, Routledge, 2013.

13. Knieling, Jörg, and Filho, Walter Leal, *Climate Change Governance*, Springer, 2013.

14. Held, David, Roger, Charles, and Nag, Eva-Maria, *Climate Governance in the Developing World*, Wiley-Blackwell, 2013.

15. Lu, Yonghong, and Tang, Shui Yan, *Institutions, Regulatory Styles, Society and Environmental Governance in China*, Routledge, 2013.

16. Falkner, Robert, *The Handbook of Global Climate and Environment Policy*, Wiley-Blackwell, 2013.

《中国治理评论》约稿函

《中国治理评论》是一份发表中外治理研究成果的专业学术出版物,计划每年出版2—4辑。《中国治理评论》秉持学术宗旨,采用当今国际学术刊物通行的匿名审稿制度,提倡严谨治学,鼓励理论创新,关注实证研究,以期为中国政府和社会治理的研究者提供一个学术交流的平台。该刊由俞可平教授任编委会主任和主编。

《中国治理评论》主要有"主题探讨"、"治理案例"、"书评"、"学术动态"等栏目。"主题探讨"栏目每期一个主题,发表对治理领域某一专题进行探讨的理论研究论文;"治理案例"栏目刊登对国内外政府和社会治理的描述与分析性案例研究文章,每个研究案例字数要求为1万—1.5万字;"书评"栏目介绍和评论国内外新出版的重要治理研究著作,每个书评字数要求为5000—8000字;"书刊架"栏目介绍当前国内外治理方面的最新文献资料,并选择其中有代表性的若干篇文章作摘要性介绍;"学术动态"栏目反映国内外关于治理研究的会议信息(含杂志社的有关活动)。

本刊特向学界同仁诚挚约稿。本刊投稿不限中文,被录用的外文文章由编辑部负责翻译成中文,由作者审查定稿。来稿须未曾在大陆任何公开出版物上发表,请勿一稿两投。优稿优酬。请遵守学术规范,如出现剽窃,文责自负。投稿体例如下:

一、稿件要求

（一）形式要求

1. 电子文件

Microsoft Office 软件文本。

2. 打印文件

A4 纸。

（二）文本要求

1. 正文文本

5 号宋体，单倍行距，页边距上下限、左右边距均采用 Office 软件的默认设置。

2. 文章标题

一级标题："一、二、三……"；

二级标题："（一）（二）（三）……"；

三级标题："1.2.3……"；

四级标题："（1）（2）（3）……"。

一、二、三级标题各占一行，其中一级标题居中，二、三级标题缩进两个字符且左对齐，四级及以下标题后加句号且与正文接排。

3. 图表文件

（1）统计表、统计图或其他示意图等，均用阿拉伯数字连续编号，后加空格并注明图表名称；

（2）表号及表名须标注于表的上方且居中；

（3）图号及图名须标注于图的下方，且末尾不加标点符号。

如图表下有标注补充说明或资料来源，格式为：先标注补充说明，再另起一段标注资料来源，具体为："注"须标注于图表的下方，以句号结尾；"资料来源"须标注于"注"的下方，并按正文引用格式标注文献。

示例如下：

表3　自民党与自由党的二元变量分析，2010

变量	相关系数
人口结构比例	-0.362***

注：N=36，不包括监狱人员和外籍短期逗留人员，＊＊＊、＊＊和＊分别表示相关系数通过0.01、0.05和0.10水平的显著性检验。

资料来源：日本大藏省党派研究中心报告（2010）。

（三）信息要求

1．第一页

应包括如下信息：

（1）文章标题；

（2）作者姓名、单位、通信地址、电话与电子邮箱地址。

2．第二页

应提供以下信息：

（1）文章中、英文标题；

（2）200字以内中、英文摘要，以及3—5个中、英文关键词。

二、注释体例

本刊采用文尾注释。正文中注号用阿拉伯数字加六角括号标注于相关句子的右上角，通常应在相关标点之外。文后注号亦加六角括号，按出现先后次序连续排号，以尾注方式置于文后。

参考文献连续排序，用阿拉伯数字加六角括号表示。参考文献按先中文，后译文、外文排序，按照拼音和字母顺序A—Z升序排列为序。

例证如下：

(一) 中文

马克思:《工资、价格和利润》,见《马克思恩格斯选集》第 2 卷,人民出版社 1995 年版。

沙菲克:《进化模式将是胜利者》,载《经济社会体制比较》,2004 年第 6 期,第 1—11 页。

张康之:《超越官僚改制:行政改革的方向》,http://theory.people.com.cn/GB/40764/55942/55945/4054675.html,2006 年。

周子康:《中国地方政府编制管理定量分析的研究》(会议论文),东部地区公共行政组织第十四届大会,1991 年。

(二) 译文

[英] 亚历山大·罗森伯格:《经济学理论的认知地位如何》,见罗杰·E.巴克豪斯编:《经济学方法论的新趋势》,张大宝等译,经济科学出版社 2000 年版。

[美] 杰·D.怀特:《公共行政研究的叙事基础》,胡辉华译,中央编译出版社 2011 年版。

(三) 外文

Putnam, Robert D., *Making Democracy Work*, Princeton: Princeton University Press, 1993.

Gambetta, D., ed., *Trust*, Oxford: Blackwell, 1988.

Romer, P., "Increasing Returns and Long-run Growth", *Journal of Political Economy*, 94, 1986, pp. 1002 – 1037.

Sabel, Charlels F., "The Re-emergence of Regional Economies", In Paul Hirst and Jonathan Zeitlin, eds., *Reversing Industrial Decline*, Oxford: Berg, 1988.

三、权利与责任

（一）根据《中华人民共和国著作权法》有关规定，经本刊发表的文章，其版权均属本刊专有；涉及国外版权问题，均遵照《中华人民共和国著作权法》及有关国家法规执行。凡向本刊投稿者皆被认定遵守上述约定。

（二）来稿由本刊编辑部组织匿名审查，编辑部有权对来稿进行修改，有关内容的修改意见将反馈作者。本刊编辑部如在收到稿件之后两个月之内未予答复，作者可另行处理。

（三）来稿请用电子文本 word 文档发送至编辑部电子邮箱：zgzlpl@163.com，《中国治理评论》热情欢迎您的赐稿！文稿一经采用，稿酬从优。

《中国治理评论》编辑部
电子邮件：zgzlpl@163.com
电话：010—66509508
传真：010—66120874

图书在版编目(CIP)数据

中国治理评论. 第4辑 / 俞可平主编.
—北京:中央编译出版社,2013.12
ISBN 978-7-5117-1940-9

Ⅰ.①中⋯
Ⅱ.①俞⋯
Ⅲ.①社会管理-中国-丛刊
Ⅳ.①D63-55

中国版本图书馆CIP数据核字(2013)第282258号

中国治理评论. 第4辑

出 版 人	刘明清
出版统筹	贾宇琰
责任编辑	李小燕
责任印制	尹 珺
出版发行	中央编译出版社
地 址	北京西城区车公庄大街乙5号鸿儒大厦B座(100044)
电 话	(010)52612345(总编室) (010)52612340(编辑室)
	(010)66161011(团购部) (010)52612332(网络销售)
	(010)66130345(发行部) (010)66509618(读者服务部)
网 址	www.cctphome.com
经 销	全国新华书店
印 刷	北京中印联印务有限公司
开 本	787毫米×960毫米 1/16
字 数	236千字
印 张	16.5
版 次	2013年12月第1版第1次印刷
定 价	49.00元

本社常年法律顾问:北京市吴栾赵阎律师事务所律师 闫军 梁勤
凡有印装质量问题,本社负责调换,电话:(010)66509618